Casimir Prinz zu Sayn-Wittgenstein
Was bleibt ist die Erinnerung

W0197770

Casimir Prinz zu Sayn-Wittgenstein

WAS BLEIBT IST DIE ERINNERUNG

Memoiren

Mit 54 Abbildungen

edition q

Die Deutsche Bibliothek – CIP-Einheitsaufnahme

Sayn-Wittgenstein, Casimir:
Was bleibt ist die Erinnerung : Memoiren /
Casmir Prinz zu Sayn-Wittgenstein.-
Berlin : Ed. q in der Quintessenz-Verl.-GmbH, 2002
ISBN 3-86124-546-9

Covergestaltung: Barlo Fotografik, Berlin
Alle Abbildungen stammen aus dem Archiv des Autors.

Druck und Bindung: Ebner Ulm
Printed in Germany

ISBN 3-86124-546-9

Inhalt

Das Sayn und Wittgensteinsche Wappen nach
Ludwig dem Älteren.

Vorwort

Eine Autobiographie kann unter keinen Umständen objektiv sein. Sie enthält schon von der Definition her die subjektiv dargestellte Lebensgeschichte des Autors. In ihr erzählt der Verfasser in seinem eigenen Stil von Dingen aus seinem Leben, die ihm persönlich am Herzen liegen. Es ist sehr wichtig, den Autor gut zu kennen, um seine Sicht der Ereignisse und deren Deutung wirklich zu verstehen. Ich kann in aller Bescheidenheit von mir sagen, dass ich privilegiert bin, Casimir Prinz Wittgenstein in dieser Weise zu kennen.

Geboren in Frankfurt am Ende des Ersten Weltkriegs, machte er mit zwanzig sein Abitur und absolvierte danach eine Bank- und Handelslehre. Seine berufliche Karriere umfasst vier Jahrzehnte. Mit zweiundzwanzig wurde er Prokurist einer Zementfirma in Hamburg, eine Position, die er zehn Jahre innehatte. Während zwei Jahren führte er seine Handelsfirma in London, dann kehrte er in sein Heimatland zurück und leitete verschiedene Firmen in Deutschland, die bedeutendste war die Metallgesellschaft AG, der er als Vize-Vorstandsvorsitzender bis zu seiner Pensionierung 1983 vorstand.

Seine politische Karriere umfasst zwei Jahrzehnte, von 1970, als er der CDU beitrat, bis 1999, als er sie als Schatzmeister der Hessischen und Frankfurter CDU verließ. Während dieser Zeit war er auch Mitglied des Europäischen Parlaments.

Fast sein ganzes Leben stand Prinz Wittgenstein der Öffentlichkeit zur Verfügung. Mit der Zeit konzentrierte er sich immer mehr auf die Erziehung, die Umwelt und kümmerte sich um soziale Belange, in Deutschland wie im Ausland. Als ich ihn kennenlernte, war er ein engagiertes und sehr geschätztes Mitglied des Verwaltungsrates des Weizman-Instituts in Rehovoth, Israel. Glücklicherweise gelang es mir, ihn zu überzeugen, seine wertvolle Arbeit auch der Universität in Tel Aviv zur Verfügung zu stellen. Während dieser Zeit spielten die „Freunde der Universität Tel Aviv" in Frankfurt eine wichtige Rolle im deutschsprechenden Europa. Sowohl ich als die Universität von Tel Aviv sind ihm zutiefst dankbar dafür, dass uns durch sein Engagement ein so großes Ansehen zuteil wurde.

Wenn jemand aus einem so vollen Leben wie Prinz Wittgenstein erzählt, sei es aus dem Geschäftsleben, der Politik oder von seiner ehrenamtlichen Arbeit, dann ist das ein Gewinn für jeden Leser.

Bei einem Abendessen flüsterte einst ein Tischnachbar Henry Kissinger ins Ohr: „Herr Kissinger, ich habe gehört, Sie seien ein faszinierender Mann. Bitte faszinieren Sie mich." Das ist es, was Prinz Wittgenstein für mich mit seiner Autobiographie getan hat.

Moshe Many M.D., Ph.D.
Alt-Präsident der Universität von Tel Aviv
Israel

Einleitung

Ähnlich wie die alten Buddhisten, die sich nur nach wiederholten Bitten bereit erklärt hatten, Bücher zu schreiben, habe ich mich erst dem ausdrücklichen Wunsch meiner Frau, meiner Kinder sowie meiner Freunde gebeugt und meine Lebenserinnerungen niedergeschrieben. Was von einem langen Leben bleibt, ist die Erinnerung. Wieso manche Erlebnisse dem Gedächtnis anhaften, andere aber verblassen, entzieht sich unserem Wissen. Mein Leben umfasst beinahe die gesamte Spannweite des 20. Jahrhunderts. Durch mein Elternhaus noch in der Monarchie verwurzelt, wurde mir nach einer fast sorglosen Kindheit und den folgenden Schrecknissen des Dritten Reiches das große Glück zuteil, überlebt zu haben.

Nach dem Krieg, als Deutschland im Innern zerstört und vom Ausland geächtet war, konnte ich schon früh in leitender Stellung bei seinem Wiederaufbau mithelfen. Meine Arbeit war mir nie Last, sondern ich verrichte sie mit Freude. Dies verdanke ich nicht zuletzt meinen Mitarbeitern. Da es uns vor allem darum ging, selbständig zu denken und Verantwortung zu tragen, waren wir alles andere als Befehlsempfänger. Diese Einstellung kam vor allem unserer alten Firma, der Metallgesellschaft, zu gute. Heute muss ich leider sagen: Das sind Tempi passati.

Mein großes Vorbild war Richard Merton, mein Stiefvater. Er hat mich gelehrt, mich für andere einzusetzen. Aber auch das Beispiel von Hermann Josef Abs, der grauen Eminenz des wirtschaftlichen Wiederaufbaus, hat mich entscheidend geprägt. Von diesen beiden Persönlichkeiten wird noch ausführlich die Rede sein.

Das Motto meines Lebens aber stammt aus dem 5. Jahrhundert vor Christus, von dem Athener Politiker Perikles:

Wisset, dass das Geheimnis
des Glücks die Freiheit,
der Freiheit Geheimnis
aber der Mut ist.

Haubenmühle, im September 2001

Unbeschwerte Kindheit

Ich wurde am 22. Januar 1917 in Frankfurt am Main geboren, nicht in einer der vornehmen Privatkliniken, wo die feinen Leute damals ihre Kinder zur Welt brachten, sondern in der Universitätsklinik Sachsenhausen.

Als Baby soll ich so winzig gewesen sein, dass meine Großmutter mütterlicherseits – sehr zum Ärger meiner Mutter – ständig in der Wiege nachschaute, ob ich überhaupt noch am Leben wäre oder ob mich ein Vogel davongetragen hätte.

In der ersten Zeit meiner Kindheit wechselten wir häufig den Wohnsitz. Von Frankfurt übersiedelten wir nach Bad Orb, da mein Vater, Otto Konstantin Prinz zu Sayn-Wittgenstein-Berleburg, bei den Ulanen in Hanau stationiert war. Hernach wohnten wir bis zum Ende des Ersten Weltkrieges in Friedewald.

Das Schloss Friedewald, das als Vorbild für den Otth-Heinrichsbau in Heidelberg diente, wurde meiner Mutter, Elisabeth Prinzessin zu Löwenstein-Wertheim-Freudenberg, von deren Mutter, einer Gräfin Reichenbach, zur Hochzeit geschenkt. Die Reichenbachs verfügten über ein sehr großes Vermögen, das von der zweiten Frau des vorletzten Kurfürsten von Hessen und Kassel, Wilhelm II., stammte. Das Reichenbachsche Vermögen überlebte leider den Ersten Weltkrieg mit nachfolgender Wirtschaftskrise und Inflation nicht.

Da die Gräfin Reichenbach eine äußerst geldbewusste Frau war, kursierte bereits zu ihren Lebzeiten folgender Spottvers:

Schloss Friedewald im Hohen Westerwald.

Sommer 1918 auf Schloss Friedewald: Meine Eltern, Otto Konstantin
Prinz zu Sayn-Wittgenstein-Berleburg und Elisabeth, geb. Prinzessin
zu Löwenstein-Wertheim-Freudenberg, mit den Kindern (v. l.) Franz-
Wilhelm („Franzl"), August-Richard („Guggi") und Casimir.

„O Cholera
verschone mich,
nimm doch den Fürsten Metternich,
und willst du ganz was Feines,
so nimm die Gräfin Reichenbach
und den Finanzrat Deines."

Es war ein wunderschönes Schloss, umgeben von einem großen Park, und lag im Hohen Westerwald. Wie bei alten Schlössern üblich, rankten sich zahlreiche unheimliche Geschichten um diesen Besitz.

Eine solche Geschichte, die in der Familie immer wieder erzählt wurde, erlebte meine Mutter selbst:

Mein Vater wollte auf die Jagd gehen, und meine Mutter begleitete ihn mit den Hunden durch den Park bis zum Waldrand. Dort trennten sie sich und meine Mutter machte sich wieder auf den Weg zum Schloss zurück. Als sie sich nochmals umblickte, sah sie hinter einem Rhododendronstrauch einen bärtigen Mann in einem grünen Wams stehen. Er stützte sich auf eine lange Flinte und blickte meine Mutter unverwandt an. Da damals viel gewildert wurde, hielt meine Mutter ihn für einen Wilderer und versuchte, ihre Hunde auf ihn loszulassen, aber diese schienen den Mann nicht zu bemerken. Erschreckt rief meine Mutter meinen Vater zurück, doch als sie wieder an den Busch kamen, war der Mann spurlos verschwunden.

Zwei Tage später schaute meine Mutter aus dem ersten Stockwerk in den Innenhof des Schlosses und sah den Mann im grünen Wams wieder. Diesmal ohne Gewehr. Er kam die Treppe aus dem Schloss herunter und ging über den Schlosshof in die Oberförsterei. Sofort griff sie zum Haustelefon und rief den Oberförster an: „Wer ist da eben bei Ihnen reingekommen?" „Durchlaucht, hier ist niemand hereingekommen", antwortete der Förster verwirrt. „Aber sicher, sehen Sie doch einmal nach", beharrte meine Mutter. Die Oberförsterei besaß keinen Hinterausgang. Folglich musste sich der Mann noch im Haus befinden. Der Förster blieb aber felsenfest dabei, dass niemand hereingekommen sei.

Nach dem Krieg vermietete meine Mutter das Schloss an

Die Eingangshalle von Schloss Friedewald, gezeichnet von meinem Bruder Franzl.

den Vater von Kurt von Oswald, der damals bereits eine ziemlich hohe Stellung in der nordrhein-westfälischen Regierung inne hatte.

Eines Tages wurde das Ehepaar von Oswald von seiner Schwiegertochter Elenor besucht. Es war ein düsterer, kalter Novembertag. Elenor fuhr mit dem Wagen vor, betrat die Eingangshalle und erblickte am Kamin einen Mann in einem grünen Wams mit merkwürdigen Hosen, der ins Feuer schaute. Da sie ihn für einen Hausangestellten hielt, bat sie ihn, die Herrschaften von ihrer Ankunft zu unterrichten. Doch der Mann antwortete nicht, drehte sich langsam um und verschwand im Esszimmer. Da sich Elenor über dieses seltsame Verhalten wunderte, ging sie dem Mann nach. Aber als sie das Esszimmer betrat, war der Raum, der keinen weiteren Ausgang hatte, leer.

Elenor, die meine Mutter damals nicht kannte und sie erst

später zufällig bei einem Essen traf, erzählte ihr viele Jahre später von ihren Erlebnissen in Friedewald. Welche Bewandtnis es mit diesem Mann hatte, konnte nie aufgeklärt werden. Er ging als das grüne Männchen in die Schlossgeschichte ein.

Nach Friedewald zogen wir zu meiner Großmutter väterlicherseits nach Egern am Tegernsee.

Mein Großvater, Franz Prinz zu Sayn-Wittgenstein-Berleburg, war 1909 gestorben, und meine Großmutter, Julia de Villeneuve Cavalcanti d´Albuquerque, bewohnte allein einen Seitenflügel des Hauses, einen uralten, schönen bayerischen Bau. Julia de Villeneuve Cavalcanti d´Albuquerque war Portugiesin und Tochter des brasilianischen Gesandten in Paris. Ihr Leben lang hat sie nicht richtig Deutsch gelernt, sondern ihren französischen Akzent beibehalten. „Eine furchtbare Gewitt´ wird kommen", pflegte sie zu sagen, wenn sich über dem See die Wolken zusammenballten. Jeden Tag ließ sie sich von ihrem Kutscher spazieren fahren, wobei wir Kinder sie begleiteten. Wir fuhren immer dieselbe Strecke, die Weissach aufwärts Richtung Bad Kreuth. Unterwegs kamen wir an einer Mautschranke vorbei, die von einer alten Frau bedient wurde. Gewöhnlich dankte man dem Weiblein mit ein paar Pfennigen für das Öffnen der Schranke. Meine Großmutter aber hasste die Alte, und um sie zu ärgern, warf sie das Geld einfach aus der Kutsche auf den Wegrand. Unter den Flüchen der Alten, die unter den Huflattichblättern nach den Pfennigen suchen musste, und zur Zufriedenheit meiner Großmutter setzten wir die Fahrt fort.

Meine eigenwillige Großmutter war daran gewöhnt, ihren Kopf durchzusetzen. An einem kalten, tiefverschneiten Wintertag kam sie auf einer ihrer Spazierfahrten an einem mit Baumstämmen beladenen Schlitten vorbei, der in den Graben geglitten war. Der Kutscher drosch wild auf die Pferde ein. Doch der Schlitten saß fest. „Soll er doch nach Hause gehen und zwei Pferde mehr holen, dann kann er das rausziehen", ereiferte sich meine Großmutter. Doch der Mann achtete nicht auf die alte Prinzessin mit ihrem miserablen Deutsch, sondern schlug weiter auf die armen Tiere ein. Da stieg meine Großmutter schwerfällig aus ihrem Wagen und verpasste dem Kutscher kurzerhand zwei Ohrfeigen. Der

Mein Vater Otto Konstantin Prinz Wittgenstein.

Unser Haus in Egern am Tegernsee.

Als Zweijähriger,
1919.

Mann war darüber so erschrocken, dass er schnurstracks nach Hause eilte und ein weiteres Pferd holte, um den Schlitten wieder flott zu machen.

Von ihrer Jungfer bekam meine Großmutter jeden Morgen eine Tasse heiße Schokolade auf einem Tablett ans Bett serviert. Als die Jungfer eines Tages das Frühstückstablett abholen wollte, fand sie meine Großmutter, mit unverschütteter Tasse auf dem Schoß, tot im Bett.

Auch unser Aufenthalt in Egern ging schließlich zu Ende und wir übersiedelten zu Tante Matz und Onkel Richard in die sogenannte Röspe – ein kleines Jagdschlösschen bei Berleburg. Es lag, umgeben von Wiesen, in einem wunderschönen Waldtal nahe dem Dorf Birkelbach. Tante Matz, Madeleine Prinzessin zu Löwenstein-Wertheim-Freudenberg, war die Schwester meiner Mutter und hatte einen Wittgenstein aus der Linie des Fürsten Albrecht geheiratet, einen Vetter meines Vaters.

Unsere geliebte alte Kinderfrau Helene Dietzel begleitete uns auf all diesen Umzügen. Helene war zunächst die zweite Kammerjungfer meiner Großmutter und nach der Heirat meiner Mutter ihre Jungfer geworden. Wir Kinder liebten Helene sehr. Sie kam aus Thürigen, sprach breiten sächsischen Dialekt, und weil sie so gerne Zwiebeln aß, hieß sie bei uns die Zwiebel-Helene.

Als Kind soll ich sehr neugierig gewesen sein und an der Landstraße nach Birkelbach jeden vorbei fahrenden Wagen angehalten haben, um zu fragen, woher er komme und wohin er wolle. Mein Vater und mein älterer Bruder nannten mich deswegen das „Birkelbacher Tageblatt".

Wir waren vier Buben, Franz Wilhelm, der Älteste – der Franzl –, August Richard, der Guggi genannt wurde, und Gottfried, der drei Jahre nach mir geboren wurde und den Kosenamen Bobby erhielt. Erstaunlicherweise waren Franzl und Bobby, die zehn Jahre auseinander waren, sehr eng verbunden, während mein Bruder Guggi und ich unzertrennlich waren. Franzl und Bobby liebten es, ausgedehnte Spaziergänge zu unternehmen und dabei miteinander zu reden. Die Jagd selbst bedeutete ihnen wenig. Mein Bruder Guggi und ich dagegen waren begeisterte Jäger und gingen von früher Kindheit an zusammen auf die Pirsch.

Ich kann mich noch genau daran erinnern, wie wir 1924 nach der Scheidung meiner Eltern mit meiner Mutter nach Frankfurt zogen. Wir bewohnten die Hälfte eines Doppelhauses in der Forsthausstraße 41. Mein Bruder und ich machten die Nachbarschaft unsicher. Hinter unserem Haus befand sich ein kleiner Garten. Unser netter Nachbar, Herr Schmidt-Scharf, ein ehemaliger Diplomat in Japan, hatte seinen Gartenteil im japanischen Stil angelegt, mit Teich und kleinem Brückchen. Doch mit der beschaulichen Ruhe, die er hier zu genießen hoffte, war es schlagartig vorbei, sobald wir beide mit unseren Luftgewehren auftauchten. Dem Diplomaten blieb nur noch die Flucht ins Haus.

Einmal wäre es Guggi und mir bei unseren Schießabenteuern beinahe an den Kragen gegangen. Wir besaßen eine kleine Modellkanone. Der Lauf war innen mit Holz verkeilt, um ihn unbenützbar zu machen. Guggi und ich entfernten das Holz, luden die Kanone mit Schwarzpulver, schlugen einen Holzpflock in die Mündung und entzündeten das Pulver. Es gab einen gewaltigen Knall. Kaum hatte sich der Rauch verzogen, als auch schon die Feuerwehrleute sowie einige Beamte der Polizei in unserem Garten erschienen. Uns war glücklicherweise nichts passiert, nur den Rhododendronbusch am Ende unseres Gartens hatte es böse mitgenommen.

Es war ein großer Einschnitt in meinem Leben, als ich zu meinem Entsetzen in die Schule gehen musste. Nach den Freuden des Landlebens empfand ich die Stadt als besondere Mühsal. Statt die Schule zu besuchen, wäre ich lieber mit meiner Mutter spazierengegangen. Damals verwahrten Lehrer hinter ihren Kathedern noch einen Rohrstock, mit dem Buben die Hose strammgezogen wurde. Gleich an meinem ersten Schultag holte er diesen Stock hervor, um einen frechen Schüler zu bestrafen. Diesen Schrecken werde ich mein Lebtag nicht vergessen, obwohl ich selbst nie verprügelt worden bin.

Nachdem ich die Volksschule überstanden hatte, kam ich aufs Kaiser-Wilhelm-Gymnasium. Auch hier bereitete mir der Unterricht keine Freude und ich fand die Schule grässlich. Warum, weiss ich bis heute nicht. Wahrscheinlich lag es daran, dass mir damals die Gabe fehlte, mich voll auf eine

Sache zu konzentrieren. Vielleicht lockten mich auch zu sehr die Vergnügungen außerhalb der Schule wie Tennis, Eishockey und die Reiterei. Unser Verschleiß an Nachhilfelehrern, die sich – sehr zum Verdruss meiner lieben Mutter – bei uns die Klinke in die Hand gaben, muss gewaltig gewesen sei.

In den Ferien fuhren wir zu Tante Matz und Onkel Richard nach Berleburg, wo wir mit unseren Vettern und Cousinen herrliche Tage verlebten.

Auch nach der Schule kam ich immer wieder nach Berleburg, um zu reiten und zu jagen. Wenn wir gerade nichts Besseres zu tun hatten, haben wir zusammen mit meinem Vetter Christian Heinrich Wittgenstein, genannt Bebo, Dachse ausgehoben. Begleitet wurden wir dabei von Zigeunern, wie man damals sagte, die nahe des Schlosses in der sogenannten Lause wohnten. Dort hatten vor rund zweihundert Jahren meine Vorfahren einen Zigeunerstamm angesiedelt. Die Zigeuner waren mit der Zeit sesshaft geworden und hatten im Forst mitgearbeitet, bis sie eines Tages alle von den Nazis abgeholt wurden und nie wieder zurückkamen. Die Zigeuner waren uns bei unserer Dachsjagd von großem Nutzen, weil sie besonders schnell mit dem Spaten graben konnten.

Einmal passierte es, dass wir den Dachs, als er seinen Kopf aus dem Bau streckte, nicht gleich erwischten und er wieder in der Erde verschwand. Da wir glaubten, er sei tot, baten wir einen Zigeuner, uns den erlegten Dachs aus dem Bau herauszuziehen. Der Zigeuner legte sich auf den Bauch, fasste mit der Hand in die Röhre und fing fürchterlich an zu schreien. „Hast du ihn?" fragte Bebo. „Nee, der hat mich", erwiderte der Zigeuner mit schmerzverzerrtem Gesicht. Endlich hatten wir das Tier erlegt. Wir schlugen es aus der Decke und warfen den Kern in die Dickung. Der Zigeuner rannte hinterher und holte den Kadaver wieder heraus. „Lass doch das Zeug da drin!" warnte ihn Bebo. Doch der Zigeuner schüttelte den Kopf. „Nee, das essen wir." „Was!" schrie Bebo entsetzt. „Das könnt ihr doch nicht essen. Das Fleisch ist voller Trichinen." „An einer Trichine ist noch kein echter Zigeuner gestorben", belehrte ihn der Mann.

In lebhafter Erinnerung ist mir die Dienerschaft von

Berleburg. Es gab darunter ganz besondere Originale, an die ich bis heute mit großer Heiterkeit zurückdenke. Benfer, Homrichhausen und Georg, der als einziger mit Vornamen angeredet wurde, servierten in blau-gelber Livree bei Tisch und standen während der gesamten Mahlzeit in Bereitschaft hinter den Stühlen. Uns Kinder duzten sie, und wir warteten gespannt darauf, was nach unserer Konfirmation geschehen würde. Es blieb beim Du, nur setzten sie jetzt „Durchlaucht" davor.

Es gab auch zwei alte Hofarbeiter, Winkelmann und Fischer, deren Aufgabe darin bestand, den Hof sauber zu halten und den Kies zu rechen. Winkelmann war sehr neugierig. Während des Krieges ging er eines Tages zu meiner Tante in den Keller, um zu sehen, wie sie das Hühnerfutter zubereitete. Meine Tante bemerkte ihn zunächst gar nicht. Doch dann wurde ihr sein Herumstehen lästig. „Sagen Sie mal, Winkelmann, haben Sie denn nichts Besseres zu tun, als mir im Weg zu stehen? Gehen Sie doch hinauf und machen Sie ihre Arbeit!" Winkelmann fasste ihre Worte nicht als Rüge auf, sondern meinte: „Ja, Durchlaucht, es wird wohl besser sein, sonst glaube' die Leut' noch, wir zwei hätte' was zusammen."

Damals gehörten die Diener mit zur Familie. Sie nahmen am Leben des fürstlichen Hauses Anteil, und meine Tante kümmerte sich um sie, wenn sie krank wurden. Einige Försterfamilien meines Onkels arbeiteten bereits seit Generationen auf dem Besitz.

An Weihnachten versammelten sich alle zur Bescherung im weißen Saal. Tante Matz hatte für jeden einen Weihnachtstisch aufgestellt. Auch Schreckegast bekam Geschenke. Tante Matz führte ihn zu seinem Tisch, und da lagen ein Päckchen Tee, eine Flasche Rum, ein Paar wollene Strümpfe und ein Paar lange Unterhosen. Als Schreckegast sich für die Geschenke bedankte, fügte er hinzu: „Aber mit de' Unterhose, was soll ich mit de' Dinger? Ich hab' mei' Lebe' noch kei' Unterhose ang'habt."

Wir Kinder liebten Tante Matz sehr. Wenn unsere Mutter krank war, kam sie nach Frankfurt und passte auf uns auf. Sie fuhr sehr gerne Auto. Dabei hatte sie immer eine weiße Serviette auf dem Schoß, falls „Öl" tropfte. Gab es Probleme mit dem Wagen, musste mein Vetter Bebo sich darum kümmern. So fand er eines Tages einen Zettel mit der Nachricht: „Der Wagen hupft." Es war nicht feststellbar, was sie damit meinte. Einmal fuhr sie verkehrt in eine Einbahnstraße. Vom Hupen der entgegenkommenden Wagen ließ sie sich nicht stören. Aber dann wurde sie von einem Wachtmeister angehalten: „Sie fahren hier in einer Einbahnstraße." „Nein, ich fahre immer hier", entgegnete meine Tante. „Aber es ist eine Einbahnstraße", wiederholte der Wachtmeister. „Nein, nein. Das kann nicht sein", beharrte Tante Matz dickköpfig. „Ich fahre immer hier." Da winkte der Wachtmeister resigniert ab und ließ sie weiterfahren.

Zuweilen verbrachten wir die Ferien auch bei meinen Großeltern mütterlicherseits auf ihrem Besitz Langenzell nahe bei Heidelberg. Dort bewohnten sie mit einer Unzahl von Dienern ein großes Haus, das um die Jahrhundertwende gebaut worden war und mit seinen vielen Türmchen, Zinnen und Erkern eigentlich scheußlich aussah. Im Inneren aber strahlte es Gemütlichkeit aus.

Mein Großvater war eine distingierte Erscheinung und ein großer Dackelfreund. So streng er mit seinen eigenen Kindern umgegangen war, so rührend kümmerte er sich um uns, seine Enkel. Meine Großmutter in ihren wallenden grauen und schwarzen Gewändern erinnere ich als kleine und stille Frau. Sie spielte für mich keine besondere Rolle, sondern war die Großmama, von der es zu Weihnachten Geschenke gab. Das Weihnachtsfest feierten wir meist bei den Großeltern mütterlicherseits im Palais Reichenbach in Frankfurt. Das Palais Reichenbach, das fälschlicherweise immer noch Palais Löwenstein genannt wird, war vor der Jahrhundertwende von meiner Urgroßmutter erbaut worden. Es existiert heute nicht mehr. An seiner Stelle erheben sich die Glastürme der Deutschen Bank.

Unser Leben änderte sich, als meine Mutter 1930 den Frankfurter Industriellen Richard Merton heiratete.

Sorglose Jugendjahre

Richard Merton war ein gut aussehender und überaus gebildeter Mann. Sein Vater, Wilhelm Merton, hatte ihn bestens ausbilden lassen und ihn nahezu ein Jahrzehnt lang in der Welt herumgeschickt. So sprach er fließend Englisch und Französisch, wenngleich mit einem leichten Frankfurter Akzent, was er selbst sicher nicht gerne gehört hätte. Gemeinsam mit seinem älteren Bruder Alfred führte er die Metallgesellschaft, die sein Vater 1881 als Aktiengesellschaft für den „Handel in und die Fabrikation von Metallen und Metalloxyden" gegründet hatte. Wilhelm Merton hatte vier Söhne, Walter, Alfred, Richard und Adolf, und eine Tochter, Gerta, die später den Baron von Bissing heiratete.

Ich kam mit elf Jahren zum ersten Mal in die Metallgesellschaft, nicht ahnend, dass aus dieser ersten Begegnung eine Verbindung auf Lebenszeit werden sollte. Eine Frau mit vier Buben zu heiraten, kann wohl als mutig angesehen werden. Doch Parch, wie wir ihn als Abkürzung von Patriarch nannten, war uns ein guter und von mir geliebter Stiefvater. Seiner fürsorglichen, zurückhaltenden und konsequenten Erziehung verdanke ich mehr als meinem leiblichen Vater. Zunächst aber veränderte sein Auftauchen unser Leben, da wir bis dahin allein mit unserer Mutter gelebt hatten.

Wir vier Söhne verehrten unsere Mutter sehr. Sie war uns eine strenge, aber liebevolle Mutter, und die plötzliche Anwesenheit von Parch warf gewisse Probleme auf, zumindest für mich. Es bestand anfangs nicht nur gegenseitiges Misstrauen, sondern wohl auch Eifersucht; bewusst bei ihm und unbewusst bei mir. Es kam hinzu, dass ich als Bub sehr verwöhnt und wohl auch eigensinnig war. Ich fand mich ganz fabelhaft. Mein unbekümmertes Verhalten war für meinen Stiefvater sicher eine mühsame „Zugabe" zu seiner Ehe. Nach dem populären Schlager „Was kann der Sigismund dafür, dass er so schön ist…" münzte Parch diesen Text in: „Was kann der Casimir dafür…" um, was ich damals nicht komisch fand.

Ich erinnere mich noch genau an eine Unterhaltung, zu der

Mein Stiefvater Richard Merton, zweiter
Ehemann meiner Mutter.

Mami mit ihren vier Söhnen , 2. v. l. Casimir.

er mich eigens in die Metallgesellschaft, Reutherweg 14, hatte kommen lassen. Ich musste schon etwas älter gewesen sein und hatte mich zu Hause mal wieder reichlich selbstherrlich aufgeführt. Man geleitete mich in das sogenannte Chefkabinett, ein elegantes Büro, in dem noch immer der alte Schreibtisch des Firmengründers, Wilhelm Merton, stand. Parch ließ mich kurz warten und teilte mir dann mit, er wolle mit mir ein ernstes Wort über meine Einstellung reden. Es gebe gewisse Probleme zwischen uns, die bei gegenseitigem guten Willen sicher zu lösen seien. Am Ende unseres Gesprächs sagte er etwas, was ich bis heute nicht vergessen habe: „Du bist sicher ganz gescheit und kannst mit Menschen gut umgehen, aber Du bis unbeherrscht. Und wenn Du, was ich hoffe, einmal andere führen willst, musst Du erst lernen, Dich selbst zu beherrschen." Zu jener Zeit hat man solche Dinge noch ganz offen ausgesprochen. Obwohl ich damals seine Worte nur ungern hörte, hatte er ohne Zweifel recht. Ich habe seither immer wieder an diese Unterredung gedacht,

Das Haus des Stiefvaters in Frankfurt-Ginnheim,
Am Leonhardsbrunn 12-14.

sie ist bis heute ein Schlüsselerlebnis meiner Jugend geblieben.

Unsere Nachbarn waren sicher glücklich, als wir von der Forsthausstraße auf die andere Seite der Stadt zogen, in das Haus unseres Stiefvaters, Am Leonhardsbrunn 12. Es war ein wunderschönes großes Haus mit Garten, Schwimmbad und vielen Dienstboten. Heute ist dort der Unionclub.

Vom Kaiser-Wilhelm-Gymnasium wechselte ich in die Wöhler-Schule. Wir schrieben das Jahr 1930, und die deutsche Misere begann. 1933 übernahm Hitler die Macht. Ich erinnere mich noch genau an die Auseinandersetzung zwischen meinem Stiefvater und meiner Mutter, ob man sich politisch in diesem Dritten Reich engagieren solle. Zu uns sagte mein Stiefvater: „Ihr Buben müsst es euch gut überlegen, ob ihr mitmachen wollt. Nach meiner Ansicht wird jemand, der nicht in der Partei ist, nur schwer weiterkommen."

Meine Mutter, sehr konservativ, deutsch-national und begeisterte Anhängerin Kaiser Wilhelms, sprang bei diesen Worten fast aus den Schuhen: „Es kommt nicht in Frage, dass meine Kinder bei diesen Leuten mitmachen." Wir haben auf unsere Mutter gehört und sind weder in die Hitlerjugend noch sonst in irgendeine Organisation des Dritten Reiches eingetreten. Parch hat sicher bei seinen damaligen Äußerungen vor allem an unsere Zukunft gedacht. Er selbst hatte im Dritten Reich keinerlei Ambitionen. Als Mitglied der Liberalen Deutschen Volkspartei war er für kurze Zeit Stadtverordneter des Frankfurter Stadtparlaments und wurde im November 1932 in den Reichstag nach Berlin gewählt. Trotzdem frage ich mich, warum er sich als Jude von Anfang an nicht entschiedener vom Hitler-Regime distanziert hat. Auch später hielt er es für ausgeschlossen, dass Hitlers Schergen ihm etwas anhaben würden. War er doch als junger Leutnant mit den 14. Husaren aus Kassel 1914 ins Feld gerückt und hatte später als Rittmeister und persönlicher Adjutant General Wilhelm Groener, dem Leiter des Kriegsamtes, gedient.

In den Anfangsjahren stand die Judenfrage noch nicht im Vordergrund. Das Ausland bewunderte, dass wir eine Regierung hatten, die in dem Chaos, das der Versailler Vertrag ausgelöst hatte, wieder Ordnung herstellte. Deutschland hatte damals eine gewaltige Inflation und elf Millionen Arbeitslose. Kommunisten und ihre Gegner lieferten sich fast täglich wilde Straßenschlachten. Und da kam dieser fabelhafte „Herr Hitler" und versprach Arbeit und Brot. Ich höre noch, wie viele unserer ausländischen Freunde das Dritte Reich über den grünen Klee lobten. „Ach hätten wir doch auch eine solche geradlinige Regierung". Das Ausland machte damals jedes Geschäft mit dem Dritten Reich. Es waren nicht zuletzt Rohstoffimporte, die Hitlers Rüstungspolitik möglich gemacht haben.

Dass allmählich ein schärferer Wind wehte, merkte ich vor allem in der Schule. Das Dritte Reich erhob sein Haupt in Form einiger Lehrer, die einen jüdisch versippten Wittgenstein nicht vertragen konnten. Vielleicht lag es auch an meiner Weigerung, mich zu ducken. Jedenfalls endeten die Auseinandersetzungen damit, dass ich die Schule verlassen musste und ins oberbayerische Internat Neubeuern gesteckt wurde. Obwohl Neubeuern einen sehr guten Ruf hatte, fand ich es grässlich. Ich vermisste meine geliebte Mutter und mein bequemes Leben zu Hause. Man wurde ständig kontrolliert, durfte nicht allein spazierengehen, sondern nur zu dritt. Man musste sich auch vor jedem Spaziergang abmelden. Als besonders lästig empfand ich es, zu dritt oder gar zu sechst in einem Zimmer zu wohnen. Das ewige Eingesperrtsein mit anderen war schwer zu ertragen.

Zum Ärger meines Stiefvaters telefonierte ich ständig mit meiner Mutter und schrieb ihr täglich einen Brief. Eigentlich gab es keinen Grund, mich so jämmerlich zu benehmen, denn die meisten Lehrer waren eigentlich ganz in Ordnung, einige sogar ausgezeichnet.

Unter den Schülern hatte ich bald eine Reihe guter Freunde, die dann fast alle im Krieg gefallen sind: der junge Baron Batto Riedesel bei Odessa, Reginald von Leswir in Polen, von Wedemayer aus Pommern in Russland. Nur mein Freund Dachs hat den Krieg überlebt. Er war Chirurg in München, und wir haben uns bis zu seinem Tode hin und wieder getroffen. Meine schulischen Leistungen waren mäßig. Nur der Sport bereitete mir Freude. Im Schwimmen stellte ich einen Schulrekord auf, der, soweit ich weiß, bis heute ungebrochen geblieben ist. Ich spielte Eishockey, ging spazieren und aß unendliche Mengen Linzer Torte beim Bäcker Maier im Dorf. Meine Standardabmeldung lautete: „Spazierengehen mit Batto und Reginald und hinterher zum Bäcker Maier."

Bis heute ist mir eine Auseinandersetzung mit unserem Internatsleiter, Herrn Schwarz, unvergessen geblieben. Wir hatten zwar eine Schuluniform, doch im Sommer trugen wir Lederhosen. Meine fand ich besonders schön und zog dazu glänzende Pumps mit schwarzen Schleifchen an, wie sie eigentlich nur zum Smoking passen. Eines Tages sprach mich Herr Schwarz darauf an. „Warum trägst du denn eine so unmögliche Adjustierung?" „Ich gehe damit sehr gut spazieren", erwiderte ich ungerührt. „Du bist doch nicht am Hof Ludwigs XIV." Worauf ich etwas pampig erwiderte: „Ich glaube auch nicht, dass man am Hof Ludwigs XIV. Lederhosen getragen hat".

Zweieinhalb Jahre verbrachte ich in Neubeuern. Dann durfte ich wieder nach Frankfurt zurückkehren, um in der Muster-Schule mein Abitur zu machen. Das war eine Freude! Ich ging in die Tanzstunde, machte mit meiner Mutter Einkäufe und fuhr spazieren. Ich war unterdessen achtzehn Jahre alt geworden und besaß nun selbst einen Führerschein. „Wo sind Sie denn so lange gewesen?" fragte mich ein Wachtmeister, als ich mit dem Auto durch Frankfurt kurvte. Als ich ihm erklärte, dass ich gerade aus dem Internat zurückgekommen sei, meinte er freundlich: „Ach, wie schön, dass Sie wieder da sind."

Das Verhältnis zur Polizei war damals ein anderes als heute und das Wort „Bulle", eine Abwertung der Polizei, gab es damals noch nicht. Ich erinnere mich, wie wir zu Weihnachten herumfuhren und kleine Päckchen an die Wachtmeister verteilten. Nicht nur wir, auch viele andere Frankfurter Familien gedachten in dieser Weise an Weihnachten der Polizei.

Zu dieser Zeit waren wir noch von den dunklen Schatten des Dritten Reiches verschont geblieben. Ich war mit mir selbst beschäftigt, mit Schule, Tennis, Tanzen und Reisen. Mein Stiefvater nahm mich mit in die Schweiz und nach Italien, oder wir besuchten Freunde in Deutschland, wo ich

„Parch" Merton mit meinem Bruder Franzl vor
der Haubenmühle.

Die alte Haubenmühle. Aufnahme von 1928.

mich mehr für Mädchen als für politische Gespräche interessierte. Die Wochenenden verbrachten wir auf der Haubenmühle, unserem Gutshof in der Nähe von Nidda, in Oberhessen. Ursprünglich hatte mein Stiefvater die Haubenmühle gekauft, um seinem Burschen aus dem Ersten Weltkrieg, Grauer, eine Bleibe zu schaffen. Er erwarb den kleinen Hof mit den dazugehörigen Ländereien und setzte Grauer als Verwalter ein. Die Gegend gefiel meinem Stiefvater bald so gut, dass er sich mit dem Gedanken trug, dort ein Wochenendhaus zu bauen. Er fand in Wölfersheim ein Fachwerkhaus aus dem 17. Jahrhundert, das wegen seiner Baufälligkeit abgerissen werden sollte. Parch kaufte das Haus, ließ es abtragen und neben dem Gutshof neu errichten. Eine in Holz geschnitzte Inschrift von ihm erinnert noch heute an diesen Wiederaufbau:

„Im dreißigjährigen Kriegsgebraus
entstand zum ersten Mal dies Haus
ward festgefügt aus Eichenholz
mit Bauernkunst und Bauernstolz
im Weltkrieg nach dreihundert Jahr
als Deutschland wieder in Gefahr,
da dacht auch mancher jetzt ist's aus
mit Johann Emmels altem Haus
Doch tat es wieder neu erstehn
so mag es Deutschland auch ergehn
Wiedererbaut von Richard Merton
OCT Anno Dom
1922"

Wegen der schlechten Straßen waren die Wochenendfahrten von Frankfurt auf die Haubenmühle beschwerlich. Meine Mutter hatte eine Menge Hunde, die die Haubenmühle besonders liebten. Auch Pferde zum Ausreiten gab es. Meine Mutter war eine strenge Reitlehrerin. Um einen guten Knieschluss zu bekommen, durften wir nur auf der Decke reiten, ohne Bügel und Sattel. Besonderes Vergnügen bereitete mir das Jagen. Ich hatte mit meinen jagdlichen Künsten bereits in der Forsthausstraße in Frankfurt begonnen und mit dem Luftgewehr auf Spatzen geschossen. Die Luftgewehre damals waren viel leichter und wesentlich ungenauer als heute. Man musste seinen Püster schon sehr genau kennen, um zu treffen.

Meine Mutter war im Umgang mit Waffen sehr streng mit uns. Wenn sie merkte, dass wir unvorsichtig waren, nahm sie uns das Gewehr sofort weg und wir sahen es für vier Wochen nicht wieder. Auf der Haubenmühle tauschte ich mein Luftgewehr gegen ein Kleinkalibergewehr. Damit schoss ich nun Wasser- und Wanderratten, von denen es an dem kleinen Bach Ulfa, der unser Gelände durchquerte, eine Menge gab. Für mich war der Ansitz auf diese Wasserratten damals genauso reizvoll wie später der Ansitz auf einen guten Rehbock. Guggi, der ebenfalls ein leidenschaftlicher Jäger und guter Schütze war, und ich machten später Jagd auf Hasen. Die Jagdgesetze waren damals fast schon so streng wie heute. Wir schossen die Hasen im Ansitz oder flüchtig auf dem Feld mit

der Kugel. Da es nur mehr wenige Hasen auf der Haubenmühle gibt, schieße ich seit über zwanzig Jahren keine mehr.

Bei den Mittagessen ging es meistens munter zu. Alle rede-
ten durcheinander, der eine erzählte von der Jagd, der andere
von den Pferden, und wieder ein anderer erkundigte sich
nach der nächsten Reise. Eine heitere Episode ist mir noch im
Gedächtnis. Wir sprachen von unseren Familien, den
Löwenstein und den Wittgenstein, und über die Anrede
Durchlaucht oder Erlaucht. Wortführer in solchen
Diskussionen war fast immer mein Bruder Bobby. Mein
Stiefvater saß nur still daneben und hörte zu. Plötzlich sagte
er: „Was seid ihr denn schon mit euren 800 oder 900 Jahren?
Ich stamme vom König Salomon ab." Zunächst wusste keiner
darauf zu antworten, bis mein kleiner schlauer Bruder Bobby
sagte: „Parch, wenn ich recht gelesen habe, hatte König
Salomon 300 Frauen. Wer weiß, von welcher vielleicht miesen Dame du letztlich abstammst." Mein Stiefvater freute sich
über die freche Antwort nicht sonderlich, meinte aber
schließlich: „Wenn ihr immer von Durchlaucht redet, dann
gebe ich mir auch einen Titel: Ich werde mich von nun an
Knoblauch nennen."

Langsam rückten die Schatten der Politik näher. Ich hörte
vom Röhm-Putsch und den Morden an bekannten
Persönlichkeiten. Aber es war mir nicht klar, dass dies die
ersten Vorboten eines mörderischen Systems waren. Im
Frankfurter Gymnasium, der Muster-Schule, wurde ich politisch in Ruhe gelassen. Der nette Direktor namens Müller,
ein Sozialdemokrat, war nach dem Krieg für eine kurze Zeit
Kultusminister in Hessen. Zum grenzenlosen Erstaunen aller
machte ich mein Abitur. Das letzte Jahr hatte ich allerdings
auch gewaltig gearbeitet. Wahrscheinlich aber habe ich das
Abitur vor allem wegen meiner sportlichen Leistungen
bestanden. Meine Schule gewann mit mir als schnellstem
Läufer das Rennen der Schulstaffeln. Auch im Schießen war
ich mit Abstand der Beste. Derartige Erfolge spielten im
Dritten Reich, das nun mehr und mehr sein wahres Gesicht
zu zeigen begann, eine große Rolle.

Das Dritte Reich

Nach dem Abitur musste ich erst einmal für neun Monate zum Arbeitsdienst nach Dillenburg im Westerwald. Hier war in einer alten Tabakfabrik ein Notstandslager geschaffen worden. Das Leben dort habe ich nicht gerade in angenehmer Erinnerung. Der frühere Feldmeister des Lagers hatte in die Kasse gelangt, und das fehlende Geld wurde an der Verpflegung der Arbeitsdienstler eingespart. Von den politischen Auswirkungen blieb ich weitgehend verschont. Auwi von Bissing, der älteste Sohn der Schwester meines Stiefvaters, war ein besessener Militarist. Bei den Deutschnationalen absolvierte er eine paramilitärische Ausbildung und überredete mich mitzumachen. Ich ging nur ein paarmal mit, denn ich fand es albern, im Dreck herumzukriechen und mich anbrüllen zu lassen. Auwi war verzweifelt, als der Krieg ausbrach und er als Halbjude erst später eingezogen wurde. Er ist dann leider in Kreta gefallen.

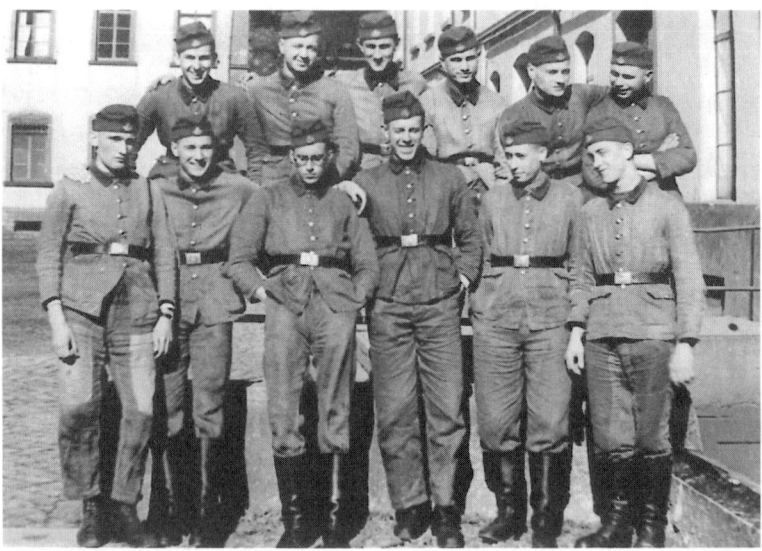

Beim Reichsarbeitsdienst in Dillenburg/Westerwald, 1936 (vordere Reihe, 3. v. l.).

Ich meldete mich zum Militärdienst bei den Bamberger Reitern. Bevor man genommen wurde, musste man erst eine zweitägige Übung absolvieren. Unglücklicherweise litt ich gerade an einer schlimmen Erkältung, und als ich nun vor über fünfzig Soldaten stand, die ich kommandieren sollte, brachte ich kaum ein Wort heraus. „Ich höre Sie nicht!" rief mir der Leutnant immer wieder zu. Aber ich konnte mit meiner heiseren Stimme einfach nicht lauter sprechen. Auch am zweiten Tag ging es mir nicht besser.

Wir sollten einen Aufsatz schreiben über Friedrich von Bodenstedts Spruch: „Das Paradies der Erde liegt auf dem Rücken der Pferde". Ich ritt zwar gerne, aber ob mir dabei wirklich das Paradies beschieden war, daran hatte ich meine Zweifel. Ich versuchte also, irgendetwas aufs Papier zu bringen. Aber grandios war meine Leistung bestimmt nicht. Hinzu kam eine unglückselige Unterredung beim Mittagessen, in deren Verlauf ich mich mit dem Heerespsychologen anlegte. Damit war mein Auftritt bei den Bamberger Reitern beendet und ich wurde nicht genommen. Nun versuchte ich es bei den Cannstädter Reitern. Mein Vetter Ludwig Ferdinand Wittgenstein war damals Oberst in diesem Regiment. Man hatte mich sofort genommen, doch schon nach wenigen Tagen bekam ich einen bösen Meniskusschaden, wohl ein Überbleibsel des Arbeitsdienstes. Das war das Ende meiner militärischen Laufbahn.

Im Herbst 1937 begann ich meine Ausbildung in Hamburg bei der Montan Transport, einer Tochter der Metallgesellschaft. Die Montan Transport, die sich als Speditionsfirma mit allen möglichen Waren im In- und Export befasste, war für eine Ausbildung zur Kenntnis von Produkten besonders geeignet. Auch mein Bruder Guggi hatte seinen Berufsweg in dieser Firma begonnen. Es wurde damals von der Metallgesellschaft verlangt, dass man sich zunächst eine möglichst umfassende Warenkenntnis erwarb. Im ersten halben Jahr machte ich nichts anderes als mit Herrn Marquart, dem Expedienten, von einem Schuppen zum anderen zu wandern. Er war beauftragt worden, mich in die verschiedenen Waren des Hamburger Hafens einzuführen. Es waren Kilometer, die ich im Laufe eines Tages zurücklegte. Von morgens um acht bis abends um sechs besichtigte ich Aluminiumbarren,

Kupfer- und Schwefelkies, nasse Tierhäute, Stockfische und vieles mehr. Mittags aßen wir inmitten von Hafenarbeitern und Stauern in einer der sogenannten Kaffeeklappen am Hafen. Ich fühlte mich wohl unter den Werftarbeitern, die mit dem Dritten Reich nicht viel im Sinn hatten.

Hitler kam vor dem Krieg nur einmal nach Hamburg und dann nie mehr. Eines Tages hielt sein Minister Robert Ley auf einer der Werften eine große Rede. Alle Werftarbeiter mussten erscheinen, und Ley verkündete: „Ich werde Ihnen das Dritte Reich präsentieren wie einen Körper." In schwülstigen Worten legte er los: „Unser geliebter Führer ist sein Kopf, Reichsmarschall Göring seine rechte Hand, Reichsführer Himmler seine linke Hand, Minister Goebbels sein Mund…" „…und du bist sein Mors", ertönte plötzlich eine Stimme aus der Menge. Allgemeines Gelächter begleitete den Zwischenruf. Mors wird auf plattdeutsch der Hintern genannt. Man hat den Zwischenrufer gottlob nie gefunden.

Vor der Abreise nach Hamburg hatten mich meine Freunde bedauert. „Du Armer musst nach Hamburg, die sind doch dort so steif." Ich aber hatte eine herrliche Zeit und fand die Hamburger reizend. Die erste Zeit wohnte ich in einer noblen kleinen Wohnung in der Rothenbaumchaussee bei Frau Ludewich. Von zu Hause erhielt ich einen monatlichen Wechsel über 650 Mark, und von der Montan Transport bekam ich als Lehrling jeden Monat dreißig Mark. Glücklicherweise kam Parch öfters nach Hamburg. Er war im Aufsichtsrat Vorsitzender der Norddeutschen Affinerien, die zu einem großen Teil zur Metallgesellschaft gehörten. Bei diesen Besuchen steckte er mir stets etwas zu, was mir sehr willkommen war. Da ich aber auch mit diesem Geld nur schwer auskam, suchte ich mir eine billigere Bleibe und zog zu Frau Schuchard in das sogenannte Dammtorpalais. Frau Schuchard, eine kleine hutzelige Frau, konnte zu anderen Leuten sehr bissig sein. Um mich aber kümmerte sie sich rührend, sie verwöhnte mich mit wunderbarem Essen. Wenn ich mit einem dicken Kater von irgendwelchen Festen kam, half mir Frau Schuchard mit Beeftartar und Schultheiß-Bier wieder auf die Beine und weckte mich pünktlich zu meiner Arbeit.

Ich gewann sehr schnell Freunde in Hamburg. Mein Bruder Franzl war nach seinem Abitur in die Reit- und Fahrschule im schleswig-holsteinischen Eutin am Plöner See eingetreten und hatte dort eine Menge Hamburger kennengelernt, die uns dann auch auf der Haubenmühle besuchten. Unter ihnen befand sich ein junges Mädchen namens Gertrud Nolte, die später Alwin Münchmeier heiratete und von meinem Stiefvater scherzhaft das „Hamburger Langstück" genannt wurde. Kaum in Hamburg angekommen, besuchte ich Münchmeiers. Da sie nicht zu Hause waren, hinterließ ich meine Karte. Damals war es in einem solchen Fall üblich, die linke obere Kartenecke einzuknicken, zum Zeichen, dass man die Karte persönlich abgegeben hatte. Münchmeiers halfen mir, in der Hamburger Gesellschaft Fuß zu fassen. So genoss ich sorglos das Leben bis zu dem verhängnisvollen 9. November 1938.

An diesem Tag, der später als sogenannte Reichskristallnacht in die Geschichte einging, war in Hamburg der Teufel los. Im Modehaus der Gebrüder Hirschfeld am Neuen Wall, Ecke Schleusenbrücke und Alsterarkaden, wurden alle Schaufenster eingeschlagen und das Mobiliar zertrümmert. Geschäfte, die sich noch in jüdischer Hand befanden, wurden verwüstet und ihre Besitzer in Konzentrationslager verschleppt. Am nächsten Tag erhielt ich einen Anruf meiner Mutter, Gestapobeamte hätten meinen Stiefvater abgeholt und nach Buchenwald gebracht. Wir hatten damals noch keine Ahnung, was das bedeutete. Uns war lediglich bekannt, dass es sich um ein Konzentrationslager handelte. Ich fuhr sofort nach Frankfurt.

Mein Bruder Bobby ging damals noch zur Schule, und Franzl studierte. Guggi, der bei der Metallgesellschaft arbeitete, war als „jüdisch versippt" entlassen worden. Gemeinsam unternahmen wir alles, um meinen Stiefvater freizubekommen. Wir versuchten, Kontakt zur Gestapo in Frankfurt aufzunehmen. Es gab dort einen ganz miesen Gestapo-Anwalt Göllner. Der sagte zu meiner Mutter: „Der Jude Merton sitzt ein, und da gehört er auch hin. Wann er rauskommt, weiß ich nicht. Sie werden das auch nicht rausfinden." In Hamburg hatte ich Horst Herbert Alsen, den Sohn des Zementfabrikanten Lucian Alsen, kennengelernt. Er war verlobt mit Rosemarie Lorenz, genannt Mimi, der Tochter des SS-Obergruppenführers Werner Lorenz. Bereits früher hatte ich Werner Lorenz in Berlin besucht. Er war ein sehr netter, eleganter Mann, der wie der Teufel ritt. Mit meiner Mutter fuhr ich zu ihm nach Berlin. Werner Lorenz empfing uns sofort und hörte sich unsere Geschichte an. Spontan versprach er, uns zu helfen. Das habe ich ihm nie vergessen.

Mein Bruder Guggi nahm unterdessen Kontakt zu General von Gosslar auf, dem Inspekteur der Kavallerie, der mit einer Tante von uns verheiratet war. Gosslar setzte sich sehr für meinen Stiefvater ein. In Gegenwart meiner Mutter telefonierte er mit General Wilhelm Keitel und forderte ihn auf, sich unverzüglich um die Freilassung von Richard Merton zu bemühen. Was Keitel ihm antwortete, konnten wir nicht verstehen, doch plötzlich sagte Gosslar mit scharfem Ton: „Hören Sie auf mit dem Kinderpinkel. Sie können doch nicht einen Offizier des Ersten Weltkrieges, mit EK1 ausgezeichnet, in einem KZ verkommen lassen."

Dank unserer Bemühungen wurde mein Stiefvater nach vier Wochen entlassen. Er kam kahlgeschoren wie alle Häftlinge zurück und verhielt sich sehr schweigsam. Uns Stiefsöhnen hat er auch später nie etwas über Buchenwald erzählt. Doch seinen Wunsch, in Deutschland zu bleiben, gab er nun auf. „Ich bleibe hier", hatte er immer wieder betont. „Mir wird nichts geschehen." Seit Buchenwald dachte er anders. Er wusste, dass er sich in höchster Gefahr befand und Deutschland so schnell wie möglich verlassen musste. Da kam uns ein Glücksfall zu Hilfe. Aufgrund seiner zahlreichen internationalen Beziehungen verboten ihm die Nazis, nach Frankfurt zurückzukehren. So übersiedelte er mit meiner Mutter auf die Haubenmühle, während sich mein Bruder Guggi eine Wohnung im Gärtnerweg in Frankfurt nahm.

Meine Eltern meldeten sich ordnungsgemäß in Frankfurt ab und in Gießen beim örtlichen Landrat wieder an. Zugleich beantragte Parch einen neuen Pass. Den alten hatten ihm die Gestapobeamten in Frankfurt abgenommen, um eine eventuelle Ausreise zu verhindern. Und nun wollte es der Zufall, dass die Gießener Behörden von der Gestapo nicht über meinen Stiefvater unterrichtet worden waren. Dort bekam er also problemlos einen Pass, den mein Bruder Guggi sofort zum englischen Generalkonsul Smallbones nach Frankfurt brachte. Dieser stellte ihm auf der Stelle ein Visum für England aus. Geholfen hat sicher auch, dass Wilhelm Merton, der Vater meines Stiefvaters, Engländer war und somit auch er als „British born" galt.

Kaum hatte mein Bruder das Visum, kehrte er sofort auf die Haubenmühle zurück, packte meinen Stiefvater wie er war ins Auto und fuhr mit ihm nach Köln. Dort setzte er ihn ohne jedes Gepäck in das nächste Flugzeug, das via Amsterdam nach London flog. Keine Minute zu früh, wie sich herausstellen sollte. Bereits sechs Stunden später erschienen die Gestapobeamten auf der Haubenmühle. „Der Jude Merton ist geflohen." Mit diesen Worten fielen sie über meine Mutter her. Meine Mutter, die in all der schwierigen Zeit nie ihre Nerven verloren hatte, rügte sie in eisigem Ton: „Mein Mann ist nicht geflohen. Er ist mit seinem Pass ordnungsgemäß ausgereist." „Der Jude hätte nie einen Pass bekommen dürfen", schnaubten die Beamten wütend.

Offenbar hatte mein Stiefvater vorausgeahnt, was geschehen würde, denn er hatte kurz zuvor an jeden von uns Brüdern einen Teil seines Vermögens übertragen. Dieser Anteil blieb für uns aber zunächst gesperrt. Der gesamte Besitz meines Stiefvaters wurde beschlagnahmt. Aus der Haubenmühle nahm die Gestapo die schönen alten Bauernmöbel und wertvolle Bilder mit. Das Haus Am Leonhardsbrunn in Frankfurt fiel ebenfalls in ihre Hände. Damit begann für uns Brüder ein aufreibender Kampf, der sich jahrelang hinziehen und meinem Bruder Guggi das Leben kosten sollte.

Lehre im Bankhaus Donner

Ich hatte unterdessen meine Lehre bei der Montan Transport in Hamburg aufgegeben und war zum Bankhaus Conrad Hinrich Donner übergewechselt. Für ein Unternehmen wie die Metallgesellschaft, das nichts tat, um seine Mitarbeiter zu schützen, wollte ich nicht länger tätig

Mit Bally Hatzfeld, einer Freundin der Familie, und meinem schicken BMW-Cabriolet. Aufnahme vom Frühjahr 1939.

sein. An der Spitze der Metallgesellschaft befanden sich zum damaligen Zeitpunkt bereits eine ganze Reihe von Nazis. Beim Bankhaus Donner in Hamburg absolvierte ich eine Lehre als Bankkaufmann und Export-Importkaufmann. Geführt wurde die Bank damals noch von dem alten, fast blinden Herrn von Donner sowie von Herrn Staatsrat Peters. Herr von Donner rauchte mit Leidenschaft Zigarillos. Aber weil er kaum mehr sah, rollten sie ihm häufig unter sein Stehpult auf den Teppich, der an dieser Stelle schon ganz verkokelt war. Dann klingelte er, und der jüngste Lehrling musste kommen und ihm seinen Stummel wieder aufheben.

Es stank fürchterlich nach verbrannten Haaren, aber das störte Herrn von Donner nicht, denn er rauchte ruhig weiter. Uns Lehrlingen kam die Aufgabe zu, dem alten Herren jeden Morgen die Aktienkurse vorzulesen, insbesondere die Kurse der Warenbörse. Dabei machten wir uns den Spaß, ihm manchmal bewusst falsche Kurse anzugeben. „Kann nicht stimmen", fuhr er dann mit seiner hohen quäkenden Stimme dazwischen. „Kann sich in einem Tag nicht so verändert haben. Der Kurs war gestern noch..." Trotz seines hohen Alters besaß er ein phänomenales Gedächtnis. Er war im Grunde ein netter Mann, aber sehr geizig. Als ein Mitarbeiter Jubiläum feierte und Herr von Donner erst einige Tage später davon erfuhr, ließ er den Mann zu sich kommen und sagte: „Ich habe gehört, du hattest Jubiläum. Schade, dass ich das nicht wusste, ich hätte dir sonst eine goldene Uhr geschenkt."

Im Büro erschien er immer in Gehrock und Zylinder. Der Zylinder stammte aus England, wahrscheinlich von Lock. Der Hut war uralt und speckig, und in einem Anfall von Freigiebigkeit schenkte Herr von Donner ihn eines Tages seinem Diener, der zugleich Bote in der Bank war. Dieser ging mit dem alten Zylinder zu einem Hamburger Hutmacher und ließ ihn aufmöbeln. Als Herr von Donner verblüfft sah, dass sein alter Hut wieder völlig hergestellt worden war, fragte er: „Was hast du denn dafür bezahlt?" Dann gab er seinem Diener das Geld und nahm den Hut zurück.

Staatsrat Peters, der in Hamburg „Lord Peters" genannt wurde, war ein besonders tüchtiger und verständnisvoller Herr. Es wurde später behauptet, er sei ein Nazi gewesen. Meines Wissens stimmt dies nicht. Zwischen Peters und von Donner gab es immer wieder langwierige Auseinandersetzungen wegen des Bankgebäudes. Peters wollte mit der Bank in ein kleines Eckhaus am Ballindamm übersiedeln. Aber Herr von Donner fand einen solchen Umzug unnötig und wünschte in der Neuen Gröningerstraße am Hafen zu bleiben. So wurde ewig hin und her verhandelt, bis Herr von Donner plötzlich einlenkte: „Wenn schon umgezogen wird, dann will ich wenigstens mit umziehen, denn der Peters zieht sowieso um, wenn ich gestorben bin."

Ein weniger gutes Verhältnis hatte ich zu Herrn Dietrich, einem Prokuristen der Bank. Er war dem Dritten Reich zugetan und hatte wenig Humor. Mich nannte er immer „Herr von Wittgenstein". Schließlich wurde mir das zu viel und ich sagte zu ihm: „So heiße ich nicht. Nennen Sie mich Wittgenstein oder Prinz Wittgenstein." Er antwortete: „Das müssen Sie mir überlassen, wie ich Sie nenne." „Nein",

widersprach ich, „ich nenne Sie ja auch nicht Herr Diedel."
Da wurde er wütend. „Wissen Sie was", schlug ich vor, „wir
gehen jetzt zu Herrn Staatsrat Peters, und der soll entscheiden." Dietrich war einverstanden, und wir gingen zusammen
zum Fahrstuhl. Beim Einsteigen aber war Herr Dietrich
plötzlich verschwunden. Ich rief ihm nach: „Wo sind Sie? Wir
wollten doch zu Staatsrat Peters wegen meines Namens."
„Den können wir mit so etwas nicht belästigen", knurrte er
unfreundlich. So schnell aber ließ ich mich nicht abspeisen.
„Sie nennen mich, wie ich heiße, sonst gehen wir doch zu
Herrn Peters." Von da an hat mich Dietrich nie mehr angeredet.

Vor der Bank stand bisweilen ein Leierkastenmann, den
Dietrich hasste. Sobald er ihn hörte, riss er das Fester auf und
schimpfte hinunter. Als ich das merkte, gab ich dem Mann
fünf Mark und sagte: „Sie bleiben jetzt hier und spielen eine
Stunde lang, ununterbrochen." „Wird gemacht", erwiderte
der Leierkastenmann und drehte eifrig sein Werkel.

Das Dritte Reich ging auch an der Bank nicht spurlos vor-
über. Am 1. Mai, dem Tag der Nationalen Arbeit, musste die
gesamte Belegschaft an einem Umzug teilnehmen. Doch
ungeachtet aller Gefahr verweigerte ich die Teilnahme. „Die
Nazis haben meinen Stiefvater eingesperrt", sagte ich zu
Peters, „sollen sie mich auch einsperren. Ich bleibe in der
Bank." Das tat ich dann auch, und Staatsrat Peters duldete es.
Als jüngster Lehrling musste ich morgens um sieben Uhr,
ausgerüstet mit zwei großen Taschen, die Post abholen.
Gegen Ende meiner Lehrzeit hatte ich als ältester Lehrling
dann die Aufgabe, abends mit dem Botenmeister die
Ausgangspost fertig zu machen. Dabei ist mir während des
Krieges einmal etwas Furchtbares passiert.

Ich gab einen sehr hohen Barscheck, der für eine deutsche
Firma in Argentinien bestimmt war, mit in die Post. Es war
nicht ratsam, einen solchen Scheck mit der Post zu befördern.
Da viele Schiffe von den Alliierten aufgebracht wurden,
bestand die Gefahr, dass die Post in ihre Hände fiel.
Glücklicherweise konnte der Scheck zurückgeholt werden,
aber für einige Stunden hatte ich die ganze Bank in helle
Aufregung versetzt.

Die Arbeitszeiten waren damals viel länger als heute. Es

wurde auch samstags bis vierzehn Uhr gearbeitet, und wenn man in der Überseeabteilung tätig war, in der Geschäfte mit Südamerika, China und Japan abgewickelt wurden, endete der Arbeitstag selten vor zwanzig Uhr. Telegramme trafen erst im Laufe des Nachmittags ein. Sie mussten dechiffriert und den entsprechenden Geschäftsführern zugeleitet werden. Dann galt es, die Antworttelegramme zu chiffrieren. Als der Krieg ausbrach, mussten wir neben der Brandwache in der Bank auch noch abwechselnd Nachtdienst versehen. Das wurde von allen ohne großes Murren ganz selbstverständlich getan.

Noch während meiner Lehrzeit verlobte ich mich mit Ingrid Alsen, der Schwester von Horst Herbert Alsen. Ich hatte bereits früher von ihr gehört und sie bald nach meiner Ankunft in Hamburg kennengelernt. Ingrid war etwa so alt wie ich, hatte eine zierliche, sehr sportliche Figur und war eine große Reiterin. Bereits als junges Mädchen war sie mehrmals von zu Hause ausgerissen, um an Reitturnieren teilzunehmen. Aus unserem ersten Treffen wurden bald viele, bis wir uns schließlich verlobten. Natürlich musste ich auch Herrn von Donner davon unterrichten. Dieses Gespräch fand aber nicht in der Bank statt, sondern ich wurde in die Oberfelderstraße, eine Querstraße vom Mittelweg, in sein Privathaus bestellt.

Der Diener, der gleichzeitig unser Bürobote war, führte mich in den Salon, wo ich Herrn von Donner von meiner Verlobung und baldigen Heirat in Kenntnis setzte. Herr von Donner fand das ungehörig. „Es hat noch nie einen Lehrling in meinem Bankhaus gegeben, der sich während der Lehrzeit verlobt hat", erklärte er streng. Worauf ich höflich, aber bestimmt entgegnete: „Einmal muss man ja damit anfangen." Weitaus schwieriger war das Gespräch mit SS-Obergruppenführer Werner Lorenz, dem zukünftigen Schwiegervater von Horst Herbert Alsen, Ingrids Bruder. Ich entschloss mich, ihn über meine Einstellung dem Dritten Reich gegenüber zu unterrichten. Mein Schwiegervater, Lucian Alsen, meinte über dieses Ansinnen entsetzt: „Um Gottes willen, das darfst du nicht tun!" Er war zwar ein kluger Kaufmann und erfolgreicher Zementfabrikant, aber in politischer Hinsicht wenig mutig. 1933 war er in die Partei eingetreten, aber nur um seiner Firma zu nützen.

Trotz seiner engen Beziehung zum Nationalsozialismus hielt ich es für richtig, Werner Lorenz, einen anständigen und hilfsbereiten Mann, nicht im Ungewissen zu lassen. Widerstrebend willigte Lucian Alsen schließlich ein. So fuhren wir in seinem großen Sieben-Liter-Mercedes nach Berlin-Dahlem zum Haus der Familie Lorenz, wo die Verlobungsfeier von Horst Herbert mit Rosemarie Lorenz stattfand. Fast alle Familienmitglieder waren anwesend. Nach dem Essen wollte Werner Lorenz Lucian Alsen und mir seine Hirschtrophäen zeigen. Wir folgten ihm in sein Zimmer und bewunderten die Geweihe. Auf dem Rückweg sagte ich zu Werner Lorenz, ich müsse ihm leider noch etwas mitteilen. Wir wanderten also wieder ins „Hirschzimmer", wo wir in tiefen Fauteuils versanken. Papa Alsen versteckte sich ganz hinter seinen langen, angezogenen Beinen, nur sein Kopf war zu sehen.

Die Unterredung missfiel ihm sichtlich. Ich nahm kein Blatt vor den Mund und erklärte Werner in aller Offenheit meine Position: „Ich finde das Dritte Reich fürchterlich. Wie sie meinen Stiefvater behandelt und sein Vermögen beschlagnahmt haben und dass wir diesen unseligen Prozess mit der Gestapo am Hals haben, um unser beschlagnahmtes kleines Vermögen freizubekommen, das ist unglaublich. Das solltest du wissen." Zur großen Erleichterung des alten Alsen hörte Werner Lorenz mir in aller Ruhe zu und sagte dann: „Ich kann deine Einstellung verstehen. Aber bitte rede mit niemand anderem so darüber. Und noch etwas", fügte er hinzu, „wenn ich dich in Zukunft aus Berlin anrufe und dich zu einem Mittag- oder Abendessen einlade, so musst du kommen, ohne lange zu fragen. Es ist notwendig, dass du so viele Leute wie möglich aus dem Stab von Hitler und Himmler kennenlernst. Sie müssen wissen, wer du bist. Denn nur dann gibt es eine Chance, etwas für dich zu tun, falls du einmal in Schwierigkeiten gerätst."

Tatsächlich zitierte er mich in den folgenden Jahren einige Male nach Berlin. Dabei wurde ich jedesmal von einem Chauffeur in SS-Uniform vom Bahnhof abgeholt und in einem schwarzen Mercedes mit Standarte und Hakenkreuz nach Dahlem zu Werner Lorenz gefahren. An diesen Essen nahmen immer viele SS-Generäle sowie Mitarbeiter des

Reichssicherheitshauptamtes teil. Um mich wurde zum Glück nicht viel Aufhebens gemacht. Werner Lorenz stellte mich als Schwager seines Schwiegersohns vor, der gelegentlich nach Berlin komme. Bei einem Essen kam ich einmal neben Erich Koch, dem Gauleiter von Ostpreußen, zu sitzen. Er war ein wüster Kerl, der im persönlichen Gespräch eher bieder wirkte. „Kommen Sie mal nach Ostpreußen?" fragte er mich. Ich verneinte. In meinem Leben war ich nur einmal in Ostpreußen gewesen, als mich Dodo Gräfin Dönhoff im Frühjahr 1939 zur Elchjagd eingeladen hatte. Koch erklärte mir, dass er als Gauleiter genau wisse, wer durch seinen Gau reise. „Wenn Sie wieder einmal kommen, müssen Sie mich besuchen, sonst lasse ich Sie einsperren." „Jawohl, Herr Gauleiter, ich melde mich bei Ihnen", sagte ich höflich. Gottlob kam ich während des ganzen Krieges nicht mehr nach Ostpreußen. Erich Koch wurde dann nach dem Krieg an die Polen ausgeliefert und zum Tode verurteilt. Auch Werner Lorenz kam nach dem Krieg nach Landsberg ins Gefängnis.

Ich habe ihm gerne einen so genannten Persilschein ausge-

Hochzeitsfoto, 1. Mai 1939: Meine erste Frau Ingrid, geb. Alsen, und ich, eingerahmt (v. l.) von meinen Brüdern Franzl und Bobby, meiner Mutter und meinem Bruder Guggi.

stellt und alles aufgeführt, was er für meinen Stiefvater und mich getan hatte. Wahrscheinlich wusste Lorenz ziemlich genau, was in den Konzentrationslagern vor sich ging. Er wurde nach langer Haft entlassen und ich habe ihn noch einige Male gesehen. Zwar war er sehr gealtert, aber ungebrochen. Heute will in Deutschland niemand glauben, dass man von den Judenvernichtungen in den Konzentrationslagern nichts wusste. Aber es war so. Für die, die herauskamen, wäre es tödlich gewesen, etwas zu erzählen. Deshalb hat wohl auch mein Stiefvater geschwiegen.

Am 1. Mai 1939 wurden Ingrid und ich in der Hamburger Johanneskirche getraut. Anschließend fand im Hotel Vier Jahreszeiten die Hochzeitsfeier statt. Es war traurig, dass mein Stiefvater in England bleiben musste und uns seine guten Wünsche erst tags darauf nur telegraphisch übermitteln konnte. Am nächsten Tag flog meine Mutter zu ihm. Bei der Ausreise wurde sie von den Zollbeamten streng und unfreundlich kontrolliert. Obwohl mit dem Vermögen meines Stiefvaters bereits ihr ganzer Schmuck beschlagnahmt

Mami und „Parch" im britischen Exil. Aufnahme um 1943.

worden war, wollten die Beamten nun wissen, was für Perlen sie da um den Hals trage. „Sind falsche", gab meine Mutter kurz zur Antwort.

Es waren auch falsche, was sie, wie sie mir später erzählte, nur ungern eingestanden habe. Meine Mutter ist während des ganzen Dritten Reiches nicht mehr nach Deutschland zurückgekehrt und hat mit Parch das Exil geteilt. Viele Leute verstanden das nicht und warfen ihr vor, sie ließe ihre vier Söhne im Dritten Reich zurück. Wir aber fanden ihre Entscheidung richtig, denn mein Stiefvater hätte das Exil ohne sie kaum überstanden. Im Sommer 1939 konnten meine Brüder Guggi und Bobby die beiden noch einmal in England besuchen. Dann brach am 1. September der Krieg aus, und die schrecklichen Jahre der Ungewissheit und Angst nahmen ihren Anfang.

Krieg und Krankheit

Wenige Wochen nach Kriegsausbruch endete meine Lehrzeit im Bankhaus Donner und ich trat in das Unternehmen meines Schwiegervaters, die Alsen'schen Portland Cement-Fabriken AG, in Hamburg ein. Das Bankhaus Donner geriet später in fremde Hände und existiert heute leider nicht mehr. Wie bei der Montan Transport musste ich auch bei den Alsen'schen Portland Cement Fabriken im Hafen anfangen. Diesmal hatte ich mich in den gesamten Schifffahrtsbetrieb einzuarbeiten. Dabei fand ich heraus, dass der Hafenmeister tief in die Kasse gelangt hatte. Ähnliches ist mir dann später noch einmal mit dem Werkleiter in Itzehoe passiert. Damals hatte ich als junger Prokurist das Werkslager zu überprüfen und war für den Zementtransport von Itzehoe nach Hamburg zuständig. Vorkommnisse dieser Art brachten mir natürlich nicht den Ruf großer Liebenswürdigkeit ein. Wegen der Tiefflieger, die auf der Elbe die Schlepper zerschossen, hatten wir ständig Ausfälle, und eine schwierige Zeit begann.

Hinzu kamen andauernde Querelen mit der Gestapo

wegen des geschenkten Vermögens von Parch und der Freigabe unserer Gelder. Nicht nur alle unsere Effekten und Bankguthaben waren eingezogen, sondern auch die schönen Möbel der Haubenmühle und des Hauses Am Leonhardsbrunn in Frankfurt waren hinter unserem Rücken verkauft worden. Durch Zufall erfuhr ich 1939 von zwei Versteigerungen in Frankfurt. Bei der ersten kam das Bett meiner Mutter unter den Hammer. Zwei Angehörige der sogenannten Frankfurter Gesellschaft boten gegen mich, obwohl sie genau wussten, woher die Möbel stammten. Erst als ich in den Saal hineinrief: „Sie bieten auf das Bett meiner Mutter", zogen sie ihr Angebot zurück. Dann tauchte eine von Klimsch modellierte Büste meines Stiefvaters auf. Offenbar hatte man nicht gewusst, dass es sich um Richard Merton handelte. Sonst hätte man sie zerschlagen. Auch aus Bildern seines Vaters, Wilhelm Merton, hatte man die Köpfe herausgeschnitten.

Zum Glück kannte ich den alten Auktionator. „Wie werden Sie denn die Büste anbieten?" fragte ich. Er überlegte eine Weile, dann meinte er: „Als alten Römerkopf." Unter dieser Bezeichnung erhielt ich die Büste meines Stiefvaters dann für zwanzig Reichsmark zurück. Auch einen Teil unseres Silbers und einige Möbel konnte ich zusammen mit meinem Onkel, Udo Fürst zu Löwenstein, dem Bruder meiner Mutter, ersteigern. Viele Stücke aber blieben für immer verschwunden. Vor allem die Möbel und Bilder aus der Haubenmühle tauchten nie wieder auf.

Eine der Hauptschwierigkeiten in diesem ganzen Prozess mit der Gestapo bestand darin, einen vertrauenswürdigen Anwalt zu finden. Wir hatten zunächst einen sehr guten jungen Anwalt, Adolf von Harnier, mit dem wir uns alle vierzehn Tage in Berlin trafen. Eines Tages jedoch wurde Harnier verhaftet. Er blieb bis zum Ende des Krieges eingesperrt und war für uns verschollen. Einen neuen Anwalt zu finden erwies sich als schwierig, denn keiner war bereit, sich auf eine Auseinandersetzung mit der Gestapo einzulassen. So wollte Herr von der Goltz, ein berühmter Düsseldorfer Anwalt, mit unserem Fall nichts zu tun haben. Ich besuchte ihn in Düsseldorf, und nach langem Suchen empfahl er uns an seinen Kollegen Dr. Pekrun, einen Kriegsgerichtsrat der

Luftwaffe. Dieser war bereit, unsere Interessen zu vertreten, und unter seiner Leitung führten mein Bruder Guggi und ich die weiteren Verhandlungen. Eines Tages gab mir jemand den Rat, ich solle mich unbedingt um ein Gespräch mit dem SS-Obergruppenführer Reinhard Heydrich bemühen. Ich rief Werner Lorenz an und bat ihn, mir das Gespräch zu vermitteln. Heydrich befand sich aber gerade in Prag, und so arrangierte Lorenz ein Treffen mit dessen Mitarbeiter, Werner Best.

Es war ein eisiger Wintertag, und ich trug einen dick gefütterten schwarzen Ledermantel. Pünktlich zur verabredeten Zeit meldete ich mich an der Wache des Reichssicherheitshauptamtes in der Prinz-Albrecht-Straße in Berlin. „Jawohl, Sie werden erwartet", erhielt ich zur Antwort und wurde von einem der SS-Leute die Treppe nach oben und in einen riesigen Raum geführt. Da saß Werner Best in weißer Sommeruniform hinter seinem Schreibtisch. Das Fenster stand weit offen und man konnte seinen Atem sehen. Ich nahm meinen Hut ab, aber den Mantel behielt ich an und erklärte Best, worum es ging. Er hörte mir ruhig und geduldig zu. „Das ist natürlich alles neu für mich", meinte er schließlich, „ich muss die Dinge prüfen." Ich nannte ihm unseren Anwalt Dr. Pekrun als zukünftigen Ansprechpartner und verabschiedete mich. Beim Hinausgehen konnte ich allerdings nicht umhin, ihm noch eine persönliche Frage zu stellen: „Frieren Sie nicht?" „Ich friere nie", lautete seine Antwort.

Ich hoffte, dass wir mit Werner Best zumindest ein wenig weiterkämen. Doch statt dessen spitzte sich unser Fall immer mehr zu, bis es schließlich zum schrecklichen Mord an meinem Bruder Guggi kam. Wir hatten uns schon oft wegen eines Gesprächstermins mit der Gestapo im Eden-Hotel in Berlin verabredet. Mein Bruder war bereits am Abend vorher mit der Bahn von Frankfurt nach Berlin gefahren und hatte im Hotel übernachtet. Ich kam am Morgen des 12. Dezember mit dem Zug aus Hamburg. Als ich im Eden-Hotel das Zimmer meines Bruders betrat, erwartete mich ein furchtbarer Anblick. Sein Leichnam hing nackt an einem Querbalken von der Decke. Für mich bestand kein Zweifel, dass es sich um einen Mord der Gestapo handelte, freilich als Selbstmord getarnt.

Mein Bruder August-Richard („Guggi") – geboren am
13. Februar 1915, ermordet am 12. Dezember 1940.

Dies zu beweisen und die wahren Todesumstände aufzuklären, erwies sich als undurchführbar.

Man kann sich gar nicht vorstellen, wie viele Menschen damals auf mysteriöse Weise ums Leben gekommen sind. Ein alter Wachtmeister der Polizei aus Moabit, der den Tod meines Bruders zu untersuchen hatte, nahm mir alle Hoffnung. „Sie werden es nicht herausfinden", betonte er. Und er behielt recht. Das einzige, was ich durch den Nachtportier erfahren konnte, war, dass spät in der Nacht drei Personen nach meinem Bruder gefragt hatten und dann wohl auch in sein Zimmer gegangen waren. Auch nach dem Krieg sollten alle unsere Nachforschungen ergebnislos verlaufen. Mein Stiefvater versuchte, über den Gestapo-Anwalt Göllner etwas herauszubekommen. Aber Göllner stellte sich unwissend und erklärte, er wisse nichts vom Tod meines Bruders. Es kann sein, dass die Ermordung in Zusammenhang mit seiner Reise nach England stand. Auch waren wir wegen unseres Prozesses, den wir trotz Anraten vieler nicht aufgeben wollten, bei der Gestapo nicht gerade beliebt. Möglicherweise aber hatte sich mein Bruder schon sehr früh einer Widerstandsgruppe angeschlossen.

Meine Mutter konnte ich von dem erschütternden Verlust zunächst gar nicht benachrichtigen, denn seit Ausbruch des Krieges waren alle direkten Verbindungen abgebrochen. Eine Zeitlang konnten wir noch über einen Schweizer Bankier Nachrichten übermitteln. Später half uns der deutsche Bankier Franz König in Holland, ein kluger, gebildeter Mann und guter Freund meines Stiefvaters, den ich während des Krieges mehrmals traf. Zur Freude von Ingrid steckte er mir immer wieder köstlich duftende Seife zu, eine Kostbarkeit, die man in Deutschland schon lange nicht mehr kaufen konnte. Eines Tages verunglückte er jedoch tödlich im Kölner Hauptbahnhof, als er zwischen zwei Waggons eines einfahrenden Zuges fiel. Man munkelte, er sei hineingestoßen worden.

Schließlich konnte die Nachricht vom Tod meines Bruders von meinem Onkel Udo an einen Bankier in Basel übermittelt werden, der sie nach England weiterleitete. Für mich war es schmerzhaft, dass ich in dieser schweren Stunde meiner Mutter nicht beistehen konnte. Für meine Mutter muss es furchtbar gewesen sein, ihrem „Bübchen" nicht nahe zu sein. Um alle Formalitäten, die mit dem Tod meines Bruders verbunden waren, zu regeln, zog ich für einige Tage nach Potsdam in den Cäcilienhof zur Kronprinzessin Cäcilie. Wir liebten sie alle sehr und nannten sie Tante Cecil. Ich kannte auch ihre Söhne gut, vor allem Hubertus, und ihre Tochter Cecilchen.

Tante Cecil nahm mich freundlich auf, im Unterschied zu ihrem Gemahl, dem Kronprinzen, der nur gerne hübsche Mädchen um sich hatte. Zu allem Überfluss gab es auch noch einen bösen Hund, einen Chow-Chow, der Männer nicht ausstehen konnte. Er hieß Negus, und wenn er mich sah, jagte er mich durch das ganze Haus. Glücklicherweise konnte er mit seinen Krallen auf dem glatten Parkett nicht schnell genug vorwärtskommen, und so entwischte ich ihm auf meinen Gummisohlen. Mittags und abends aßen wir zu zwölft und mehr an einer großen Tafel, wobei mir als Jüngstem immer zuletzt serviert wurde. Zu essen bekam ich allerdings wenig. Denn kaum hatte der Kronprinz seine Mahlzeit beendet, wurde auch schon abserviert.

Das ließ ich mir zweimal gefallen, beim dritten Mal hielt ich meinen Teller fest. Darauf entstand zum Zorn des Kronprinzen ein Gerangel mit dem Diener, der mir den Teller entreißen wollte, was die Kronprinzessin bemerkte. Sie fragte: „Was ist denn, Casimir?" und schaute über den Tisch zu mir hinunter. „Tante Cecil, ich verhungere hier. Wenn Seine Kaiserliche Hoheit gegessen hat, wird abserviert, und ich stehe hungrig vom Tisch auf." „Dann iss jetzt in aller Ruhe auf", sagte sie begütigend, und zukünftig durfte ich meinen Teller behalten, bis ich satt war. Tante Cecil und ihre Tochter umsorgten mich rührend.

Ich kehrte dann nach Hamburg zurück, wo am 5. Februar 1940 mein Sohn Christian Peter, genannt Peter, geboren wurde. Ein Jahr später, am 6. Juli 1941, kam meine Tochter Leonille Elisabeth, genannt Nilli, zur Welt. Wir bewohnten am Leinpfad eine gemütliche zweistöckige Wohnung mit einem Hintergarten, einer kleinen Terrasse und einer Garage mit einer steilen Einfahrt, die bei Eis und Schnee schwer zu erreichen war. Im Krieg baute ich dann an die Terrasse einen Hühnerstall. Mit den Eiern besserte sich unser kärglicher

Meine erste Frau Ingrid mit unseren Kindern Christian
Peter und Leonille Elisabeth („Nilli").

Speisezettel auf. Die Hühner allerdings bescherten uns auch etwas, womit ich nicht gerechnet hatte, nämlich Ratten. Sie kamen aus den Seitenarmen der Alster. Für mich als passionierten Jäger war das ein gefundenes Wild, das ich mit dem Zimmerstutzen erlegen konnte.

Der Krieg weitete sich immer mehr aus. Ich wurde jedes Jahr zur Musterung befohlen und schließlich angesichts meiner Tätigkeit als Generalbevollmächtigter des Zementwerkes Itzehoe „Uk" gestellt. Zement war ein wichtiger Rohstoff. Ich wurde auch nicht zum Volkssturm eingezogen, da mein Knie mir nach wie vor Schwierigkeiten machte. Meine Brüder Bobby und Franzl aber mussten in den Krieg. Bobby befand sich mit den Bamberger Reitern auf dem Vormarsch nach Russland, als er im September 1941 in Koshewinkovo bei einem Feuerüberfall der Russen durch einen Granatsplitter tödlich verwundet wurde. Es war wieder mein Onkel Udo, der die Nachricht von seinem Tod erhielt und dem wieder die traurige Aufgabe zufiel, sie nach England weiterzuleiten. Den Leichnam meines Bruders haben wir nie zurückbekommen. Auch das Grab wurde nie gefunden. Später haben die Russen wohl ein Rollfeld über die Stelle gebaut, an der sich das Grab befunden haben könnte.

Bobby war zweifelsohne der Klügste von uns allen gewesen. Er hatte das humanistische Lessing-Gymnasium in Frankfurt besucht und nie Probleme in der Schule gehabt. Bevor er eingezogen wurde, hatte er eine Lehre beim Bankhaus Hauck angefangen. Schon als Kind interessierte er sich für das Geldwesen und legte sich eine große Münzsammlung an. Sicher wäre er ein guter Bankier geworden. Nun waren von uns Vieren nur noch Franzl und ich am Leben.

Franzl kam als Artillerist nach Frankreich. Seinen Briefen entnahm ich, dass er sich an Spähtrupps und ähnlichen gefährlichen Dingen beteiligte. Plötzlich aber erhielt ich die Nachricht, dass er sich auf dem Weg nach Stalingrad befände. Da begann ich, ernsthaft um ihn zu bangen. Denn ich wollte nicht auch noch meinen letzten Bruder verlieren. Glücklicherweise kannten Ingrid und ich einen Oberst, dem die Remonte-Abteilung in der Heide von Soltau unterstand. Er hieß Franz Winter, und weil er eine so lange Nase hatte,

Mein Bruder Gottfried („Bobby") – geboren am
16. September 1922, gefallen in Russland im September 1941.

wurde er „Nasenfranz" genannt. Winter kannte alle Bauern in der Heide. Wenn er am Wochenende nach Hamburg kam, rief er jedesmal vorher an und fragte zu unserem Entsetzen, was er mitbringen solle: „Was braucht ihr? Butter, Schinken, Eier?" „Wir brauchen nichts. Wir haben alles", war die einzige Antwort, die ich geben konnte. Denn es wurde ja sicher jedes Telefongespräch abgehört. Er brachte Gott sei Dank doch immer etwas Butter, Schinken und Eier mit.

Diesen Oberst Winter suchte ich nun auf und bat ihn, meinen Bruder zurückzuholen. „Wie soll ich denn das machen?" fragte er. „Das weiß ich nicht. Aber du kennst doch die Leute in den zuständigen Ämtern in Berlin", drängte ich. „Du musst meinen Bruder zurückholen." Tatsächlich gelang ihm das Kunststück wenige Tage bevor Franzls Einheit nach Stalingrad kam. Er wurde zurückbeordert. Schwerkrank mit Gelbsucht kam er zurück und musste sich erst in einem Sanatorium im Schwarzwald auskurieren lassen. Wieder genesen, heiratete mein Bruder in Berlin Gabriele Prinzessin zu Ysenburg und Büdingen.

Da der Krieg immer noch keine Ende fand, musste Franzl abermals einrücken. Diesmal nahm Oberst Winter ihn in seine Abteilung nach Soltau. Dort blieb er zwei Jahre, bis ihn der Heldenklau erreichte und er an die Westfront versetzt wurde. Die letzte Nachricht, die ich von ihm erhielt, kam aus dem Ruhrkessel. Dann hörte ich lange Zeit nichts mehr von ihm.

Unterdessen wurde ich krank. Die Angst um meinen Stiefvater, die Trennung von meiner Mutter, der Tod meiner beiden Brüder Guggi und Bobby, das Bangen um Franzl und die schrecklichen Bombenangriffe jede Nacht – all das hatte dermaßen an meinen Nerven gezehrt, dass ich erkrankte. Unvermittelt begann mein Kopf sich immer wieder nach rechts zu drehen, ohne dass ich diese Bewegung kontrollieren konnte. Zuerst dachte ich, es handle sich um eine Überreizung der Nerven, die vorübergehen würde. Aber statt dessen wurde es immer schlimmer. Ich lief von Arzt zu Arzt. Bei der berühmten Neurologin Dr. Leube in Freiburg erhielt ich Bindegewebsmassagen und Insulinschocks. Alles wurde an mir ausprobiert, aber ohne Erfolg.

Schließlich landete ich bei dem Neurochirurgen Tönnis in

Berlin. Der sah keine andere Möglichkeit, als zu operieren und die Nerven, die diese falschen Reaktionen in den Muskeln auslösten, lahm zu legen. Es war eine grausige Operation, die vier Stunden dauerte und nur bei örtlicher Narkose durchgeführt wurde. Die willkürlichen Drehungen meines Kopfes hörten damit zwar auf, aber nun konnte ich den Kopf gar nicht mehr bewegen, da die Muskeln gelähmt waren. Auch das Schlucken war über Jahre hinweg eine Qual. Für Ingrid bedeutete diese Zeit ebenfalls eine ungeheure Belastung. Jede Nacht musste sie mehrmals die Kinder aus dem Schlaf reißen, um mit ihnen in den Luftschutzkeller zu eilen. Und nun war auch ich durch meine Erkrankung mehr Last als Hilfe. Ich hielt es für besser, wenn sie Hamburg verließ.

Zusammen mit den Kindern und der alten Kinderfrau, Fräulein Schmedje, genannt Nana, zog sie zu meinem Onkel Udo nach Kreuzwertheim. Dort wusste ich sie alle wenigstens vor den Bombenangriffen in Sicherheit. Ich musste nach der Operation noch drei Wochen in der Klinik bleiben. Nacht für Nacht wurden wir mit den Betten in den Keller gefahren. Manchmal ging das Licht aus, und man hörte im Dunkeln das Krachen der Bomben sowie das angstvolle Schreien und Wimmern der Kranken. Es lagen in dieser Klinik viele Soldaten mit Kopfverletzungen, deren tierähnliches Brüllen einem durch Mark und Bein ging. Etwas Abwechslung brachten die Besuche meines Vetters Bebo, mit dem ich in Berleburg die Dachse gejagt hatte. Auch Werner Lorenz kam ab und an mit seiner Frau und seinen Töchtern, um nach mir zu sehen.

Diesem Freund und Gönner verdankte ich meinen anschließenden Kuraufenthalt im Sanatorium von Dr. Kutsch in der Niederen Tatra. Ingrid begleitete mich, während unsere Kinder bei meinem Onkel Udo in Kreuzwertheim blieben. Wie wunderbar war es, wieder Frieden zu erleben! In der Slowakei gab es noch keine Bombenangriffe, keine Verdunklung und keinen Luftalarm. Das Wetter war schön, man konnte sich an Kaffee, Tee, Eierbrötchen und andere Köstlichkeiten laben. Nach etwa einem Monat erklärte Dr. Kutsch die Behandlung für beendet und empfahl mich an Professor Billkeipap nach Budapest, einen großen Spezialisten für Muskel- und Nervenerkrankungen. Das war leichter gesagt als getan. Es gab damals Devisenbewirtschaftung, und wie sollte ich ohne Geld nach Ungarn reisen? Da kam abermals Werner Lorenz zu Hilfe. Er verschaffte uns die Genehmigung, nach Ungarn zu fahren und ein wenig Geld einzutauschen.

Im Sanatorium von Dr. Kutsch lernten wir eine junge Ungarin und deren Mutter kennen. Diese führte mit ihrem Mann in der Vaci uca in Budapest ein kleines Hotel „Das Jägerhorn" und lud uns ein, bei ihnen zu wohnen. Im Sanatorium von Professor Billkeipap wurde ich wiederum mit Spritzen traktiert, bekam Massagen und musste täglich Bäder nehmen. Wir fanden schnell neue Freunde, die uns allerdings in einen etwas seltsamen Kreis einführten. Damals gab es in Ungarn eine konservative Untergrundorganisation, die sowohl gegen das Dritte Reich opponierte, als auch gegen die ungarischen Nazisympathisanten, genannt Pfeilkreuzler. Die Pfeilkreuzler begrüßten einander mit „Kitortarsch", worauf mit „Elien Salaschi" geantwortet werden musste. Wir wurden zu manchen geheimen Sitzungen mitgenommen und hatten einen unglaublichen Schutzengel, dass wir dadurch nicht in Schwierigkeiten gerieten. Damals lernten wir auch den berühmten Baron Tabor Sandner kennen, der die beiden großen Lipizzaner-Staatsgestüte Kishber und Babolna verwaltete.

Nach einigen Wochen Aufenthalt fuhr Ingrid nach Kreuzwertheim zu den Kindern zurück. Ich blieb ungefähr vier Monate in Ungarn. Bei meiner Abreise wurde ich von meinen Freunden und von Prinzessin Putzi Windischgrätz, mit deren Bruder Vince ich befreundet war, auf dem Bahnhof verabschiedet. Putzi Windischgrätz übergab mir einen Packen Briefe und bat mich, sie in Deutschland aufzugeben. „Wenn ich die hier zur Post bringe", meinte sie, „dann gehen sie durch die Zensur und es dauert ewig, bis sie ankommen. Ich verspreche dir, dass nichts drinsteht, was die Zensur stören könnte." Also steckte ich die Briefe mit meiner eigenen Post, die ich von der Firma Alsen nachgeschickt bekommen hatte, in meinen Aktenkoffer und fuhr ab.

Der Zug durchquerte die Slowakei. Mitten in der Nacht erreichten wir die deutsche Grenze. Da ging die Tür zu meinem Schlafwagenabteil auf. „Feldpolizei. Heil Hitler! Haben

Sie etwas zu verzollen?" Schlaftrunken setzte ich mich auf. „Nein, ich habe nur ein paar Briefe mit, die aber bereits durch die Zensur gegangen sind." Die Zollbeamten öffneten den Aktenkoffer. Doch als sie die vielen Briefe sahen, meinten sie: „Die können wir jetzt nicht sichten. Wir nehmen den Aktenkoffer mit. Sie können ihn dann in Berlin abholen. Wir rufen Sie an. Wo wohnen Sie?" Ich gab ihnen die Telefonnummer vom Hotel Esplanade und legte mich wieder hin. Kaum jedoch war der Zug angefahren, da fielen mir siedend heiß die Briefe der Prinzessin Windischgrätz ein. Diese Briefe waren ja gar nicht durch die Zensur gegangen!

An Schlaf war nun nicht mehr zu denken. Den Rest der Nacht überlegte ich fieberhaft, was ich tun sollte. Putzi Windischgrätz hatte mir zwar versprochen, dass in den Briefen nichts stehe, woran die Zensur Anstoß nehmen könnte. Aber ob das stimmte? Wenn doch etwas Verfängliches darin stand? Dann war für den Transport dieser Schriftstücke zumindest das KZ fällig. Als der Zug in Berlin einfuhr, sah ich mich sofort wieder mit der grausigen Realität des Krieges konfrontiert. Überall erblickte man abgebrannte Häuser, und über der ganzen Stadt lag ein unangenehmer Brandgeruch. Auf dem Bahnhof gab es keinen einzigen Gepäckträger, und ich musste mich mit meinem steifen, schiefen Hals und den Koffern allein zum Hotel schleppen. Von dort aus versuchte ich sofort, Werner Lorenz zu erreichen. Doch diesmal konnte auch er mir nicht weiterhelfen. „Du bist ein Esel", sagte er. Das wusste ich selbst.

In meiner Verzweiflung rief ich seine Schwester Hannelore Lorenz an. Ich kannte sie flüchtig und wusste, dass sie die Privatsekretärin von Heinrich Himmler war. Nach einigem Hin und her wurde ich mit ihr verbunden. Ihre Stimme klang erfreut, als ich mich meldete. „Casimir, wie geht es dir?" „Gut, aber auch schlecht", antwortete ich niedergeschlagen. „Ich muss dich unbedingt sprechen." „Worum geht es denn?" wollte sie wissen. Doch das konnte ich ihr am Telefon natürlich nicht erklären. „So komm doch zum Tee", schlug sie vor. Zum Tee! 1944 konnte man noch im Reichssicherheitshauptamt zum Tee eingeladen werden. Hannelore Lorenz erklärte mir den Weg und versprach, der Wache am Tor Bescheid zu geben.

Tot im Herzen, begab ich mich um punkt vier Uhr in die Prinz-Albrecht-Straße. Ich wurde sehr höflich empfangen. Die Wächter am Tor salutierten: „Heil Hitler!" „Heil Hitler!", antwortete ich fügsam. Ein schwarz gekleideter SS-Mann brachte mich zu Fräulein Lorenz. Wir durchschritten viele Türen und stiegen eine breite Treppe nach oben. Sie saß in einem außerordentlich nobel eingerichteten Zimmer. Auf dem Boden lagen dicke Teppiche. Es war warm und sauber, nichts deutete auf den Krieg hin. Ich wurde mit köstlichen Schinken- und Eierbrötchen und schwarzem Tee bewirtet. Hannelore hörte sich meine Geschichte an. „Wer hat dir denn die Briefe gegeben?" fragte sie. „Das kann ich nicht sagen. Aber ich bin überzeugt, dass sie keine verbotenen Mitteilungen enthalten", versicherte ich ihr. „Es war reine Nachlässigkeit von mir."

Hannelore versprach, ihr Möglichstes zu tun. „Du wirst wahrscheinlich länger in Berlin bleiben müssen", meinte sie. „Denn ich glaube nicht, dass ich heute noch etwas in Erfahrung bringen kann." Herzlich dankte ich ihr und kehrte wieder ins Hotel zurück. Obwohl es in der Nacht keinen Alarm gab, schlief ich sehr unruhig. Am Morgen rief Hannelore mich an. „Ich weiß, wo dein Koffer ist". „Wo denn?" wollte ich wissen. „Er ist nicht in Berlin. Du musst mit der Stadtbahn fahren und anschließend etwa einen Kilometer zu Fuß gehen." Sie erklärte mir den Weg und nannte mir den Namen eines Scharführers, den ich dort treffen sollte. „Bis du sicher, dass der mich auch wieder weggehen lässt?" fragte ich unsicher. „Ja, es ist alles in Ordnung. Du brauchst den Koffer nur abzuholen." Also machte ich mich auf den Weg. Es regnete, und nach meiner langen Krankheit war der lange Marsch recht beschwerlich.

Schließlich gelangte ich zu einer alten, etwas verwohnten Villa in einem ungepflegten Garten. Die Leute am Eingang empfingen mich freundlich. „Sie wollen zum Scharführer? – Erster Stock, zweites Zimmer links." Ich ging nach oben und betrat das Zimmer. Da stand mein Koffer auf dem Tisch. „Heil Hitler, Prinz Wittgenstein." Die Stimme des Scharführers klang beinahe herzlich. „Ich weiß schon von Fräulein Lorenz, Sie wollen den Aktenkoffer abholen." Er schob mir den Koffer zu. „Es ist alles in Ordnung. Sie können ihn gleich mitnehmen." Das ließ ich mir nicht zweimal sagen. Ich schnappte den Koffer und eilte nach dem obligatorischen „Heil-Hitler"-Gegrüße wie ein Wiesel zur Tür hinaus. Ins Hotel zurückgekehrt, untersuchte ich sofort den Inhalt des Koffers. Es fehlte nichts aus meinen Briefen und auch die Briefe der Prinzessin Windischgrätz waren alle da. Und was tat ich mit diesen Briefen? Ich schickte sie ab.

Kriegsende

Das Kriegsende erlebte ich mit Ingrid und den Kindern im Schloss meines Onkels Udo in Kreuzwertheim. Die amerikanischen Soldaten marschierten vom Flugplatz in Wertheim ein. Schon von weitem hörten wir sie. Wir konnten sehen, dass sie auf deutsche Soldaten schossen, die sich auf dem Rückzug befanden. Um zu verhindern, dass sie auch uns angriffen, schlug ich Tante Mümi vor, eine weiße Fahne rauszuhängen. Tante Mümi erschrak. „Um Gottes willen, dann werden wir ja erschossen." Die Nazis hatten nämlich jede Kapitulation verboten. „Aber Tante Mümi", beschwichtigte ich sie, „es ist doch niemand mehr da, der uns erschießen könnte, außer den Amerikanern." Schließlich hissten wir die weiße Fahne aus dem obersten Schlossfenster. Die amerikanischen Truppen kamen allerdings nicht bis zum Schloss, sondern blieben jenseits des Mains. Für unsere Seite war ein General zuständig, der mit seiner Einheit noch bei Aschaffenburg stand.

Nachdem die Amerikaner ihr Lager aufgeschlagen hatten, fuhr ich mit der notdürftig installierten Fähre – die Brücke war gesprengt worden – über den Main und meldete mich beim Counter Intelligence Corps (CIC), der militärischen Abwehrorganisation der Vereinigten Staaten. Ein Colonel empfing mich. Er stammte aus Texas und sprach kein Wort Deutsch. Seine Pistole trug er an einem SA-Koppel mit goldener Schnalle und Hakenkreuz, das er offenbar einem Gauleiter abgenommen hatte. Dieser völlig unbekümmerte Umgang mit Herrschaftsattributen war echt amerikanisch.

Auf Englisch sagte ich ihm, dass sich meine Mutter und mein Stiefvater in England im Exil aufhielten und ich gerne Kontakt mit ihnen aufnehmen würde. Ich wollte sie wissen lassen, dass ich noch am Leben sei.

Er ließ sich meinen Namen geben und dann einen kleinen jüdischen Corporal namens Moses kommen. Die beiden verhörten mich über Einzelheiten meines Lebens im Dritten Reich. Als ich von meiner Familie, von meinen Brüdern und von meinem Stiefvater, vom Kriegsanfang und meiner Krankheit und Reise nach Ungarn berichtete, unterbrach mich der Colonel. Plötzlich wandte er sich dann an den Korporal und forderte ihn auf, meine Geschichte zu Ende zu erzählen. Zu meinem grenzenlosen Erstaunen wusste er fast alles über mich, besonders Begebenheiten aus der Kriegszeit. Woher er dieses Wissen hatte, habe ich nie herausgefunden.

Schließlich versprach er mir, dass die Amerikaner mir helfen würden, Kontakt zu meiner Mutter herzustellen. Als ich ihn bat, mir eine Fahrt nach Büdingen zu genehmigen, um herauszufinden, ob mein Bruder den Krieg überlebt habe, drückte er mir eine Art Pass in die Hand, mit dem ich überall hinfahren konnte. Fürs Auto, das ich mir allerdings selbst besorgen sollte, gab er mir einen Aufkleber, auf dem stand: „Authorized military government vehicle". „Und wo bekomme ich das Benzin her?" fragte ich. „Da wenden Sie sich an den Bürgermeister", antwortete er. Ich machte mich sofort daran, einen Wagen zu beschaffen, was unmittelbar nach dem Krieg schwierig war.

In Wertheim fand ich einen Arzt, Dr. Funke, dessen Opel P4 aufgebockt in seiner Garage stand. Dank meiner Überredungskunst konnte ich Herrn Funke überzeugen, dass es besser sei, mir den Wagen jetzt zu leihen, als darauf zu warten, bis die Amerikaner ihn sich holen würden. Gemeinsam hievten wir das Fahrzeug auf die Straße. Ich klebte mein Schild an die Scheibe, holte mir beim Bürgermeister Benzin und fuhr los. Auf den Straßen waren nur Lastwagen und Jeeps unterwegs. Um mich kümmerte sich niemand. Während der ganzen Fahrt wurde ich kein einziges Mal angehalten. Als ich in Büdingen in den Schlosshof einfuhr, kam mir die Schwägerin meines Bruders, die Fürstin Ysenburg, entgegen.

Mit kopfendem Herzen fragte ich ohne jede Begrüßung

sofort nach meinem Bruder. Zu meiner großen Erleichterung antwortete sie: „Er ist hier." Franzl war nur wenige Tage zuvor zu Fuß aus Jena angekommen. Seine Einheit hatte sich auf dem Marsch in Richtung Osten befunden, war aber nur bis Jena gekommen. Dann war der Krieg fast zu Ende, und seine Einheit löste sich auf. Mein Bruder, der sehr gut Französisch sprach, hatte sich bei einem Schneider eine französische Uniform anfertigen lassen und sich als Monsieur François auf den Weg nach Büdingen gemacht. Der Marsch hatte etwa eine Woche gedauert. Unterwegs wurde er ein paar Mal von Amerikanern angehalten, aber dank seinem fließenden Französisch ließ man ihn ohne Schwierigkeiten des Weges ziehen. In Büdingen verhaftete ihn der amerikanische Captain Robinson, gestattete ihm jedoch, weiter im Schloss zu wohnen.

Bei meiner Ankunft waren auch der Fürst Ysenburg sowie Prinz Hubertus von Preußen, der dritte Sohn des Kronprinzen, im Schloss versammelt. Hubertus war mit Prinzessin Magdalena Reuss verheiratet, meiner Nichte. Es war ein strahlender Maitag und wir fühlten uns alle überglücklich, den Krieg heil überstanden zu haben. Nach einigen Tagen schlug ich Hubertus vor, mit mir auf die Haubenmühle zu fahren, um dort nach dem Rechten zu sehen. Denn meine Eltern würden sicher bald aus England wiederkehren und das kleine Gut zurück erhalten. Damals war es gottlob anders als 1989 nach dem Ende der DDR, und es war eine Selbstverständlichkeit, dass Alteigentümer ihren Grund und Boden zurückbekamen. Auf der Haubenmühle war alles verkommen. Das Haus stand leer und im Garten wucherten Brennnesseln. Auch die Gebäude auf dem Hof befanden sich in einem desolaten Zustand.

Während des Krieges hatte man hier ausgebombte Familien untergebracht. Nichts war repariert worden, nicht einmal die Dächer. Grauer, der ehemalige Bursche meines Stiefvaters aus dem Ersten Weltkrieg, erwies sich als völlig undankbar. Offenbar in der Hoffnung, dass ihm der Besitz zugesprochen würde, hatte er sich als Gestapo-Spitzel betätigt und seinerseits die Flucht von Richard Merton nach Frankfurt gemeldet. Deshalb waren die Gestapo-Beamten so schnell nach Parchs Ausreise auf der Haubenmühle erschienen. Nun tat Grauer so, als wäre nichts geschehen und begrüßte mich mit geheuchelter Liebenswürdigkeit. Seine Frau beobachtete uns, wobei sie sich hinter dem Vorhang zu verbergen suchte. Ich ließ mich auf keine langen Diskussionen ein, sagte nur kurz guten Tag und informierte ihn, dass wir in absehbarer Zeit wieder hier einziehen würden. „Ob Sie dann allerdings hierbleiben werden, wage ich zu bezweifeln", fügte ich noch hinzu.

Dann stiegen Hubertus und ich grußlos in den Wagen und fuhren nach Büdingen. Auch die Rückfahrt zu meiner Familie nach Kreuzwertheim verlief problemlos. Tante Mümi und Onkel Udo erwarteten mich bereits, denn ich war wohl der einzige, der mit den Amerikanern auf Englisch verhandeln konnte. Ich schlug meiner Tante vor, doch einige Offiziere der sogenannten Rainbow-Division einfach zum Tee einzuladen. Beim ersten Besuch verhielten sich die Amerikaner zurückhaltend, behielten ihre Stahlhelme auf und waren mit Maschinenpistolen bewaffnet. Beim zweiten Mal ließen sie ihre Pistolen bereits draußen bei der Wache, brachten Schokolade für die Kinder mit und waren ganz ungezwungen. Sie stellten uns sehr bald eine Wache vors Schloss, um uns vor eventuellen Plünderungen zu schützen. Auch klebten sie an alle Eingänge Schilder, auf denen stand: „Out of bounds. Military Property."

Es war ein ziemliches Problem, dass es im Schloss viele Jagdwaffen gab. Nach den damaligen Militärgesetzen war der Besitz unangemeldeter Waffen bei Todesstrafe verboten. Daher schlug ich meinem Onkel vor, die Waffen abzuliefern. Wir packten Gewehre, Flinten, Büchsen und Pistolen in einen Leiterwagen, und ich fuhr damit auf der Fähre über den Main. Am anderen Ufer spielten einige amerikanische Soldaten Baseball. Als sie mich sahen, erkundigten sie sich, was ich auf dem Leiterwagen geladen hätte. „Guns", erwiderte ich. Diese Antwort erheiterte sie. Nur ein Schwarzer wurde misstrauisch. „Let me see", sagte er, kam auf mich zu, hob die Plane vom Wagen und sah hinein. Die kleine Mauserpistole, die obenauf lag, steckte er sofort ein. Als er weiter wühlen wollte, fiel mir mein vom amerikanischen Colonel ausgestellter Pass ein. Ich hielt ihm das Papier unter die Nase, und er musste mich ziehen lassen.

Da der Bürgermeister nichts mit dem Inhalt meines Leiterwagens anzufangen wusste, schickte er mich einfach wieder zurück. So ging ich zum Colonel mit dem goldenen SA-Koppel und fragte ihn, was wir mit den Waffen machen sollten. „Nehmen Sie sie wieder mit", sagte er. „Wir kommen dann und versiegeln den Schrank." Als ich ihm mitteilte, dass mir bereits eine Pistole gestohlen worden war, gab er mir einen Soldaten als Wache mit. Der knöpfte sich den Schwarzen zwar vor, aber die Pistole tauchte nicht wieder auf.

Nach etwa einer Woche war es an der Zeit, wieder nach Hamburg zu fahren. Ingrid blieb mit den Kindern noch in Kreuzwertheim. Die Fahrt nach Hamburg war langwierig. Unterwegs musste ich immer wieder bei Bürgermeistern Benzin besorgen. Mitunter hatte ich auch Glück und fand am Straßenrand alte Benzinkanister, in denen noch etwas Sprit war. Die Amerikaner gingen mit Benzin großzügig um und warfen solche Kanister einfach in die Straßengräben.

In Hamburg war alles in Ordnung. Das Haus stand, und unser russisches Mädchen Erna hatte alles für unsere Rückkehr vorbereitet. Erna war während des Krieges zu uns gekommen. Bereits damals gab es Schwierigkeiten, Hauspersonal zu finden. Wir beschäftigten verschiedene Hilfen, unter anderem Rosa, die Tochter eines Polen, der in der Zementfabrik Alsen arbeitete, eine Zeitlang bei uns. Aber so richtig zufrieden waren wir nicht. Da erhielten wir plötzlich von der mitteldeutschen Volksstelle die Nachricht, es käme aus Russland ein Trupp deutschstämmiger Mädchen und Frauen, die im Haushalt arbeiten wollten, und man hätte gehört, dass wir jemanden suchen. Das Mädchen, das für uns infrage käme, hieße Erna Gabert. Ihr Vater sei im Ersten Weltkrieg als Gefangener nach Russland gekommen und dort geblieben. Die Gruppe träfe um zwei Uhr auf dem Hamburger Bahnhof Dammtor ein, und wir sollten jemanden zum Abholen hinschicken.

Ingrid fuhr also zum Bahnhof, und als ich abends aus dem Büro nach Hause kam, öffnete mir die von uns allen bald sehr geliebte Erna die Tür. Erna besaß nur ein Kleid, keine Schuhe, einen kleinen Beutel mit Kamm und Bürste, keine Zahnbürste und auch wenig Zähne, aber einen riesigen Regenschirm. Wir staffierten sie also etwas aus und ließen ihr

Zähne machen. Sie bekam das Zimmer mit Dusche und dem bequemen Bett, in dem zuvor Rosa geschlafen hatte. Am nächsten Morgen fragte ich sie, wie sie geschlafen habe. „Nicht so gut", lautete ihre Antwort. „Das ist aber schade. Warum denn nicht?" „Wegen der kleinen Tierchen", erwiderte sie. „Was für Tierchen?" Sie führte mich in ihr Zimmer, und als sie die Leiste über ihrem Bett zur Seite bog, saß da Wanze an Wanze.

Meinen Verdacht, sie selbst hätte diese Wanzen mitgebracht, wies sie entrüstet von sich: „Wir haben keine Wanzen!" Offenbar stammten sie von Rosa. Mit großer Mühe fanden wir einen Kammerjäger, der das ganze Zimmer ausräucherte. Noch Tage danach stürzten wir uns auf jeden braunen Punkt an der Wand: „Da ist wieder eine!" Es tauchte aber zum Glück keine mehr auf. Erna war eine rührende und zuverlässige Person. Sie kümmerte sich wunderbar um mich. Solange Ingrid mit den Kindern noch in Kreuzwertheim war, führte sie die Hausobergewalt.

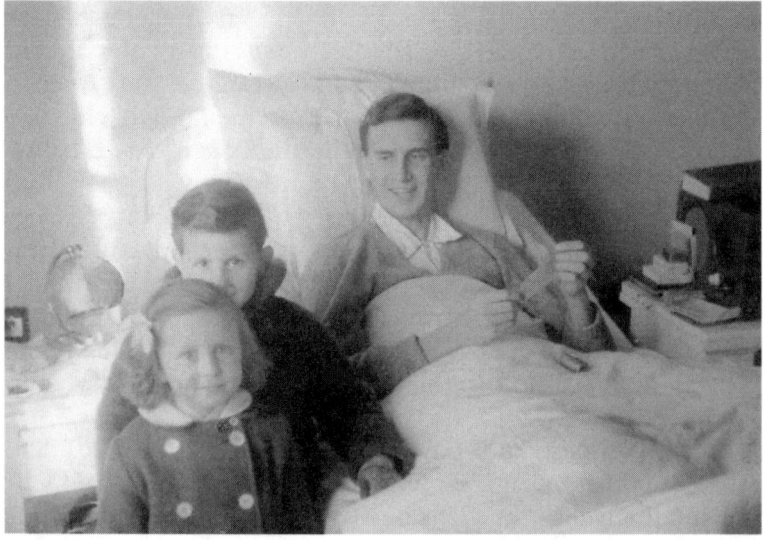

Im Krankenhaus in Hamburg, 1945: Besuch von meinen Kindern Peter und Nilli.

Bereits kurze Zeit nach meiner Rückkehr, etwa im Oktober 1945, erkrankte ich schwer und musste ins Krankenhaus. Ich gab Erna die Hausschlüssel und bat sie, auf alles aufzupassen und die Schlüssel keinem Menschen zu geben. Im Elisabeth-Krankenhaus diagnostizierte Professor Zöpfel einen Blinddarmdurchbruch. Ich wurde sofort operiert. Anschließend lag ich drei Monate im Krankenhaus. Es trat jede Komplikation auf, die sich nur denken lässt. Gerettet wurde ich von meiner Schwippschwägerin Mimi Alsen. Sie war eine ausgebildete Rotkreuzschwester und half, mich zu pflegen. Die Heilung war fast unmöglich, denn unmittelbar nach dem Krieg gab es für Deutsche kein Penicillin.

Ich hatte, um mit meinen Eltern in Verbindung zu bleiben und ihnen eine Nachricht zukommen zu lassen, schon sehr früh die englischen Besatzungsbehörden kontaktiert. Da Mimi Alsen von diesen Verbindungen wusste, wandte sie sich an die Navy Forward Intelligence Unit, eine Organisation, mit der ich oft gesprochen hatte. Sie schilderte meinen Gesundheitszustand und wies eindrücklich darauf hin, dass ich ohne Penicillin nicht überleben könnte. Ihre Bitten hatten Erfolg. Wenige Tage später kam ein Arzt dieser Navy Unit in die Klinik und gab für mich Penicillin ab. Nach den Penicillininjektionen ging es mir gleich besser. Von nun an konnte ich sogar Besuch empfangen. Als eine der ersten Besucherinnen kam die Fürstin Annemarie Bismarck, die ich kurz vor meiner Erkrankung in Hamburg wieder getroffen hatte.

Um Nachricht über meine Eltern in England zu erhalten, hatte ich auch den Hamburger Oberbürgermeister Petersen aufgesucht. Er war der Bruder des späteren Vorstandsvorsitzenden der Metallgesellschaft, Alfred Petersen. Er erwies sich jedoch als wenig hilfsbereit, und als ich das Rathaus unverrichteter Dinge wieder verließ, lief ich der Fürstin Bismarck in die Arme. Sie trug einen schwedischen Rotkreuzmantel. Wir begrüßten einander herzlich und freuten uns über das Wiedersehen. Nun kam sie fast jeden Tag in die Klinik und brachte mir Suppe mit. Mitunter wurde sie auch von Baronin Elenor von Strempel, einer gemeinsamen Freundin, begleitet.

Zu Weihnachten kehrten Ingrid und die Kinder aus Kreuzwertheim zurück. Sie besuchten mich sofort gemeinsam mit Erna in der Klinik. Beim Gehen bat Ingrid mich, ich möge Erna doch sagen, sie solle ihr die Schlüssel geben. Es stellte sich heraus, dass Erna meinen Auftrag, die Schlüssel keinem Menschen zu übergeben, so ernst genommen hatte, dass sie sie nicht einmal an meine Frau ausgehändigt hatte. Erst auf meine ausdrückliche Aufforderung hin übergab sie Ingrid die Schüssel.

Allmählich stabilisierte sich mein Zustand, da ich aber sehr viel Blut verloren hatte, musste ich Transfusionen bekommen. Die erste Transfusion zeigte keine Reaktion, aber die zweite wirkte, als hätte ich einen besonders köstlichen Cocktail getrunken. Erst ein halbes Jahr später erfuhr ich, dass diese zweite Transfusion von Hermann Josef Abs stammte, der immer wieder eine bedeutende Rolle in meinem Leben gespielt hat.

Hermann Josef Abs

Hermann Josef Abs hatte ich vor dem Krieg im Hause meines Stiefvaters kennengelernt. Er gehörte bereits damals dem Vorstand der Deutschen Bank an. Wir sahen ihn häufig. Während meines Prozesses mit der Gestapo beriet er mich und sprach mit mir die Schriftsätze durch. Abs saß damals in der Deutschen Bank in Berlin und war für das Ausland zuständig. Als ich dann nach dem Krieg aus Kreuzwertheim nach Hamburg zurückkehrte, erfuhr ich zufällig, dass auch Abs sich in Hamburg aufhielt. Es hieß, er bewohne im Stadthaus bei Münchmeiers ein kleines Zimmerchen unter dem Dach. Ich radelte sofort hin, aber traf ihn nicht an.

Schließlich stöberte ich ihn in der Mönckebergstrasse auf, wo er zusammen mit Clemens Plassmann in einem Verschlag, seinem provisorischen Büro, saß. „Herr Abs, welche Freude, Sie hier zu sehen", rief ich. Unser Umgang war damals noch sehr förmlich. „Wo wohnen Sie denn?" „Wohnen kann man das ja eigentlich nicht nennen. Ich bin dankbar, überhaupt eine Bleibe gefunden zu haben. Leider gibt es keine Heizung", meinte er. Es war Oktober und bereits ziemlich kalt, daher schlug ich vor: „Kommen Sie doch zu mir. Ich habe zwei Schlafzimmer und eine Menge Holz und Kohlen im Keller." Innerhalb weniger Stunden war er bei mir eingezogen. Abs war ein angenehmer Hausgenosse, gemütlich und unkompliziert. Eine große Passion von ihm war das Kochen, und er half gerne.

Ich erinnere mich noch an einen Besuch von Herrn Fietz. Der war damals der „Allgewaltige" von Zellstoff, ein kluger, aber etwas prächtiger Herr. Ich war am Tag zuvor aus Itzehoe zurückgekommen und hatte zwei große Säcke Saubohnen mitgebracht. Zur Alsenschen Zementfabrik Itzehoe gehörten ein großer landwirtschaftlicher Betrieb in Legerndorf und ein kleiner Wald in Wacken. Beides war während des Krieges besonders angenehm. Zusammen mit Werner Ihnen, einem Hamburger Kaffeemakler, der ein brillanter Schütze war, erlegten wir in dem Wäldchen hunderte von Kaninchen, die wir dann fast wie eine Währung verwendeten. Auch in der schlechten Nachkriegszeit blieb dieser Wald eine wichtige Versorgungsquelle.

Während Herr Fietz nun dasaß und redete, kümmerten Abs und ich uns um die Bohnen. Nach einer Weile warf Abs mir einen vielsagenden Blick zu, wandte sich an Fietz und fragte, ob dieser auch mit essen wolle. „Gern", erwiderte Herr Fietz. Nun war die Reihe an mir: „Aber nur, wenn er sich an dem Bohnenausmachen beteiligt." Das tat Herr Fietz dann auch. Unser Zusammenleben verlief harmonisch. Das einzig Mühsame war, dass Abs unentwegt Besuch erhielt. Entweder wurde er von den Engländern oder den Franzosen verhört, oder von den Amerikanern abgeholt oder es erschienen irgendwelche Leute, die mit ihm reden wollten.

Als ich wegen des bereits erwähnten Blinddarmdurchbruchs in die Klinik musste und in den ersten Wochen niemanden sehen durfte, kam Abs auf meinem Fahrrad täglich in die Klinik geradelt. Er erkundigte sich, wie es mir gehe und ob ich noch am Leben wäre. Sobald ich mich besser fühlte und er an mein Bett durfte, las er mir vor, aber nicht etwa leichte Unterhaltung, sondern „Karl XII." von Voltaire. Ich schlief natürlich nach fünf Minuten ein. Doch das störte ihn nicht. Häufig erzählte er mir auch von der aktuellen Finanzlage und wie er sich die weitere Gestaltung der deutschen Finanzwirtschaft vorstelle.

Am 16. Januar 1946, drei Monate nach meiner Einliefe-
rung, durfte ich die Klinik verlassen. Genau an diesem Morgen wurde Abs auf Betreiben der Russen von der Alliierten
Kontrollkommission verhaftet. Er war während des Krieges
Auslandsrepräsentant der Deutschen Bank gewesen. So wusste er praktisch über alle Finanzgeschäfte mit dem Ausland
Bescheid, und dieses Wissen war für die Alliierten von großem Interesse. Er wollte mir gerade ein Empfangsessen berei-
ten, als man ihn holen kam. Einen anwesenden Mitarbeiter
der Deutschen Bank bat er, mich zu benachrichtigen: „Sagen
Sie Prinz Wittgenstein, dass ich genauso lange Gast der
Alliierten Kontrollkommission sein werde, wie er in der
Klinik war." Und das stimmte, wie sich später herausstellte,
auf den Tag genau. Zunächst aber gerieten wir über seine
Verhaftung ganz außer uns. Denn es war nicht einmal festzustellen, wo er sich aufhielt.

In der Zwischenzeit war im oberen Stockwerk unseres
Hauses ein sehr netter englischer Major, Raymond Thomas,
mit seiner Familie einquartiert worden. Er war wie ein
Hausgast und versorgte uns mit Schokolade, Gin und
Whisky. Es gab damals noch Lebensmittelkarten, doch dank
seiner Unterstützung überstanden wir die schlimme Hunger-
zeit gut. Major Thomas half uns auch herauszufinden, dass
Abs im Gefängnis in Hamburg saß. Wir konnten ihm zwar
ein paar Decken schicken, die er dringend brauchte, aber es
gelang uns nicht, ihn persönlich zu kontaktieren. Obwohl ich
nach meiner Operation noch rekonvaleszent war, war mir
nicht nach Ruhe zumute, solange Abs im Gefängnis saß. So
begab ich mich erneut zum Oberbürgermeister Petersen.
Allerdings brachte mir auch dieser Besuch außer einer schlimmen Thrombose am Bein nichts ein. Petersen verweigerte
erneut seine Hilfe und meinte, das sei eine Sache der
Alliierten und daher werde er sich einen Teufel darum kümmern.

Um für Abs zu intervenieren, versandte ich unendlich viele
Briefe. Ich schrieb an den amerikanischen Präsidenten Harry
S. Truman, an General Dwight D. Eisenhower, an
Premierminister Winston Churchill, an die Militärbehörde,
die Kirchen und sogar an den Papst, Pius XII. Der Papst hatte
vor dem Krieg die Trauung einer Freundin meiner Familie,

Dorothea Hatzfeld, genannt Dodo, mit Graf Dönhoff zelebriert, an der ich auch teilgenommen hatte. Doch auch dieser Brief blieb unbeantwortet. Der einzige, der auf mein Schreiben reagierte, war General Eisenhower. Er schickte sogar einen Captain als Boten, der uns seine Antwort persönlich zu übergeben hatte. Darin stand, dass Herr Abs sich nicht mehr in Hamburg befände – was wir bereits wussten –, sondern in einem Camp in Bad Nenndorf. Er würde jedoch innerhalb der nächsten vierzehn Tage entlassen, hieß es.

Und tatsächlich stand Abs zwei Wochen später vor der Tür, braungebrannt, abgemagert, mit langen lockigen schwarzen Haaren. Das war eine Freude! Er erzählte, man habe ihn dauernd verhört. Da er aber nichts habe berichten können, hätten die Verhöre aufgehört. Denn die Russen hätten ihn partout haben wollen, doch die Kontrollkommission habe ihn nicht ausgeliefert. Er zog dann bald zu seiner Frau Inez und zu seinen Kindern auf den Bentgerhof bei Remagen. Bereits im Herbst 1946 wurde er von vielen Seiten gedrängt, wieder im deutschen Wirtschaftsleben tätig zu werden und beim Aufbau des deutschen Bankwesens mitzuwirken. Den Großbanken war nach der Kapitulation am 9. Mai 1945 von den Alliierten jede Tätigkeit untersagt worden, und die Deutsche Bank wurde in zehn Teilinstitute aufgeteilt.

Erst das Grundgesetz schuf 1949 in der Bundesrepublik die Voraussetzungen für eine endgültige Regelung auf dem Bankensektor. Das „Gesetz zur Aufhebung der Beschränkung des Niederlassungsbereichs von Kreditinstituten" vom 24. Dezember 1956 schuf die Voraussetzungen für den Zusammenschluss der Nachfolgeinstitute und damit für die Wiedervereinigung der Deutschen Bank. Abs wurde dann schnell die Nummer eins seiner Bank. Für mich war er ein unbestechlicher, kluger und mutiger Freund. Er wusste selbst, dass er bei Personalentscheidungen manchmal Fehler machte, und er sprach viel mit mir über Personen, von denen er etwas erwartete. Auch wenn wir anderer Meinung waren, hörte er mir geduldig zu. Abs war nicht uneinsichtig, wie man ihm das oft nachgesagt hat. Natürlich konnte er manchmal ungeduldig sein. Auch hasste er es, zu langes Geschwätz anzuhören. Aber guten Argumenten war er meistens zugänglich.

Ich erinnere mich an einen Vorfall nach dem Krieg, als ich

in die Schweiz reisen wollte und mir die Schweizer Botschaft in Bonn aus unerfindlichen Gründen das Visum verweigerte. Ich maß der Sache keine besondere Bedeutung bei. Es konnte sich nur um ein Missverständnis handeln. Abs aber, dem ich davon berichtete, nahm diese Ablehnung sehr ernst. „Das darfst du nicht auf die leichte Schulter nehmen", erklärte er eindringlich. „Wenn das publik wird, bekommst du von keinem anderen Land mehr eine Einreiseerlaubnis." Er kümmerte sich dann persönlich um eine Aufklärung. In der Tat, es handelte sich um eine Verwechslung mit einem Wittgenstein aus russischer Linie, der ein wenig als das schwarze Schaf der Familie galt. Aber so war Abs eben, nachdenklich und zupackend, wenn es darauf ankam.

Was mich an ihm besonders erheiterte, war seine Präzision, wenn er über ein Ereignis aus der Vergangenheit sprach. „Ja, ich erinnere mich. Das war am 13. Februar 1948 um 12 Uhr 30. Es war ein grauer, verhangener Tag…" So begann er zu erzählen. Er besaß ein phänomenales Gedächtnis. Ich sah ihn regelmäßig bis zu seinem Tod, und ich vermisse ihn heute immer noch sehr. Mit ihm ging auch bei der Deutschen Bank eine Ära zu Ende.

Wiederaufbau

Unterdessen hatte ich bei der Alsenschen Portland Cement Fabriken AG wieder meine Arbeit aufgenommen. Das Unternehmen unterlag nach dem Krieg der englischen Kontrollkommission, die die Einstellung der Produktion verfügte. Es hieß, wir wären ein Nazi-Betrieb gewesen, was aber nicht stimmte. Mein Schwiegervater Lucian Alsen war zwar, was ich nicht gewusst hatte, Mitglied der Partei gewesen, aber doch nur aus der Befürchtung heraus, wenn er nicht mitmache, schade dies seinem Unternehmen. Er musste dann aus der Firma ausscheiden, und ich wurde vom Direktor zum Generalbevollmächtigten befördert. Mein Schwager Horst Herbert, der aus dem Krieg zurückkam und nicht recht wusste, was er beginnen sollte, trat dann als Lehrling in die Firma ein.

Meine Aufgabe bestand zunächst darin, zusammen mit Hajo Lessing, der neu eingestellt worden war, wieder eine Produktionsgenehmigung zu bekommen. Es begannen mühsame Verhandlungen mit dem Wirtschaftsamt in Kiel und mit dem Achten Corps in Plön. Da gab es einen widerlichen Major Butterworth, mit dem ich mich bereits in der ersten Unterredung in die Wolle bekam. Zu meinem Schwiegervater, der sich damals noch in Amt und Würden befand, sagte er über mich: „Don´t ever send your son in law who is a complete fool." Aber das störte mich nicht. Mit List und Tücke gelang es mir, über seinen Kopf hinweg doch die Produktionsgenehmigung zu bekommen.

Viel geholfen hat mir Brigadier Michael O'Rock, der Chef der britisch-deutschen Polizei in der britischen Zone, ein Ire von der Palestinian Police Force. Er war ein brillanter Reiter, ein sehr netter, kluger und vor allem mutiger Mann mit einer starken Persönlichkeit. Er unterstütze mich nicht nur bei der Wiederinbetriebnahme des Werkes in Itzehoe, sondern auch bei der Neuberufung eines Treuhänders. Die Kontrollkommission hatte uns einen Treuhänder in den Betrieb gesetzt, der zwar ein braver, aber völlig unzureichender Mann war. Als ehemaliger Briefmarkenhändler verstand er von der Zementproduktion rein gar nichts. Auf Intervention von Brigadier O'Rock übernahm dann ein junger Anwalt, Maier-Struckmann, der spätere Seniorpartner des Bankhauses Burckhardt in Essen, die Position des Treuhänders. Das war ein ausgezeichneter Mann, der sich in unsere unternehmerischen Entscheidungen nicht einmischte und uns arbeiten ließ.

Doch da tauchte ein neuerliches Problem auf: Wir bekamen zur Produktion unseres Zements nicht genügend Kohle. Früher hatten wir die Kohle aus Oberschlesien bezogen. Diese Verbindungen waren nun abgebrochen und funktionierten auch wegen der schlechten Verkehrsverhältnisse nicht mehr. Dann gab es noch einen holländischen Kohlelieferanten in Amsterdam. Hier stellte sich wiederum das Problem der Bezahlung. Denn die Gelder wurden uns von der Kontrollkommission zugeteilt, und die zeigte sich bei allen Ausgaben sehr zögerlich. Schließlich kamen Lessing und ich auf die Idee, die Kohle mit Zement zu bezahlen. Diese Regelung hatte den Vorteil, dass wir nicht nur wieder produzieren, sondern sogar exportieren konnten. Wir finanzierten dann auch gewisse Anschaffungen mit Zement, denn bis zur Währungsreform konnte man so gut wie nichts kaufen.

Da der frühere Betriebsleiter des Zementwerks in Itzehoe sich etwas in die Tasche gemogelt hatte, ersetzte ich ihn durch einen neuen Mann, Ingenieur Müller. Der war früher bei der Metallgesellschaft tätig gewesen, und ich hatte ihn bei meinem Onkel in Kreuzwertheim kennengelernt, wohin er mit seiner Familie ausgelagert worden war. Mit ihm und Hajo Lessing organisierten wir für die Arbeiter Schuhe und Schutzkleidung. Da erschienen Beamte der Steuerbehörde und beschuldigten uns, wir würden Schmiergeschäfte machen. Ich erklärte ihnen, dass beim Verpacken ein gewisser Zementabfall anfalle, den wir gegen Schuhe und andere Bekleidungsstücke eintauschten.

Aber die Beamten blieben dabei, dass sie mit der Handelskammer gesprochen hätten und derartige Geschäfte illegal seien. „Dann müssen Sie uns eben einsperren", erwiderte ich. „Denn wir werden das weiter so machen. Wir können die Leute nicht ohne Schuhe und Schutzkleidung vor den Öfen stehen lassen." Schließlich erreichten wir durch das Wirtschaftsamt in Kiel, dass wir offiziell einen bestimmten Prozentsatz der Produktion für Anschaffungen frei bekamen. Eines Tages erhielt ich einen Anruf von Felix Warlimont. Er leitete zusammen mit Peter Lapierre eine große Kupferhütte in Hamburg, an der auch die Metallgesellschaft eine Beteiligung besaß, und war ein ungewöhnlicher tüchtiger, aber kein mutiger Mann.

So lange mein Stiefvater Vorsitzender des Aufsichtsrats der Metallgesellschaft gewesen war, hatte er sich gar nicht genug tun können, ihm zu Gefallen zu sein. Auch mir gegenüber hatte er sich immer von seiner freundlichen Seite gezeigt. Auf seinem Jagdgut in Schleswig-Holstein schoss ich meinen ersten Rehbock. Von dem Augenblick an aber, da mein Stiefvater von der Gestapo verhaftet wurde, war Felix Warlimont für mich nicht mehr zu sprechen. Ich erinnere mich noch an einen Vorfall während des Krieges in Berlin. Warlimont saß in der Halle des Hotels Esplanade und sprach mit jemandem. Ich ging durch die Halle und als ich ihn sah, trat ich auf ihn zu und begrüßte ihn. Doch Warlimont würdigte mich keines Blickes und setzte seine Unterhaltung fort, als wäre ich Luft. Es ist erstaunlich, wie viele Menschen sich damals so verhielten.

Als Felix Warlimont nun anrief, mich freudig begrüßte und tat, als wäre nichts geschehen, hängte ich ein. Auch auf seinen zweiten Anruf reagierte ich nicht. Er schickte dann einen Boten. Denn offenbar brauchte er für seine Kupferhütte dringend Zement. Ich aber blieb hart: „Herr Warlimont? Kenne ich nicht." Endlich kam Lapierre, ein Vorstandskollege von Warlimont, auf mich zu, und dem half ich mit Freude sofort, denn unsere Beziehungen waren immer hervorragend, und das blieb so, bis zu seinem Tod.

Im Frühjahr 1947 kamen meine Mutter und mein Stiefvater aus England zurück. Der Frankfurter Hauptbahnhof war zerstört, und so stiegen sie mit einem Rudel von Rauhaardackeln, die sich inzwischen vermehrt hatten, auf dem Bahnhof Frankfurt-Süd aus. Überglücklich schlossen wir einander in die Arme. Überschattet wurde die Wiedersehensfreude vom Gedenken an meine beiden verstorbenen Brüder. Zunächst wohnten meine Mutter und mein Stiefvater auf der Haubenmühle, wo um diese Zeit mein Bruder Franzl mit seiner Frau Gabriele lebte. Schon bald aber bezogen sie eine Wohnung in Frankfurt, da mein Stiefvater wieder den Vorsitz im Aufsichtsrat der Metallgesellschaft übernahm; nicht zur Freude von Alfred Petersen, der den Vorstandsvorsitz innehatte, auch er musste im Dritten Reich als jüdisch versippt ausscheiden.

Ich brach noch im selben Jahr zu meiner ersten Reise nach Südamerika auf, um den Zementexport der Firma Alsen, der durch den Krieg zum Erliegen gekommen war, wieder anzukurbeln. Wahrscheinlich war ich der erste Deutsche, der nach dem Krieg aus dem ehemaligen „Tausendjährigen Reich" kam. Entsprechend neugierig wurde ich überall bestaunt. Ich flog über London, wo ich Parch traf, der sich dort in Geschäften aufhielt, nach New York, von dort nach Venezuela und weiter nach Brasilien und Trinidad. Meine Reiseroute verlief kreuz und quer durch Venezuela, und ich suchte alle alten Vertreter der Alsenschen Zementfabrik auf.

Im Grunde war es eine Art Klinkenputzen. Unglücklicherweise zog ich mir dabei eine schlimme Darmentzündung zu,
die ich mit Cola und Rum kurierte.

In Brasilien war es einfacher. Da brauchte ich nur nach Rio
de Janeiro und São Paulo zu reisen. Zugleich aber hatte ich
die Absicht, eventuelle Nachkommen der Familie Cavalcanti
d'Albuquerque, der ja meine Großmutter väterlicherseits ent-
stammte, aufzusuchen. Der brasilianische Zweig der Familie
Cavalcanti d'Albuquerque hatte in grauer Vorzeit in seinen
Ahnen eine brasilianische Indianerin aufzuweisen. Man
behauptet, sie wäre eine indianische Prinzessin gewesen, was
ich bezweifle. Da ich besonders im Sommer eine rotbraune
Hautfarbe habe und kaum einen Sonnenbrand bekomme,
sagt man mir nach, dass dies wohl das indianische Blut sei, das
bei mir wieder zum Durchbruch komme. Über die brasilianische Botschaft in London und die Kontrollkommission hatte
ich anfragen lassen, wer von den Nachkommen der
Cavalcanti d'Albuquerque noch am Leben sei.

Ich kam also bei meinem Flug nach Brasilien nachts um
zwei Uhr in Belém an. Es war heiß und feucht, und vor dem
Zoll- und Einreiseschalter stand eine riesige Menschen-
schlange. Daneben lief ein Mann ständig auf und ab und rief:
„Mister Johannes! Mister Johannes!" Aber Mister Johannes
meldete sich nicht, bis mir plötzlich durch den Kopf schoss,
dass dieser Johannes vielleicht ich sein könnte, da ich mit
zweitem Vornamen Johannes heiße. So war es auch. Der
Mann führte mich an der Schlange vorbei durch den Zoll,
und da stand der Innenminister und Chef der Polizei des
Bundesstaates Pará, ein Vetter von mir. Er hieß aber nicht
mehr Cavalcanti d'Albuquerque, sondern Marquesch. Wir
umarmten einander und unterhielten uns eine Weile mit
Hilfe eines Dolmetschers.

Er sprach kein Wort Deutsch und auch kein Französisch
oder Englisch, und ich kein Portugiesisch. Er lud mich ein,
ein paar Tage zu bleiben und bot an, mir einen brasilianischen
Pass auszustellen. Leider nahm ich das Angebot nicht an.
„Beim nächsten Mal", sagte ich und flog weiter nach São
Paulo. Was ich nicht ahnen konnte, war, dass er ein paar Jahre
später von Terroristen ermordet werden sollte.

Auf dieser Reise lernte ich eine Menge Leute kennen, mit

denen ich zum Teil heute noch in Verbindung stehe. Das Klima machte mir nichts aus, obwohl man zu allen Geschäftsverhandlungen in Anzug, Krawatte und Weste zu erscheinen hatte. Erfolgreich kehrte ich nach zwei Monaten zurück, und unsere Zementexporte stiegen in einer steilen Kurve nach oben.

Der alte Papa Alsen war durch seinen Ausschluss aus der Firma, die sein Leben bedeutete und die er durch eiserne Sparsamkeit sowie durch Fleiß aus allen Schwierigkeiten gerettet hatte, völlig verzweifelt. Er versuchte sogar, sich das Leben zu nehmen. Glücklicherweise konnte er gerettet werden. Bereits zuvor hatte ich ihm immer wieder versichert, dass in seinem Unternehmen nichts passieren würde, was ich nicht vorher mit ihm abgesprochen hätte. „Dass Du jetzt draußen bist, bedeutet nicht, dass das immer so bleibt", sagte ich. Es dauerte aber doch noch einige Zeit, bis er die Genehmigung zur Rückkehr erhielt. Erst um das Jahr 1948 übernahm er wieder die Position des persönlich haftenden Gesellschafters und Geschäftsführers.

Sein Sohn Horst Herbert wurde nach einiger Zeit ebenfalls persönlich haftender Gesellschafter. Ich selber blieb weiterhin nur Generalbevollmächtigter. Das verdross mich, und deswegen trat ich aus dem Unternehmen aus. 1949 ging ich nach London und gründete dort meine eigene Firma. Zusammen mit zwei Herren der Overseas Marketing Services baute ich für die Alsenschen Zementwerke den Export auf. Wir finanzierten Lieferungen nach Deutschland zur Produktion von Zement und verkauften Zement über London für den Export. Meine Firma trug den Namen Allwitt Trading Ltd., eine Kurzform für „alles Wittgenstein". Sie befasste sich mit dem Import und Export von Waren aller Art. Das Geschäft lief gut, und ich konnte all das anwenden, was ich seinerzeit im Bankhaus Donner gelernt hatte.

Später nahm ich dann zwei englische Freunde, Bobby Schiff und Jack Osborne, als Teilhaber auf. Wir hatten ein kleines Büro in der City mit einem winzigen Vorzimmer, in dem unsere Sekretärin saß. Unsere Firma florierte. Jeden Tag fuhren Bobby, Jack und ich gemeinsam mit Bobbys Sport-Jaguar in die City. Um mein privates Leben stand es um diese Zeit allerdings nicht so gut. Der Krieg mit all seinem hin und

Meine zweite Frau Iris, geb. Ryle. Wir heirateten am
1. Mai 1950 in London.

Mit meiner englischen Schwiegermutter Ann ffrench, einer alten Freundin meiner Mutter, 1950 in Morthen Tower.

her hatte meine Ehe mit Ingrid sehr belastet. Durch den Tod meiner Brüder und die Unerreichbarkeit meiner Mutter, die mir sehr nahe stand, verbunden mit der vielen Arbeit, die mich oft ins Ausland führte, war ich etwas zu einem Eigenbrötler geworden, der seine eigene Wege ging. Für eine junge Frau mit zwei kleinen Kindern, die relativ rasch hintereinander zur Welt gekommen waren, ist das sicher nicht leicht gewesen.

Hinzu kam diese grässliche Halsoperation mit der vorangegangenen Nervenkrankheit. Ingrid hatte das alles mit großer Geduld ertragen. Aber es hinterließ doch Spuren bei uns beiden. So beschlossen wir, uns zu trennen. Die Scheidung bereitete keine Probleme. Wir waren der Auffassung, dass es für uns beide die beste Lösung war. Dr. Tiefenbacher in Hamburg, unser gemeinsamer Anwalt, brachte alles schnell über die Bühne. Ich vermachte Ingrid die Aktien, die ich damals noch an der Firma Alsen besaß. Wir blieben weiterhin in Kontakt, sahen einander regelmäßig auf der Haubenmühle oder in Hamburg, wenn ich geschäftlich da zu tun hatte. Ingrid heiratete später Freiherrn Erne von Cramm, der Brautführer bei unserer Hochzeit gewesen war. Er hatte einen schönen Besitz in der Nähe von Hildesheim und war ebenfalls ein begeisterter Reiter.

Auch ich vermählte mich wieder. Nach der Scheidung übersiedelte ich endgültig nach London und traf dort häufig mit Iris Ryle zusammen, die ich bereits aus meiner Schulzeit in Neubeuern kannte. Ihre Mutter Ann ffrench war eine alte Freundin meiner Mutter gewesen. Iris oder Baba, wie sie genannt wurde, war eine glänzende Schwimmerin. In Cornwall rette sie einmal drei Badende vor dem Ertrinken. Sie bekam dafür die Rettungsschwimmermedaille und wurde in der örtlichen Zeitung als „The bravest girl of the year" gefeiert. Wir heirateten am 1. Mai 1950 in London nach endlosen Überlegungen, ob es wohl das Richtige sei. Unsere Hochzeitsreise unternahmen wir auf die Bermudas, die ich bis heute ins Herz geschlossen habe.

Anschließend zog ich zu Baba in ihr kleines Haus in Emismore Garden´s Mews in London. Ab und zu fuhr ich mit Bobby Schiff nach Deutschland zu unseren Kunden. Auf einer dieser Reisen besuchte ich auch meine Mutter in Frankfurt, und da sagte sie zu mir: „Wie wäre es denn, wenn du wieder nach Deutschland zurückkämest?" Ich hielt zunächst wenig von dieser Idee. Meine Firma lief gut, und ich war in England völlig zufrieden. Doch auch mein Stiefvater drängte mich zur Rückkehr. Er bat mich zu einer Unterredung in die Metallgesellschaft und fragte mich, ob ich nicht Lust hätte, wieder eine Position in Deutschland zu übernehmen. Welche Position ihm vorschwebe, wollte ich wissen. Doch darüber hatte er noch gar nicht nachgedacht. „Dann bleibe ich erst einmal in England. Wir sehen uns ja oft und können später wieder darüber reden."

Nach einem Jahr aber wurde sein Drängen massiver. Ich sollte bei Sachtleben in Köln vorsprechen, einem Unternehmen, das auch im Bergbau aktiv war und eine Reihe chemischer Produkte herstellte. Also fuhr ich zu Dr. Simon, dem Vorstandsvorsitzenden von Sachtleben, der mich in einem riesigen Zimmer empfing. Er kam auch sofort zur Sache:

„Prinz Wittgenstein, wir möchten Sie gerne einstellen."
„Wieso?" frage ich. Er wand sich ein wenig um die Antwort
herum. Doch dann kam heraus, dass mein Stiefvater
Vorsitzender des Aufsichtsrats von Sachtleben war. „Ich komme gern", erklärte ich, „aber nicht als Angestellter. Nehmen
Sie mich als Berater. Dann können Sie feststellen, ob ich das
kann, was Sie erwarten, und ich kann feststellen, ob wir
zusammen passen." Nach langem Hin und her und nochma-
liger Rücksprache mit meinem Stiefvater willigte Dr. Simon
schließlich ein. 1951 kehrte ich nach Deutschland zurück.

Rückkehr nach Deutschland

Für Baba war es keine große Freude, ihre Heimat zu verlassen und in das zerbombte Köln zu kommen, wo sie niemanden kannte. Wir bezogen eine Wohnung am
Botanischen Garten. Am 21. März 1952 war in London unser
Sohn Richard zur Welt gekommen, und mit Kind und
Kindermädchen wurde es für uns alle ziemlich eng. Baba
sprach sehr wenig Deutsch und lebte sich nur schwer ein.
Hinzu kam, dass ich für Sachtleben unendlich viel unterwegs
war.

Das Unternehmen besaß Schwefelkies- und Schwerspat-
gruben in Meggen, Wolfach und Bayerland. Schwefelkies ist
ein Gemisch aus Zink, Schwefel und Eisenerz. Man gewinnt
daraus Zinkblende und Schwefelkies, der wiederum zur
Herstellung von Schwefelsäure benutzt wird. Ich begann
zunächst als Hospitant bei den Bergwerken. Dort traf ich den
jungen Assessor Karl Gustav Ratjen, der als ausgebildeter
Jurist sein Praktikum machte. Der Vater von Ratjen war ein
enger Freund meines Stiefvaters und ist leider schon sehr früh
gestorben. Ratjen war angestellt und konnte daher seine
Kritik nicht so offen äußern wie ich als Berater. Aber wir
stellten beide fest, dass vieles im argen lag. Das Unternehmen
war unter einer schwachen Führung ein wenig zu einem
Selbstbedienungsladen geworden. Die Werke waren auf der

kaufmännischen Seite gut besetzt. Herr Burggartz in Meggen machte seine Sache exzellent, auch wenn er mich mit Selbstkostenrechnungen, die ich hasste, gewaltig plagte. Im technischen Bereich aber ließ das Personal zu wünschen übrig.

Ich erinnere mich, wie ich in Meggen zusammen mit Ratjen nachts um drei Uhr auf den sogenannten Holzplatz fuhr. In der dortigen Hütte, die einen Ofen hatte, pflegten die Leute sich nämlich immer herumzudrücken, wenn es ihnen draußen zu kalt war. Dieses Verhalten war zwar verständlich, diente aber der Effizienz der Firma nicht. Als wir die Hütte betraten, scharte sich eine Menge Leute um den Ofen, und niemand war dort, wo er hätte sein sollen. Unserem Eintritt folgte betretenes Schweigen. „Wo ist Ingenieur Schlöbe?" fragte ich. „Der war gerade hier", beeilte sich einer der Arbeiter zu versichern. Das stimmte natürlich nicht. Der Mann lag zu Hause im Bett. Nach zehn Minuten erschien er endlich, wobei unter der Bergmannskleidung noch die Pyjamahose rausguckte. Dieser nächtliche Besuch stärkte unseren Nimbus bei den Bergarbeitern außerordentlich.

Ich bat dann meinen Stiefvater zu einer Unterredung in meine Wohnung, an der auch Ratjen teilnahm. Wir berichteten über unsere Sorgen und Probleme mit den Werken. Mein Stiefvater brachte unseren Ausführungen zunächst jedoch kein Verständnis entgegen. „Wie kommt ihr dazu, hier so zu kritisieren", empörte er sich. „Also Parch", erwiderte ich, „wenn Du die Dinge nicht hören willst, dann reden wir übers Wetter." Schließlich hatte er doch die Größe, uns anzuhören, wenngleich er weiterhin murrte. Aber wir konnten durch dieses Gespräch eine Menge für Sachtleben bewegen.

Auch im Exportbereich galt es, Aufbauarbeit zu leisten. Wie seinerzeit für die Alsenschen Zementwerke, machte ich mich nun für Sachtleben auf die Reise nach Südamerika. Ich flog wieder über New York, wo ich mit meinem Stiefvater zusammentraf, der für die Metallgesellschaft seine alten Kontakte auffrischte. „Wen willst Du in New York sehen?" fragte er mich. „Jakob Goldschmidt", gab ich zur Antwort. Jakob Goldschmidt hatte 1936 den phänomenalen Zusammenbruch der Danat-Bank zu verantworten gehabt. Ich kannte ihn nicht persönlich, aber ich wusste, dass er Deutsch sprach und lange genug in Amerika gelebt hatte, um mir kluge Ratschläge geben zu können. Er besaß gute Verbindungen zur amerikanischen Administration und vor allem zu Präsident Harry S. Truman. Parch gefiel diese Idee wenig. „Den Goldschmidt brauchst Du nicht zu besuchen. Der hat doch eine Riesenpleite gemacht. Ich würde ihn an Deiner Stelle nicht anrufen."

Ich rief aber trotzdem an, und Goldschmidt freute sich mich zu sehen. Er nahm sich viel Zeit für unser Gespräch. „Wir Juden sind hier in Amerika akzeptiert, und die Amerikaner machen mit uns jedes Geschäft, in gewisse Clubs kommen wir jedoch nicht rein. Die alten Familien wollen unter sich bleiben", sagte er mir. Und dann fuhr er fort: „Wissen Sie, wer vor ein paar Tagen bei mir war? Richard Merton". Er wusste nicht, dass Merton mein Stiefvater war. Ich aber dachte bei mir: „Sieh mal an, der alte Schlauberger! Mir rät er ab, und er selbst geht hin." Doch es hätte dieser Information nicht bedurft, um mir zu bestätigen, wie recht ich getan hatte, Goldschmidt zu besuchen. Durch ihn lernte ich nämlich einen Mann kennen, der mir aufgrund seiner zahlreichen Kontakte sehr half und mit dem mich bald auch eine enge Freundschaft verbinden sollte: Mauricio Hochschild.

„Sie müssen ihn unbedingt besuchen", erklärte mir Goldschmidt. „Ich kenne ihn zwar nur vom Hörensagen, aber wenn ich ihn anrufe, wird er Sie sicher gerne treffen." So geschah es dann auch. Don Mauricio, wie er genannt wurde, empfing mich, und wir waren schnell ein Herz und eine Seele. Er war ein riesengroßer Mann, der wie ein Bär wirkte. Seine Eltern waren jüdische Bauern in Biblis bei Worms. Sein Onkel Zachary Hochschild war in grauer Vorzeit Direktor bei der Metallgesellschaft gewesen. Don Mauricio selbst hatte dort eine Lehre absolviert und war über Russland nach Amerika gelangt. Als er zum ersten Mal als ganz junger Mann nach New York kam, fragte er einen Amerikaner nach der Park Avenue. Als dieser daraufhin sehr erstaunt zurückfragte: „Don't you know where Park Avenue is?", erwiderte Don Mauricio: „Do you know where Biblis is?"

Sein Vermögen machte er mit Gruben in Bolivien und

Chile. Zunächst fing er an, die Produktion kleiner Gruben in Argentinien, Chile und Bolivien aufzukaufen. Aus dieser Konkurrenzposition versuchte ihn die nationalsozialistische Führung der Metallgesellschaft im Dritten Reich mit sehr unfairen Mitteln zu verdrängen. Don Mauricio besaß einen Erzkontrakt mit der Zinkhütte Berzelius, die der Metallgesellschaft gehörte. Um diesen Kontrakt zu beenden, lud man ihn nach Deutschland ein. Man ließ die SA aufmarschieren, um ihn unter Druck zu setzen. Er musste die bestehenden Konditionen des Kontraktes verändern, zum Nutzen der Metallgesellschaft und zu seinem eigenen Schaden. Während des Krieges wurden er und sein persönlicher Mitarbeiter Goldberg von bolivianischen Politikern gekidnappt.

Man sperrte die beiden in den bolivianischen Bergen in eine Hütte. Zweimal am Tag wurde Don Mauricio an die Wand gestellt, um erschossen zu werden. Goldberg wohnte diesen Szenen bei, und berichtete später, wie tapfer sein Chef diese Torturen überstanden hatte. Eines Tages aber schienen es seine Kidnapper tatsächlich ernst zu meinen. Man fragte ihn, ob er noch einen Wunsch habe. „Gebe' Sie mir a Zigar", erwiderte Don Mauricio in seinem herrlichen Hessisch. Er war ein großer Zigarrenraucher und wollte sich auch angesichts seines baldigen Todes den Genuss nicht verderben lassen. Aber auch diesmal kam er mit dem Leben davon. Schließlich hat die katholische Kirche es geschafft, ihn freizubekommen.

Er brachte mir das Zigarrenrauchen bei. Schon morgens nach dem Frühstück hielt er mir eine seiner langen dicken Zigarren hin. „Nehme' Sie a Zigar", forderte er mich auf. Ich lehnte ab: „Danke, jetzt nicht, es ist zu früh." „Mei' Arm wird lahm, nehmen Sie die Zigar", wiederholte er hartnäckig und ließ nicht ab, bis ich endlich zugriff. Don Mauricio wurde wirklich ein enger Freund. In ganz Südamerika unterhielt er Büros und reichte mich überall weiter. Ihm verdankte ich eine Menge wertvoller Kontakte. Seine Ratschläge ersparten mir viel Ärger. Don Mauricio hatte einen Sohn, der leider wenig taugte. Als er sein Ende nahen fühlte, wollte er deshalb mich zu seinem Nachfolger machen. Ich hätte diese Aufgabe nach Abstimmung mit der Metallgesellschaft auch gerne übernommen. Wir bereiteten alles vor und verhandelten auch bereits in Zürich mit einem Anwalt.

Aber Don Mauricio besaß zu diesem Zeitpunkt nicht mehr die nötige Durchsetzungskraft gegenüber seinen Direktoren, die die von ihm aufgebaute Organisation selber erben wollten. Zwei Jahre vor seinem Tod traf ich ihn in der Halle des Hotels Ritz in London. Er sah miserabel aus. „Don Casimir, ich muss zu meinem Arzt", lautete seine Begrüßung. „Begleiten Sie mich." „Ist Ihnen das nicht unangenehm?" wunderte ich mich. Er schüttelte den Kopf: „Nein, ich möchte, dass Sie dabei sind." Wir gingen in sein Appartement, und da wartete bereits der Arzt. Nach der Untersuchung sagte der Arzt zu mir: „Sie müssen sehen, dass Mister Hochschild so schnell wie möglich in ein Sanatorium kommt. Sein Herz ist nicht in Ordnung." Die Nachricht hörte Don Mauricio sehr ungern. „Ich gehe nur, wenn Sie mitkommen", betonte er.

So fuhren wir also zusammen nach Wildbad Kreuth, wo ich einen guten Herzspezialisten kannte. Don Mauricio verlangte, dass ich bei allen Untersuchungen anwesend war. „Ich traue diesen Leuten nicht", erklärte er mir. Schon damals stand es sehr schlecht um ihn, und der Kardiologe sagte zu mir: „Er hat einen schweren Herzfehler, der nicht operabel ist. Wenn er überhaupt noch eine Weile leben möchte, muss er ein viel ruhigeres Leben führen." Don Mauricio starb dann aber doch sehr schnell. Mit seinem Erbe geschah genau das, was ich befürchtet hatte. Es wurde zum großen Teil an die Anglo American, eine reiche südafrikanische Minengesellschaft, verkauft. Ich hätte das nie getan und bedaure diese Entwicklung noch heute. Wir hätten mit der Metallgesellschaft ein Riesenbergbau- und Hüttenimperium geschaffen.

Am 9. März 1953 starb in Frankfurt nach langer schwerer Krankheit meine Mutter. Ich befand mich gerade in Bayern, weil ich sehen wollte, ob das Internat Neubeuern eventuell die geeignete Schule für meinen Sohn Peter wäre. Dort erhielt ich die Nachricht, dass meine Mutter am frühen Morgen zu Hause gestorben sei. Mein Stiefvater war völlig verzweifelt, auch mich traf ihr Tod zutiefst. Ihr Wunsch war es, auf der Haubenmühle beerdigt zu werden. Da wir dafür aber keine Genehmigung erhielten, ist sie im Familiengrab der Mertons in Frankfurt beigesetzt worden.

Eintritt in die Metallgesellschaft

Nach zweijähriger Beratertätigkeit erklärte ich mich bereit, dem Vorstand von Sachtleben beizutreten. Da unsere Wohnung in Köln auf Dauer zu klein war, begaben Baba und ich uns auf die Suche nach einem Haus. Wir fuhren die Gegend ab und fanden schließlich ein hübsches, etwas baufälliges Bauernhaus im Bergischen Land.

Zwei Tage später erreichte mich ein Anruf meines Stiefvaters. Ich solle nach Frankfurt kommen, er müsse mich dringend sprechen. In Frankfurt teilte er mir mit, man hätte beschlossen, mich als stellvertretendes Mitglied in den Vorstand der Metallgesellschaft aufzunehmen. Diese Mitteilung durchkreuzte alle meine Pläne. „Aber Parch, ich bin doch gerade dabei, in den Vorstand von Sachtleben zu kommen", entgegnete ich. Mein Stiefvater aber ließ sich in seiner Entscheidung nicht beirren: „Nein, du kommst jetzt nach Frankfurt." Diesen Worten hatte ich mich zu fügen. Ich schied also bei Sachtleben aus, und wir übersiedelten mit Sack und Pack von Köln nach Frankfurt.

Für Baba war der Umzug in das von den Schäden des Krieges immer noch stark gezeichnete Frankfurt eine große Strapaze. Das Frankfurt, in dem ich aufgewachsen war, diese reiche, schöne jüdische Stadt, war nach dem Krieg verschwunden. Frankfurt wurde zwar wieder eine schöne Stadt, aber eine vollkommen andere als die, die ich als Kind gekannt hatte. Mein Stiefvater bewohnte in der Zeppelinallee ein großes Haus. Damit er nicht allein war, zogen wir in den zweiten Stock. Auf diese Weise konnten wir uns um ihn kümmern und auch die Kinder ab und zu ihm hinunterbringen, wenn er auf dem Kartentisch seine Patiencen legte.

Richard war zwei Jahre alt, als am 30. September 1953 Baba in London unseren zweiten Sohn Johannes Karl, genannt Johnny, zur Welt brachte. Johnny wurde im Haus meines Stiefvaters getauft. Dabei erinnere ich mich an einen heiteren Zwischenfall. Weil Richard noch so klein war, blieb er auf dem Arm seiner Kinderfrau oben und schaute von der Galerie auf die Taufversammlung in der Halle. Und als der Pfarrer nach den üblichen Präliminarien erklärte: „Ich taufe Dich auf den Namen...", krähte Richard von der Galerie

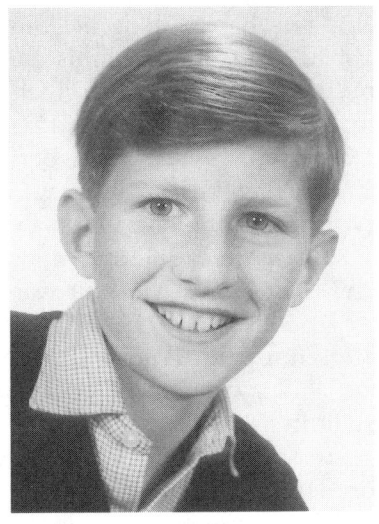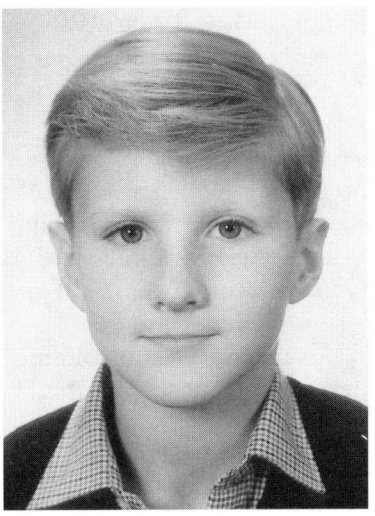

Meine Söhne aus der zweiten Ehe, Richard-Casimir (l.) und Johannes-Karl („Johnny").

herunter ein lautes „La". Seitdem heißt mein jüngster Sohn für mich La.

Das Haus war geräumig. Mühsal bereitete nur die lange Treppe, die Baba täglich mit den Kindern überwinden musste. Dass sie auf dem glatten Linoleum nicht einmal ausrutschte, bewundere ich noch heute. Zu ihrem Entsetzen hatte ich auch noch einen Dackel Nunu gekauft, der alle paar Stunden in den Garten getragen werden musste. Baba fand in Frankfurt schnell Freunde, aber blieb doch sehr die Engländerin. Das merkte man vor allem, wenn sie in ihre Heimat zurückkehrte. Da wurde sie zu einem völlig anderen Menschen. Ich versuchte immer wieder, sie auf Reisen mitzunehmen, damit sie aus dem täglichen Trott herauskam, doch sie wollte die Kinder nicht allein lassen.

Nachdem die Wirren des Umzugs einigermaßen bewältigt waren, meldete ich mich bei Alfred Petersen, dem Vorstandsvorsitzenden der Metallgesellschaft. Er empfing mich liebenswürdig. Aber im Laufe unseres Gesprächs spürte ich, dass er eigentlich nicht recht wusste, was er mit mir anfangen sollte. „Also, Prinz Wittgenstein, wir haben gedacht, Sie übernehmen erstmal den Bergbau und die Technische Abteilung." Ich erklärte mich einverstanden, wollte aber doch wissen, wie er sich meine weitere Entwicklung denke. „Das ist schwer zu sagen", erwiderte Petersen. „Aber wir haben hier einen Kollegen Klaus Seiffert, der ungefähr so alt ist wie Sie und auch stellvertretendes Vorstandsmitglied. Wenn er ordentliches Mitglied wird, dann sollten Sie es auch werden, wenn sie Ihre Arbeit gut machen." Mit dieser Aussicht war ich zufrieden.

Als nächstes hatte ich eine Unterredung mit Rudolf Euler, den ich bereits von früher kannte. Euler war ein besonders netter Mann. Mit seinem kurzgeschnittenen Haar, dem grauen Schnurrbärtchen und der gewaltigen Pfeife wirkte er sehr englisch. „Ei, was hat man Ihnen denn gegeben?" fragte er. „Ich komme in den Bergbau und die Technische Abteilung", erwiderte ich. „So? Ja wissen Sie denn, was Bergbau ist?" Das wusste ich eigentlich nicht, aber ich zeigte mich zuversichtlich, es hoffentlich schnell zu lernen. „Wissen Sie, was eine Mine ist?" fragte er weiter. Auf mein Kopfschütteln erklärte er verschmitzt lächelnd: „A mine is a hole in the ground owned by a lyer." Mit dieser Definition hatte er nicht ganz unrecht. Aber gerade dieses Risiko machte den Bergbau zu einem lebendigen Geschäft und meine Tätigkeit für die Metallgesellschaft zu einer abenteuerreichen und interessanten Aufgabe.

Die Arbeit der Bergbauabteilung bestand in erster Linie darin, angebotene Schürfrechte hinsichtlich ihrer Wirtschaftlichkeit zu prüfen. Bevor wir darangingen, eigene Gruben zu kaufen, beteiligten wir uns im Austausch gegen langfristige Lieferverträge an der Finanzierung des Abbaus. Erhielten wir ein entsprechendes Angebot, schickten wir in der Regel erstmal einen Geologen und einen Bergbauingenieur zur Prüfung hin. Zum Teil bekamen wir auch Fertigprodukte angeboten, Kupfer-, Zink- oder Bleikonzentrate. In diesen Fällen mussten sowohl die Grube wie die Produktion genauestens geprüft werden. Wurde das Vorkommen für ausreichend und gut befunden, vergaben wir Kredite zum weiteren Ausbau der Produktion, die dann durch Warenlieferungen zurückgezahlt wurden. Die Finanzierung der

Kredite erfolgte über unsere eigene Bank, die eigentlich keinen anderen Zweck hatte, als unsere Geschäfte zu finanzieren.

Mein anderer Aufgabenbereich, die Technische Abteilung, war bereits 1889 von Wilhelm Merton gegründet worden. Er hatte schon früh erkannt, dass das Erz- und Metallgeschäft nur bei der nötigen Warenkenntnis und den technischen Beurteilungsmöglichkeiten der Erze und Metalle im eigenen Hause sowie der nötigen technologischen Verarbeitung innerhalb des Unternehmens aufzubauen wäre. Wir verfügten über eine Reihe von Spezialprodukten und hatten auch selbst verschiedene Spezialverfahren entwickelt, wie zum Beispiel das Sonderverfahren zur Behandlung von Metalloberflächen.

Meine Haupttätigkeit für diese Abteilung bestand darin, zu überwachen, dass unsere Verfahren immer wieder auf den neuesten Stand der Technik gebracht und durch neue Produkte ergänzt wurden. Darüber hinaus waren weltweite Reisen notwendig, um nach Verfahren Ausschau zu halten, die ins Produktangebot der Metallgesellschaft passten. Unsere Techniker und Chemiker mussten dann diese Verfahren auf die Marktgegebenheiten in Europa einstellen. Vor dem Ersten Weltkrieg hatte die Metallgesellschaft eine führende Position im internationalen Metallmarkt gehabt, einen blühenden Handel betrieben und Niederlassungen in fast allen Teilen der Welt besessen. Hätte es den Ersten Weltkrieg nicht gegeben, wäre die Metallgesellschaft der größte Nichteisenkonzern Europas geworden. So aber hatten die beiden Weltkriege ihr gesamtes internationales Gefüge zerstört.

Mit Zustimmung des Vorstandes begann ich sogleich nach meinem Eintritt in die Metallgesellschaft, alte Verbindungen zu beleben, neue Kontakte zu knüpfen und das Netz unserer internationalen Beziehungen wieder aufzubauen.

Unterwegs in Afrika

Meine erste Reise für die Metallgesellschaft führte mich nach Äthiopien. Initiiert wurde die Reise von dem damaligen griechischen Botschafter in der Bundesrepublik. Er besuchte uns eines Tages, weil er glaubte, dass in Äthiopien eine Menge unentdeckter Bodenschätze zu finden seien, wie Gold, Silber, Kupfer, Blei und Zinn. Letztere waren für die Metallgesellschaft von besonderem Interesse. Er besaß gute Kontakte zum Negus und war überzeugt, dass dem Kaiser im Interesse seines Landes daran gelegen wäre, eventuelle Bergbauvorhaben zu unterstützen.

Ich beschloss, nach Äthiopien zu reisen, um die Möglichkeiten zu sondieren. Da ich von Bergbau nur wenig verstand, brauchte ich einen Experten an meiner Seite und bat Dr. Hellmut Ley, Chemiker aus unserem Laboratorium und späteren Vorsitzenden, mich zu begleiten. Ley erwies sich als der ideale Reisepartner. Er drängte sich nie vor, hörte gut zu und war voller Humor. Von den Mitarbeitern der Metallgesellschaft war er einer der wenigen, mit dem ich mich duzte.

Eine solche Reise war damals ein ziemlich schwieriges Unterfangen. Da es noch keine Düsenflugzeuge gab, flogen wir mit einer Turbopropmaschine über Kairo nach Karthum. In Karthum herrschte feuchte und brütende Hitze und nach endlosem Warten ging es endlich mit einer unklimatisierten kleinen DC3 nach Eritrea weiter. Von dort aus brachte uns eine kleine Maschine nach Addis Abeba. Addis Abeba wirkte damals noch wie ein riesiges Araberdorf. Wir schlenderten abends durch die Lehmstraßen, in den kleinen Hütten brannten rote Petroleumfunzeln. Nett sieht es hier aus, dachte ich, bis ich erfuhr, dass es sich um Zeichen der Bordelle handelte. Auch hier gab es das älteste Gewerbe der Welt. Wir stiegen im sogenannten besten Hotel der Stadt ab, das recht ordentlich war.

Am nächsten Morgen trafen wir mit dem deutschen Botschafter zusammen, der unsere Audienz bei His Imperial Majesty organisieren sollte. Aber der Löwe von Juda, der 225. Nachkomme des Königs Salomon, war zunächst nicht für uns zu sprechen. Dies war die erste Schwierigkeit und sprach nicht gerade für die guten Beziehungen unseres griechischen Botschafter-Freundes, der uns zu dieser Reise sehr geraten hatte. Mich kümmerte das wenig. Schließlich lag es im Interesse des Kaisers, mit uns zu sprechen. Wenn er uns nicht sehen wollte, sollte er es eben bleiben lassen.

Wir widmeten uns erst mal dem eigentlichen Zweck unserer Reise und bemühten uns herauszufinden, was es mit den Bodenschätzen auf sich hatte. Je mehr wir allerdings nachforschten, desto unklarer wurde alles. Niemand wusste, welche Bodenschätze es in Äthiopien gab. Hinzu kam, dass die meisten alten Unterlagen auf Amharisch verfasst waren. Zwei Stämme teilten sich das Land auf: die Galas, die Bauern, und die Amharen, ein Kriegsstamm, der die Galas unterdrückte.

Es war kaum möglich, an verlässliche Informationen heranzukommen. Auch die Mitarbeiter der deutschen Botschaft wussten nichts vom Bergbau und hatten noch nie eine solche Anfrage erhalten. Die einzige Stelle, die sich bisher mit solchen Fragen befasst hatte, war die amerikanische Organisation „Point Four". Sie hatte im Auftrag der amerikanischen Regierung eine Art Unterstützungsprogramm erarbeitet. Ihre Unterlagen über Bodenschätze waren allerdings dürftig, denn bisher hatte kaum jemand Bergbau betrieben.

Vergeblich bemühten wir uns um Kontakte mit Händlern außerhalb des Landes. Bei allen unseren Nachforschungen wurde immer der Name eines deutschen Grafen genannt. Er sei der einzige, versicherte man uns, der über das Land wirklich genauestens Bescheid wisse. Ihn sollten wir befragen, wenn wir etwas über Äthiopien erfahren wollten. Er habe das Land bereist und kenne die Berge und das Landesinnere. Es hieß, er wohne hinter der indischen Botschaft.

Für europäische Ohren eine merkwürdige Adresse. Doch gab es in Addis Abeba damals weder gepflasterte Straßen mit Namen, noch Hausnummern. Nach einigem Suchen fand sich ein Fahrer, der mit der Wegbeschreibung etwas anzufangen wusste. Er fuhr uns über eine Erdpiste zu einem Bungalow mit einem kleinen umzäunten Vorgarten, in dem einige müde Rizinuspflanzen vor sich hin welkten. Wir riefen und ein dienstbarer Geist erschien, der glücklicherweise ein wenig Englisch sprach. „Is the master at home?", erkundigte ich mich. Nein, er sei nicht da, hieß es, aber er komme in einer halben Stunde zurück. Wir könnten auf der Veranda auf ihn warten. Nach einigem Warten öffnete sich die Gartentür und ein Mann trat auf die Veranda, den ich seit Kindesbeinen bestens kannte: Graf Dicky Eltz.

Er war ein großer Freund meines Bruders Franzl und ein gern gesehener Gast in unserem Hause gewesen. Die Familie Eltz stammte ursprünglich vom Balkan, und Dicky war teils in Jugoslawien, teils in Österreich aufgewachsen. Nach dem Krieg war er nach Äthiopien ausgewandert. Als großer Jäger hatte er auch für das British Museum of Natural History viele interessante Ausstellungsstücke gesammelt. Wir waren beide überrascht, uns fern von Europa so unerwartet wiederzutreffen. Dicky Eltz wusste haarsträubende Geschichten über Äthiopien zu erzählen. Bei einem Mittagessen mit dem Gouverneur von Eritrea war der große Tisch mit einem bodenlangen Tischtuch bedeckt gewesen. Als Dicky während des Gesprächs mit seiner Hand unter den Tisch griff, spürte er, wie sie plötzlich von einem Riesenmaul umschlossen wurde. Der Gouverneur schien zu wissen, in welch unangenehmer Lage sich sein Gast befand. Doch er verlor kein Wort darüber.

Da Dicky mit Tieren gut umzugehen wusste, bewegte er die Hand nicht und redete weiter, als sei nichts geschehen. Nach einer Weile merkte er, wie das Maul seine Hand losließ. Er zog sie ganz langsam zurück und legte sie wieder auf den Tisch. Nachdem die Tafel nach einer Dreiviertelstunde aufgehoben wurde, verabschiedete er sich und bemerkte beim Hinausgehen, dass sich unter dem Tisch ein riesiger Leopard schlängelte – das Haustier des Gouverneurs. Der Gouverneur, ein Vetter des Kaisers, wurde später Präsident des Kronrates. Er wurde bei der blutigen Revolution der Kommunisten, als diese das Land übernahmen, eingesperrt und darauf mit einem anderen Häftling auf dem Innenhof des Gefängnisses mit einer Maschinenpistole niedergeschossen.

Dicky Eltz wusste eine Menge über die politischen und wirtschaftlichen Strukturen des Landes. Aber vom Bergbau hatte auch er wenig Ahnung. Man musste also ganz von vorne anfangen und Geologen mit einer Exploration beauftragen. Das würde Jahre dauern. Hinzu kam, dass wegen der vielen Raubüberfälle eine Reise ins Landesinnere höchst gefährlich war. Selbst in Addis Abeba wurden ab zehn Uhr abends die Eingänge der Stadt, wie bei uns im Mittelalter, mit Ketten gesperrt. Am Ende hatte ich mir statt des Erzes eine Menge Flöhe eingefangen. Bei jeder Taxifahrt machte ich mit einigen von diesen kleinen Biestern schmerzhafte Bekanntschaft. Allerdings half mir ein Trick, den mir meine Mutter beigebracht hatte, sie wieder schnell los zu werden. Jeden Abend stellte ich mich in die mit knöchelhohem Wasser gefüllte Hotelbadewanne und zog meine Unterwäsche Stück für Stück aus. Als die Flöhe merkten, dass es hell wurde, sprangen sie auf und fielen ins Wasser.

Unser Aufenthalt neigte sich dem Ende zu. Noch immer hatte Haile Selassie nichts von sich hören lassen. Dicky Eltz hatte sich beim äthiopischen Innenminister, mit dem er befreundet war, um eine Audienz für uns bemüht. Als sich auch meine eigenen wiederholten Bemühungen als vergeblich erwiesen, ließ ich Dicky Eltz wissen, dass, „falls der Kaiser uns sehen will", er ihm sagen solle, „dass wir übermorgen abreisen". Schon am nächsten Morgen kam die Nachricht aus dem Palast, der Kaiser wolle uns empfangen. Ich saß gerade mit meinem Flohzeremoniell in der Badewanne, als Ley mir mitteilte: „Du, Casimir, wir haben um elf Uhr einen Termin beim Negus." „Auf einmal, nachdem er gehört hat, dass wir morgen abreisen", sagte ich. Ich stieg also aus der Wanne und zog mich in Erwartung des großen Ereignisses würdig an. Gemeinsam fuhren wir mit dem deutschen Botschafter in die Residenz. Dort wurden wir höflichst begrüßt und in einen Empfangsraum gebeten.

An der Wand hing ein geschmackloser Kalender der amerikanischen Fluglinie TWA, darunter standen einige seltsame Stühle. Der Botschafter setzte uns ins Bild, wie man sich bei einem Empfang beim Negus zu verhalten habe. Bevor man den Saal betrat, müsse man sich in der Tür verneigen, nach ein paar Schritten müsse man sich erneut verneigen, bis man sich vor seiner Majestät zum dritten Mal verneigen müsse. Als ich erfuhr, dass sich nach Abschluss der Audienz das gleiche Prozedere im Rückwärtsgang abspielen sollte, weigerte ich mich. „Herr Botschafter, ich gehe vor niemandem rückwärts, auch nicht vor dem Negus. Vor allem, weil ich dann über meine eigenen Füße stolpern würde." Wir einigten uns auf den Kompromiss, dass ich mich wie ein Krebs seitwärts bewegen sollte.

Nachdem die Italiener unter Mussolini 1935 unter dem Vorwand einer „zivilisatorischen Mission" Äthiopien eingenommen hatten, war der Negus ins Exil nach England geflüchtet. Gemeinsam mit anderen hatte meine englische Schwiegermutter sich dort seiner angenommen und Geld für ihn gesammelt. Nun sollte ich ihn persönlich kennenlernen. Die Audienz verlief freundlich und unkompliziert.

Kaiser Haile Selassi von Äthiopien (2. v. l.) bei einem Fabrikbesuch in Addis Abeba.

Der Negus war eine kleine zierliche Persönlichkeit mit graumeliertem Haar, kurz gestutztem Bart, schmalem Gesicht und intelligenten Augen. Während er sprach, bewegte er seine langen Finger, mit erklärenden Gesten. Er saß auf einem großen kunstvoll geschnitzten Holzstuhl mit Elfenbeinintarsien. Obwohl er Englisch beherrschte, wandte er sich an uns auf Amharisch. Unsere Antworten ließ er sich von seinem Innenminister übersetzen. Dabei blickte er uns aus seinem listigen Augen freundlich an. Für die geplanten Bergbauunternehmungen sicherte er uns die Unterstützung seiner Regierung zu und versprach uns militärischen Schutz, falls wir im Landesinnern Explorationen vorzunehmen gedachten. Selber wollte er aber kein Geld investieren.

Da Informationen über das tatsächliche Vorkommen der Bodenschätze fehlten und das Unternehmen nur eine „grass root exploration" war, konnte ich ihm keine verbindlichen Zusagen machen. „Wir werden unsere Kollegen in der Metallgesellschaft über diese Reise informieren", sagte ich, „und dann entscheiden, was zu tun ist." Am Ende des Gesprächs verabschiedeten wir uns und traten den Rückzug an. Der Botschafter und Ley im Rückwärtsgang, und ich mich seitwärts bewegend. Mein Krebsgang erheiterte Seine Kaiserliche Hoheit, der schmunzelnd von seinem Thron herunterblickte.

Am nächsten Tag flogen wir nach Arusha weiter, um die berühmte alte Frau Trappe zu treffen. Ich hatte sie über Baron Rogister, einen Anwalt und Freund meiner Eltern in London, kennengelernt. Eines Tages hatte Baron Rogister mich in London angerufen und mich gebeten, einem jungen Mann, Rolf Trappe, zu helfen, der mit seiner Mutter in Tansania gelebt habe, Ende des Krieges ausgewiesen und über Südafrika nach Deutschland geschickt worden sei. „Der muss wieder auf die Farm seiner Mutter", erklärte Baron Rogister. „Er ist ein ausgezeichneter Whitehunter. Aber völlig unfähig, in einem zivilisierten Land wie Deutschland zu leben. Wenn wir es schaffen, ihn nach England zu bringen, dann kriegen wir ihn auch nach Südafrika und dann weiter nach Tansania."

Ich hatte einen guten alten Freund, Major Tom Whitehead, der in der Nähe von Malborough in Wilshire einen Besitz hatte. Den bat ich, Rolf Trappe als Landarbeiter aus Deutschland anzufordern. Tom zeigte sich über meine Bitte nicht sonderlich erbaut, tat mir aber trotzdem den Gefallen. So kam Rolf Trappe von Deutschland nach England und wurde Farmlabourer bei Tom Whitehead. Er wirkte wie ein scheues Tier aus dem Busch, das sich in der Zivilisation nur schwer zurecht fand, aber seine Arbeit verrichtete er gut. Nach etwa einem Jahr hatte Baron Rogister die notwendigen Papiere organisiert, und Rolf Trappe konnte über Südafrika wieder nach Tansania auf die Farm seiner Mutter. Das war der Anfang einer Freundschaft.

Das Flugfeld in Arusha war nicht asphaltiert, und so landeten Ley und ich als einzige Passagiere auf einer staubigen Sandpiste. Mit einer Menge Gepäck stiegen wir aus. Ein Zollgebäude gab es nicht. Wir standen in der sengenden Sonne und wussten nicht weiter. Da tauchte plötzlich in der Ferne eine riesige Staubwolke auf. Es war Frau Trappe in ihrem Jeep. Ein altes, zierliches Persönchen, höchstens ein Meter fünfzig groß und ganz dünn. Bekleidet war sie mit einem Buschhemd und einer weiten kurzen Schlotterhose, aus der ihre dünnen braungebrannten Beine hervorstachen. Unter einem Schlapphut lachte uns ein braungebranntes faltiges Gesicht mit großen blauen Saphiraugen an.

Wir unterhielten uns eine Weile. Als ich mich nach dem nächsten Flugzeug nach Nairobi erkundigte, wollte Frau Trappe von einer schnellen Abreise nichts wissen. „Sie können doch eine Woche bei uns bleiben. Mein Sohn möchte Sie so gerne sehen." Rolf Trappe hatte vor ein paar Jahren eine Polin geheiratet. Nach langem Hin und her kletterten wir zu Frau Trappe in den Jeep, fuhren mit ungeheurem Getöse den steilen Waldweg auf den Meru hinauf, einen 4500 Meter hohen Berg in der Nähe des Kilimandscharo. Mitten im dichten Busch hielt Frau Trappe plötzlich an. Als ich wissen wollte, was los sei, meinte sie: „Wir können jetzt nicht weiter, vor uns ist eine Elefantenherde. Die müssen wir erst durchziehen lassen." So blieben wir eine Weile stehen und hörten durch den Busch das Kreischen der Elefanten.

Erst als sich die Geräusche verzogen, setzten wir die holprige Fahrt fort und erreichten nach einer Stunde Momella. Ein wunderschöner Anblick. Auf dem Hügel stand einzig Frau Trappes Haus. Die übrigen Farmgebäude lagen weiter unten. Rolf Trappe und seine Frau bewohnten den etwas unterhalb gelegenen sogenannten „Gemüsegarten". Frau Trappe stammte ursprünglich aus Hamburg. Ihr Mann besaß die Farm schon vor dem Ersten Weltkrieg, verlor sie dann und bekam nach dem Krieg, als Tansania nicht mehr deutsche Kolonie war, nur einen Teil wieder zurück. Später trennte sich Frau Trappe von ihrem Mann. Er zog nach Arusha, während sie auf der Farm blieb.

Ley und ich bezogen das sogenannte Gästezimmer. Fließendes Wasser gab es nicht. Wenn man baden wollte, wurde in der Sattelkammer ein alter Badezuber mit braunem Quellwasser gefüllt. Und dann saß man da unter den Satteln und Trensen. Die Toilette befand sich außerhalb des Hauses. „Wenn Sie nachts rausgehen, nehmen Sie eine Taschenlampe mit", warnte uns Frau Trappe. „Wir haben hier viele Schlangen, vor allem Kobras, und die kommen nachts, wenn es kühl ist, und legen sich auf den warmen Stein." Nach dieser Erklärung hätte ich am liebsten um einen Nachttopf gebeten.

Am nächsten Tag zeigte mir Frau Trappe die Gegend. Ley zog es vor, im Haus zu bleiben. Als wir aufbrachen, drückte mir die Hausfrau ein altes Mauser-Repetiergewehr Kaliber 9.3 in die Hand. „Was soll ich denn mit dem Schießprügel?" fragte ich. „Sie schießen sicher viel besser als ich." „Wir wollen nicht jagen", erwiderte sie. „Wir schießen nur, wenn wir angegriffen werden. Weder die Elefanten, noch die großen Katzen tun uns etwas. Aber wir haben hier sehr viele Nashörner, und die sind angriffslustig." Ich hatte noch nie ein Nashorn geschossen und wollte es auch nicht tun. Aber Frau Trappe beharrte darauf, dass ich das Gewehr nehmen müsse. „Und wenn wir, was Gott verhüten möge, attackiert werden, wo soll ich in der Eile dann hinschießen?" Frau Trappe erklärte mir, dass die Nashörner den Kopf relativ hoch halten. „Und bevor sie angreifen, nehmen sie das Horn runter. Dann müssen Sie durch den Kopf schießen." Das würde ja eine schöne Expedition werden, mit einem fremden Gewehr und mir als völlig unerfahrenem Nashornjäger! Mit etwas mulmigen Gefühlen stieg ich zu Frau Trappe ins Auto, die mir Nilpferde am Silverlake zeigen wollte.

Auf der Fahrt sahen wir tatsächlich mengenweise Nashörner, die uns kaum beachteten. Um an den See zu kommen, mussten wir durch den dichten Dornenbusch, auf dem Wildwechsel der Nashörner. Ich dachte mir: „Viel Vergnügen, wenn wir hier von einem Nashorn attackiert werden!" Als wir den Silverlake erreichten, befanden sich die Nilpferde gerade am anderen Ufer, in etwa 300 Meter Entfernung. Wir saßen eine Weile am Ufer und beobachteten sie. In der Ferne konnte man eine Herde Elefanten sehen. Plötzlich sprang Frau Trappe auf: „Prinz Wittgenstein, verstecken Sie sich mal hinter einem Busch. Ich werde den

Bullen rufen." „Was wollen Sie tun?" fragte ich ungläubig. Aber Frau Trappe ließ sich nicht beirren, sie wollte das Nilpferd an unser Ufer herüberrufen.

Ich hockte mich also hinter einen Dornbusch und beobachtete durch das Geäst neugierig, was geschehen würde. Frau Trappe watete in ihren kurzen Hosen bis zu den Knien in den See und stimmte einen seltsam gleichtönig klingenden Singsang an. Nach einer Weile sah ich, wie der alte Bulle drüben sein Haupt hob und langsam zu uns herüberkam. Leider hatte ich keinen Fotoapparat dabei, aber noch heute sehe ich die beiden, etwa zehn Meter voneinander entfernt, im Wasser stehen: der mächtige Bulle und die zierliche Frauengestalt. Frau Trappe redete noch ein wenig auf den Bullen ein, dann drehte sie sich um. Während sie durchs Wasser watete, kehrte auch der Bulle wieder zu seiner Herde zurück. „Das ist Zauberei!" rief ich. „Wie haben Sie das gemacht?"

Frau Trappe erzählte mir, dass sie viel in Kenia und Tansania gejagt habe. Eines Tages sei sie in ein Dorf gekommen, in dem eine schreckliche Hungersnot herrschte, obwohl es im Fluss viele Nilpferde gab. „Warum harpunieren Sie nicht eines von den Nilpferden, dann haben Sie genug zu essen", wollte Frau Trappe vom Häuptling wissen. „Das können wir nicht", erwiderte dieser. „Der Fluss ist voller Krokodile. Niemand traut sich ins Wasser zu gehen." Auch Frau Trappe wollte dieses Risiko nicht eingehen. „Ich kann nur schießen, wenn eines von den Nilpferden herüberkommt", bot sie dem Häuptling an. Und dann hatte sich eine ähnliche Szene wie die soeben erlebte abgespielt. Auch sie hatte mit ungläubigem Staunen verfolgt, wie es dem Häuptling gelungen war, ein Nilpferd herüberzulocken. Daraufhin schoss sie das Tier und bat den Häuptling, ihr diesen magischen Gesang beizubringen. Ich habe es leider versäumt, sie ebenfalls darum zu bitten.

Frau Trappe verstand es in unglaublicher Weise mit Tieren umzugehen, vor allem mit wilden Elefanten. Bei den Schwarzen hieß sie die „Königin der Elefanten". Einige Jahre nach unserem Aufenthalt erkrankte sie und starb elendlich. Aber sie blieb bis zuletzt auf der Farm und weigerte sich, hinunter nach Arusha zu gehen. Als es mit ihr zu Ende ging, kam ein alter Elefantenbulle aus dem Busch und näherte sich auf fünfzig Schritte dem Haus. Er stellte sich in den Garten und ließ sich zwei Tage lang nicht von dort vertreiben. Erst als sie gestorben war, verschwand er wieder im Busch. Unter den Schwarzen, die sich diese Geschichte erzählten, heißt es, der Bulle habe ihre Seele mitgenommen.

Nach einer Woche brachte Frau Trappe uns wieder zum Flugplatz in Arusha zurück. Wir flogen weiter nach Nairobi, wo wir uns wiederum für die Metallgesellschaft umtun wollten. Hellmut Ley stieg in einem Hotel ab, ich wohnte bei Brigadier Michael O'Rock. Er war nach der Kapitulation 1945 Chef der britisch-deutschen Polizei in Hamburg geworden. O'Rock hatte mir während der Besatzungszeit geholfen, für die Alsensche Zementfabrik in Itzehoe eine Produktionsgenehmigung zu bekommen. Nun war er Commissioner of Police in Nairobi geworden und lebte in einem schönen, bequemen Haus am Fuß der Ngonghills. Es war einsam am Rande des Nairobi-Nationalparks gelegen, wo man Giraffen, Löwen und viele Gazellen beobachten konnte.

Als wir am ersten Abend zum Essen in die Stadt fuhren, legte O'Rock mir eine alte Pistole auf den Schoß. Wenn wir von Schwarzen angehalten würden, meine er, dann sollte ich die Pistole zeigen, und wenn sie sich dann nicht aus dem Staub machen würden, sollte ich schießen. Es war damals der Beginn des Mau-Mau-Aufstandes. Mau-Mau, der Name, den die Anhänger der synkreistischen Kikuju-Religion angenommen hatten, bedeutet in der Sprache der Eingeborenen Löwengebrüll. Der Stamm der Kikuju bekämpfte die britische Kolonialherrschaft. Seine blutigen Angriffe galten Europäern und Afrikanern, die in deren Diensten standen oder auch nur mit ihnen verkehrten.

Es war beunruhigend, dass sich im Hause O'Rocks nur eine Pistole befand. Angesichts der Weitläufigkeit des Hauses – er wohnte in dem einen Flügel und ich war im anderen untergebracht – fühlte ich mich unbehaglich. Die Pistole wollte er mir nachts keinesfalls geben. Stattdessen brachte er mir einen alten Armeedegen. Damit hatte ich gegenüber den Mau-Mau mir ihren Buschmessern immerhin einen gewissen Distanzvorteil. Es war eine schreckliche Zeit. Bei den Essen in den Klubs waren die Damen mit Pistolen bewaffnet; entweder hatten sie sie umgeschnallt, oder in ihrer Handtasche verborgen. Auch Freddy Cross, der österreichische

Generalkonsul für Kenia, mit dem ich gut befreundet war, ging nie ohne Waffe aus.

Unsere Bemühungen für die Metallgesellschaft gestalteten sich angesichts der unsicheren politischen Verhältnisse ziemlich schwierig. Am berühmten Lake Natron hätte man vielleicht etwas für unseren Chemiebereich machen können. Ich dachte darüber hinaus auch an Pyrethrum, den Grundstoff für die Herstellung von Moskito- und Insektensprays. Seit dem Krieg gab es auch in Kenia nicht genug Eisenmetallschrott für die Basis einer großen Produktion wie der unseren. Nach zehn Tagen mieteten wir einen Wagen mit Chauffeur und fuhren weiter nach Uganda. Der Wagen war ein riesiger, alter amerikanischer Buick, und der Fahrer raste wie ein Wahnsinniger durch die reizvolle Landschaft.

An der Grenze zwischen Kenia und Uganda machten wir zwei Tage lang auf dem berühmten Besitz Tugenonhill der Gräfin Miona Thiele Winkler Station. Es war ein wundervolles Anwesen mit Sisal- und Baumwollpflanzungen und einem herrlichen Blick auf den Viktoriasee. Miona hatte einen alten hochgeschätzten Hausboy, der mit allen Besuchern bekannt war, weil er schon seit undenklichen Zeiten in Diensten stand. Bereits als ganz junger Bursche war er zu ihr gekommen. Als ich ihn kennenlernte, war sein Haar bereits ergraut. Es fiel mir auf, dass eines seiner Beine dicker war als das andere. Dies schien ihn aber beim Gehen nicht sonderlich zu behindern. Als sein Bein begonnen hatte anzuschwellen, ging Miona mit ihm von einem Tropenarzt in Kenia und in Südafrika zum anderen.

Als sich sein Zustand so verschlechterte, dass sein Bein unförmig wurde, sagte er ihr: „Memsahib, ich gehe zu meinem Stamm. Unser Medizinmann muss mir helfen, sonst sterbe ich an dem Bein." Miona wollte ihn zunächst nicht gehen lassen. „Du bist bei den besten europäischen Ärzten gewesen", erwiderte sie. Er beharrte jedoch darauf, dass nur der Medizinmann seines Stammes ihm helfen könne. „Aber ich komme wieder", versprach er beim Abschied. Schweren Herzens ließ Miona ihn weghumpeln. Zu ihrem großen Erstaunen kam er nach vier Monaten tatsächlich zurück. Das Bein war fast normal, nur noch etwas dick. „Was hat er denn gemacht?" wollte Miona wissen.

Der Boy erzählte, der Medizinmann habe sich das Bein angesehen und sei dann in den Wald gegangen, um verschiedene Kräuter zu sammeln. Dreimal am Tag habe er eine große Tasse mit bitterem Kräuteraufguss trinken müssen, auch das Bein sei mit in Kräutersud getränkten Tüchern umwickelt worden. Dazu habe der Medizinmann ihm eine dünne trockene Wurzel ans Fußgelenk gelegt. Diese Therapie hatte mehr bewirkt als die Medizin des weißen Mannes. In der Zwischenzeit versucht auch die moderne Medizin der Industriestaaten, hinter das damals oft so belachte Geheimnis der Eingeborenenmedizin zu kommen.

Unsere Reiseroute führte uns dann weiter nach Entebbe in dem damals noch reichen Uganda. Nach insgesamt fünfwöchiger Informationsreise kehrten wir von dort wieder nach Frankfurt zurück.

Im Aufsichtsrat der Deutschen Bank

Mein Stiefvater war bis 1958 im Aufsichtsrat der Metallgesellschaft aktiv. Dann wurde er auf wenig schöne Weise von Alfred Petersen abgelöst, während Bruno Böttger den Vorstandsvorsitz übernahm. Auch das Haus Siemens mit Herrn von Witzleben spielte in dieser Angelegenheit keine rühmliche Rolle. Ich befand mich gerade auf Skiurlaub in der Schweiz, als mich mein Freund Carl Gustav Ratjen anrief. Ratjen erzählte mir von dem skandalösen Vorgehen Alfred Petersens. Er sorgte sich um meinen Stiefvater, von dem er wusste, wie sehr dieser sich mit der Metallgesellschaft verbunden fühlte. „Du, der Parch ist sehr einsam. Du solltest ein bisschen früher nach Hause kommen", riet er mir.

Gleich am nächsten Morgen reiste ich ab und kam nachmittags in Frankfurt an. Ich ging hinunter in die Bibliothek des Frankfurter Hauses, in der mein Stiefvater seine nachmittägliche Patience zu legen pflegte. Er saß da, etwas in sich zusammengesunken, und legte eine Napoléon. Erstaunt sah er mich in der Tür stehen. „Was machst du denn hier, Casimir? Ich dachte, du bist Ski laufen." „Parch", begann ich

zögernd. „Ich habe von deiner Misere mit der Metallgesellschaft gehört. Ich dachte, es wäre gut, wenn ein Familienmit-
glied bei dir wäre." „Aufpassen brauchst du nicht auf mich",
entgegnete er etwas knurrend. „Du bist ein dummer Bub."
Mehr haben wir nicht geredet. Aber er war wohl froh, dass ich
bei ihm war.

Auch ich sollte mit Alfred Petersen keine angenehmen
Erfahrungen machen. Ich habe mich im Vorstand der
Metallgesellschaft immer wohl und unabhängig gefühlt, aber
es hat mir nie gelegen, irgend jemand nach dem Munde zu
reden.

Als mein von mir geschätzter Kollege Klaus Seiffert zum
ordentlichen Vorstandsmitglied befördert wurde, blieb ich
weiterhin stellvertretendes Mitglied. Das widersprach der
Zusage, die mir Alfred Petersen seinerzeit bei meinem
Eintritt in die Metallgesellschaft gegeben hatte. Als ich zu
Herrn Petersen ging und ihn an seine frühere Zusage erinner-
te, fragte er mit gespieltem Erstaunen: „Ja und?" „Gar nichts
und", gab ich zur Antwort. „Ich möchte gern wissen, woran
ich bin. Sind Sie mit meiner Arbeit nicht zufrieden?" „Nein,
Sie haben sie sehr gut gemacht." „Und Ihre damalige
Zusage?" Er wich meinem Blick aus und sagte: „Sie müssen
lernen, dass die Kriegskunst manchmal veränderlich ist."
„Jawohl", erwiderte ich, „dann weiß ich jetzt, was für Sie ein
Gentleman-Agreement ist", und verließ das Zimmer.

Ich ärgerte mich wahnsinnig und erzählte die Geschichte
ein paar Tage später Hermann Josef Abs. Abs war damals wohl
die ungekrönte Nummer eins der Deutschen Bank. Er gehörte dem Aufsichtsrat der Metallgesellschaft an, auch mein
Stiefvater saß seit vielen Jahren im Aufsichtsrat der Deutschen
Bank. Abs hörte sich meine Schilderung an. „Seltsam", meinte er. „Ich werde darüber nachdenken." Nach zwei Tagen bat
er mich zu einem Gespräch in die Junghofstraße. „Du,
Casimir", begann er, „Parch will doch aus dem Aufsichtsrat
der Deutschen Bank ausscheiden. Und ich habe mir überlegt:
Willst du nicht in den Aufsichtsrat?" „Hermann, was für eine
Frage. Du kannst mich doch nicht als stellvertretendes
Vorstandsmitglied in den Aufsichtsrat nehmen."

„Lass mich nur machen. Aber sag mir, ob du die Berufung
akzeptieren würdest." „Ich würde sie nicht nur mit großem

102

Während eines Empfangs: Ich begrüße im Beisein von Hermann Josef Abs (Mitte) einen französischen Freund.

Dank akzeptieren. Ich wäre außerordentlich geehrt, in dieses noble Haus zu kommen." Abs rief daraufhin Alfred Petersen an und bestellte ihn in die Bank. Von dieser Unterredung erzählte er mir später. Nach den üblichen Präliminarien hatte Abs erklärt: „Ich höre von meinem alten Freund Richard Merton, er möchte aus dem Aufsichtsrat der Deutschen Bank ausscheiden, und wir müssen seine Stelle neu besetzen." „Aber, das ist kein Problem", hob Petersen an. „Ich kann Ihnen da verschiedene Herren der Metallgesellschaft vorschlagen." „Das brauchen Sie gar nicht", wehrte Abs freundlich ab. „Das sind keine Pfründe der Metallgesellschaft. Dieser Posten wird ad personam vergeben. Merton ist nicht wegen der Metallgesellschaft in den Aufsichtsrat der Deutschen Bank gekommen, sondern aufgrund seiner Persönlichkeit. Ich habe schon eine Person im Auge, aber ich wollte vorher mit Ihnen darüber sprechen." „So, wen denn?" wollte Petersen neugierig wissen. „Ich selbst kann ja leider nicht, da ich bereits mit der Dresdner Bank verbunden bin." „An Sie haben wir auch nicht gedacht", fuhr Abs weiter fort. „Ich

103

möchte den Prinzen Wittgenstein haben." „Wittgenstein!"
Petersen konnte sein Erstaunen nur schwer verbergen. „Den
können Sie doch eigentlich gar nicht nehmen. Der ist ja noch
stellvertretendes Vorstandsmitglied." „Dann machen Sie ihn
eben zum ordentlichen. Wir wollen sonst keinen anderen aus
der Metallgesellschaft."

Dieser Abs war wirklich ein unglaublicher Mann. Und so
wurde ich über ihn und den Aufsichtsrat der Deutschen Bank
ganz schnell ordentliches Vorstandsmitglied der Metallgesellschaft. Ich erinnere mich noch an den Tag, als ich zum ersten
Mal an einer Sitzung teilnahm. Ich war mit einundvierzig
Jahren das jüngste Aufsichtsratsmitglied, das je von außen in
die Deutsche Bank gekommen war und fand mich nun in
einem Kreis lauter hochkarätiger Leute. Da waren unter
anderen Hans Merkle von Bosch, Werner Söhngen von den
Rheinischen Stahlwerken, Willy Zangen von Mannesmann,
Joachim Zahn von Daimler-Benz, Alfred Krupp von Bohlen
Halbach und Ochel von Hösch.

Nach der Sitzung, als die Cocktails serviert wurden und es
zum Mittagessen ging, standen drei ältere Herren in einer
Ecke und redeten miteinander. Ihrer Gestik konnte ich ent-
nehmen, dass sie wohl über mich sprachen. Nach einer Weile
kam einer der Herren auf mich zu, stellte sich als Willy
Zangen, Vorsitzender des Vorstandes von Mannesmann, vor
und sagte: „Wir drei", er zeigte auf sich und die beiden anderen, Söhngen und von Hösch, „sind miteinander eng befreundet. Wir haben uns überlegt, wie es eigentlich für einen
jungen Mann sein muss, wenn er frisch gebacken in so einen
Aufsichtsrat kommt. Wie ist es denn?" „Wissen Sie, Herr
Zangen", erwiderte ich, gerührt über die warmherzige
Anteilnahme, „am Anfang ist das schon überwältigend. Da
muss man erstmal den Boden unter seinen Füßen wiederfin-
den." „Ja, das haben wir uns gedacht, und darum haben wir
beschlossen, sie unter unsere Fittiche zu nehmen." „Ich
könnte Sie umarmen", sagte ich gerührt über diese so persönliche und menschliche Haltung.

Die drei kümmerten sich in der Tat fortan wie
Kinderfrauen um mich. Meine langjährige Freundschaft zu
Willy Zangen begann an diesem Tag. 1961 suchte Willy
Zangen einen Nachfolger für den Vorsitz von Mannesmann.

Er rief mich eines Tages in Frankfurt an, um mich in einer für ihn wichtigen Angelegenheit zu besuchen. Weil ich der Jüngere war, habe ich den Spieß umgedreht und bin zu ihm nach Düsseldorf gefahren. Bei unserem Gespräch erkundigte er sich nach Egon Overbeck, den er gerne bei sich in den Vorstand von Mannesmann haben wollte. Er hatte Overbeck bei Unternehmensgesprächen in Baden-Baden kennengelernt. Ich entsinne mich noch genau meiner Antwort.

„Ich kann das nicht entscheiden", sagte ich. „Ich habe im Vorstand nur eine einzige Stimme. Aber wenn Sie ihn wollen, glaube ich nicht, dass die Metallgesellschaft nein sagen würde. Was Sie ihm bieten, kann die Metallgesellschaft ihm nie bieten." Wir hatten damals jeden Tag Vorstandssitzung. Ich trug Zangens Wunsch vor. Der Vorschlag wurde ohne große Debatte angenommen. Heutzutage werden solche Dinge leider meistens von Headhuntern abgewickelt. Da werden die Leute unter der Hand abgeworben, ohne offene Gespräche, so wie wir sie damals geführt haben. Was bedeutet, dass leider auch in diesem Bereich der menschliche Umgang von früher mehr und mehr abhanden kommt.

Meine Jahre im Aufsichtsrat der Deutschen Bank waren eine hochinteressante Zeit, in der ich das breite Spektrum der deutschen Wirtschaft kennenlernte. In diesem Aufsichtsrat befanden sich viele erstklassige Leute, gestandene Persönlichkeiten, mit großer Sachkenntnis, mit Einfühlungsvermögen und mit Bescheidenheit, einer notwendigen Tugend in einer solchen Position. Diese Bescheidenheit vermisse ich heute häufig. Ich erinnere mich noch an eine amüsante Unterhaltung mit Baurat Walter Hitzinger, dem Vorstandsvorsitzenden von Daimler-Benz, während eines Mittagessens im Aufsichtsrat. Hitzinger hielt am Tisch große Reden über den neuen Wagen seines Konzerns. „Wer hat denn von Ihnen schon den neuen Acht-Zylinder-Mercedes gekauft?" fragte er. „Das ist ein Mordswagen!" „Ich habe den Wagen, lieber Herr Hitzinger", wagte ich seine Schwärmerei zu unterbrechen. „Ich muss Ihnen sagen: Er ist leider miserabel." „Was?" rief Hitzinger aus. „Das ist doch ein hervorragender Wagen!" Gleich nach dem Essen kam er auf mich zu: „Das war sehr unliebenswürdig, was Sie da gesagt haben." Ich beharrte auf meiner Meinung: „Der Wagen war ungezählte Male bei

Ihnen in der Werkstatt, und Ihre Mechaniker waren nicht in der Lage, seine Mängel zu beheben." Hitzinger wollte das nicht auf sich sitzen lassen. Er ließ den Wagen abholen und stellte mir einen Ersatzwagen zur Verfügung. Als es den Technikern auch dieses Mal nicht gelang, den Wagen zu reparieren, tauschte Daimler-Benz ihn um. Doch an der guten Beziehung zwischen Hitzinger und mir hat das nichts geändert.

Nachfolger von Hitzinger im Vorstand von Daimler-Benz wurde dann Joachim Zahn. Es gab vier Brüder Zahn, man hatte jeden von ihnen mit einem Spitznamen bedacht: Michael Zahn, Vorstandsvorsitzender eines Kunststoffunternehmens, nannte man den „Kunstzahn". Johannes Zahn, Mitinhaber des Privatbankhauses C. G. Trinkaus in Düsseldorf, war der „Goldzahn". Eberhardt Zahn, Vorsitzender der Geschäftsführung der Ruhr-Schwefelsäure GmbH in Bochum, hieß der „Giftzahn". Und Joachim Zahn, der Jüngste, wurde der „Milchzahn" genannt.

Mit Joachim Zahn verband mich ebenfalls eine Freundschaft. Auch mit seinem Nachfolger, Gerhard Prinz, war ich befreundet. Sein früher Tod war ein unglaublicher Verlust für Daimler-Benz und für mich. Gerhard Prinz hätte nie die AEG gekauft und all diese unsinnigen Investitionen gemacht, um, wie es Edzard Reuter vorschwebte, den größten Technologiekonzern in Europa zu schmieden. Die Entscheidung war falsch und hat sich negativ auf Daimler-Benz ausgewirkt. Auch hier sind die Bäume nicht in den Himmel gewachsen.

Mit dem Erlass des Mitbestimmungsgesetzes 1976, nach dem Aufsichtsräte von Kapitalgesellschaften mit mehr als zweitausend Arbeitnehmern je zur Hälfte aus Vertretern der Anteilseigner und der Arbeitnehmer bestehen sollten, wurde der Aufsichtsrat der Deutschen Bank geteilt in einen Gesamtbeirat der Bank und einen Aufsichtsrat. Ich kam mit vielen meiner Aufsichtsratskollegen in den Gesamtbeirat, weil hier ohne Arbeitnehmervertreter manche Probleme offener diskutiert werden konnten.

Jäger aus Leidenschaft

Meine Rückkehr von England nach Deutschland hatte für mich auch den Vorteil, dass ich mich wieder ganz meiner Jagdleidenschaft hingeben konnte. Das war in England nicht möglich gewesen. Für mich ist die Jagd nicht das, wozu sie heute leider für viele geworden ist: nichts anderes als ein Statussymbol. Für mich besteht Jagd aus einem Ganzen. Da ist der Wald, der Hund, der einen begleitet, der Förster und seine Familie, und bei der Gesellschaftsjagd sind es Freunde. Jagdausflüge sollen nicht in Saufgelage ausarten. Die Jagd ist eine Lebenshaltung, fast schon eine Philosophie, die viel mit Natur- und Artenschutz zu tun hat. Denn es sind die Jäger, die sich mit großem persönlichem Einsatz um die Erhaltung von Wild und Wald kümmern. Dass gewisse Tierarten heute bei uns ausgestorben sind, liegt nicht an der Jagd, sondern an den Umweltveränderungen und dem enormen Zuwachs der Bevölkerung.

Schon früh nahm ich meine Kinder mit auf die Jagd. So lernten sie auf natürliche Weise die jagdlichen Gepflogenheiten kennen. Ich hatte diese in meiner Kindheit in ähnlicher Weise von meinem Großvater sowie von meinem

Früh übt sich… Meine Söhne Richard-Casimir und Johannes-Karl.

Onkel mütterlicherseits gelernt. Mein Sohn Peter begleitete mich bereits im Alter von vier oder fünf Jahren auf meinen jagdlichen Streifzügen. Ohne zu klagen, wanderte das kleine Bübchen weite Strecken mit mir durch den Wald. Eines Tages ließ ich ihn auf einem Hochsitz zurück. Das war für den kleinen Mann nicht einfach. Aber er kletterte tapfer hinauf. Ich bestieg einige hundert Meter entfernt einen anderen Hochsitz. Als ich in der Dunkelheit zurückkam, hörte ich schon von weitem seine ängstliche Stimme rufen: „Und der Papi kommt nie wieder." Aber da war ich schon da, und die Freude war groß.

Nach meiner Scheidung von Ingrid besuchte Peter das Internat Stein an der Traun. Später kam auch meine Tochter Leonille auf diese Schule, nachdem sie sich im Mädchenpensionat in Holzkirchen sehr unglücklich gefühlt hatte. Peter war zunächst sehr gut in der Schule, ließ dann aber in seinen Leistungen nach. Ich führte daraufhin eine Unterredung mit Frau Ilse Wiskott, der Internatsbesitzerin. Ich bat sie, Peter

Auf der Jagd in Aussee/Steiermark, zusammen mit dem Jäger Luis Langanger (l.) und meinem Schweißhund Wastl, um 1958.

mit mir sechs Tage auf die Hirschbrunft nach Österreich gehen zu lassen. Es war zwar ein ungehöriger Wunsch, Peter mitten in der Schulzeit freizugeben, aber ich hoffte, ihn durch die Teilnahme an der Jagd zu motivieren, sich in der Schule mehr anzustrengen. Frau Wiskott, die eine unkonventionelle Pädagogin war, willigte in den Plan ein. Peters Noten verbesserten sich schlagartig. Auch später gab es in der Schule nicht mehr das geringste Problem. Er bestand auch das Abitur sehr gut. Zur Belohnung nahm ich ihn mit auf meine Jagd nach Österreich, wo er seinen ersten Hirsch schoss. Es war ein früher Nachmittag. Den Jäger hatten wir ins Dorf hinuntergeschickt, um Proviant zu holen. Da hörten wir plötzlich, wie oberhalb der Hütte ein Hirsch meldete. Die Stimme klang vielversprechend. Wir pirschten ein wenig in den Bestand. Da sahen wir im Fernglas auch schon den Hirsch in einem kleinen Rudel Kahlwild. Es war ein guter, zum Abschuss richtiger Hirsch.

Ich drückte Peter meine Büchse in die Hand. „Geh hin und schieß ihn!" Peter wurde bleich. „Wie mach ich das denn?" fragte er ängstlich. „Stell dich nicht an! Du weißt genau, wie man das macht. Versuch es halt. Geh hin!" Peter, immer noch bleich und etwas zittrig, verschwand mit dem Gewehr. Es dauerte nicht lange, da krachte es. Im Fernglas sah ich, wie der Hirsch zusammenbrach. Große Freude bei uns beiden. Wahrscheinlich freute ich mich noch mehr als mein Sohn.

Später begleitete mich Peter auf einer Jagdsafari nach Alaska. Mit uns kamen noch zwei Freunde aus der Familie Du Pont aus Wilmington, Hugh Sharp und Sam Carpenter III, beides erfahrene und exzellente Piloten. Wir flogen mit einem kleinen Privatflugzeug von Wilmington nach Ancorage. Der Flug zog sich mit zwei Übernachtungen unterwegs über zwei Tage hin. Von Ancorage aus flogen wir mit einem Wasserflugzeug in das Hauptquartier Rainy Parce Lodge. Dort übernachteten wir und flogen am nächsten Tag weiter. Dieser Distrikt um den Mount McKinley ist übersät mit kleinen Seen, in denen man mit dem Wasserflugzeug landen kann. An den Seen waren Zelte aufgestellt, bequem mit kleinen Öfchen zum Heizen und zum Kochen ausgestattet.

Trotzdem froren wir nachts in den Zelten, denn die Wände waren dünn und nicht isoliert. Nur die Schlafsäcke wärmten.

Gejagt wurde in zwei Gruppen. Sam Carpenter und Hugh Sharp waren die eine, Peter und ich die andere. Jeder von uns hatte seinen eigenen Guide, Peter einen jungen, ich einen älteren. Wir bekamen im Laufe unseres vierwöchigen Aufenthalts alles vor die Büchse, was wir schießen wollten. Leider hatte ich vergessen, eine leichte Flinte mitzunehmen. Es gab unendlich viele Schneehühner, mit denen wir unser Menü hätten aufbessern können. Jeder von uns schoss einen starken Elch, Peter erlegte auch ein Rentier und einen Bären.

Mit dem Wasserflugzeug ließ ich mich von meinem Guide zu einer kleinen Hütte fliegen. Das Flugzeug landete etwa eine Wegstunde vom Fluss entfernt in einem kleinen See. Als wir jedoch mit all meinem Gepäck die Hütte erreicht hatten, mussten wir feststellen, dass die Einrichtung vollständig zertrümmert worden war. Offenbar waren Bären eingedrungen, die das gesamte Mobiliar demoliert hatten. Nun konnte das Wasserflugzeug uns aber nicht wieder abholen. Man konnte in dem kleinen See zwar landen, vollbesetzt aber nicht wieder starten. Daraufhin funkte der Guide mit seinem Walkie-Talkie ins Main Camp und meldete den Schaden. „The cabin is in ruins", sagte er. „Wir brauchen einen Herd, ein Rohr für den Kamin und ein paar Konservendosen."

Innerhalb von zwei Stunden war alles da. Den Herd setzte der Pilot am Seeufer ab. Alles andere wurde abgeworfen. In kurzer Zeit war die Hütte instandgesetzt, ein behagliches Feuer brannte. Ich hängte die Tür wieder ein, räumte auf, so gut es ging und verstaute meinen Schlafsack. Drei Tage verbrachten wir dort in vollkommener Ruhe und Einsamkeit. Am vierten Tag marschieren wir ins Main Camp zurück. Unterwegs kamen wir an einen Fluss, den wir überqueren mussten. Es gab jedoch keine Brücke, sondern nur zwei Seile. An dem einen Seil hing ein dicker Draht mit einem Querbalken. Darauf musste man sich setzen und sich dann selbst über den Fluss ziehen. Die Seile waren etwa 300 Meter lang, und das Ganze spielte sich in etwa 25 Metern Höhe über einem reißenden Wasser ab. Nach zehn Minuten kräftigen Ziehens hatte man wieder festen Boden unter den Füßen. Nach acht Stunden Marsch trafen wir wieder in Rainy Parce Lodge ein.

Am vorletzten Tag unseres Aufenthalts kam auch ich doch noch zu meinem Bären, wenn auch unter etwas schwierigen

Umständen. Es war September, die Zeit der Lachswanderung. Während die Lachse die Flüsse hinaufschwimmen, um in den kleinen Bächen zu laichen, kommen die Bären von den Bergen herunter, um die Lachse zu fischen. Es war wunderbar, zu beobachten, mit welcher Geschicklichkeit die großen Bären die Fische fingen. Bis dahin hatte ich noch keinen Bären gesehen, den ich schießen wollte. Da erzählten die Piloten, die gerade mit dem Flugzeug ins Hauptlager kamen, sie hätten unterwegs einen starken Braunbären gesehen, der sich an den Überresten des Elchs gütlich täte, den Peter erlegt hatte. Man könne auf einem See in der Nähe landen.

Also rüsteten wir zum Aufbruch. Mein Guide war durch die langen Märsche so geschwächt, dass er nicht mehr mitkommen konnte. So flogen Peter, sein junger Guide und ich allein mit dem Piloten. Nach etwa einer halben Stunde sahen wir die Reste des erlegten Elchs. Der Bär hatte sie mit Ästen und Zweigen zugedeckt. Wir landeten im nächsten See und wanderten über eine Höhe. Von dort konnten wir den Elch mit dem Fernglas beobachten. Näher wagten wir uns nicht heran. Es war keine Deckung da, in der wir uns hätten verstecken können. Elstern und Raben hatten sich auf dem Elch niedergelassen. Die Vögel versuchten durch die Zweige hindurch etwas von dem Fleisch zu erwischen. Der Bär war nicht da.

Sein Erscheinen kündigte sich an, als der Schwarm von Elstern und Raben kreischend vom Elch aufflog. Es war ein großer starker Bär. Als er mit seinen Pranken die Äste beiseite schob, schoss ich. Wegen der großen Entfernung hatte ich ihn etwas zu weit hinten getroffen. Es entspann sich ein großes Palaver zwischen dem Guide, meinem Sohn und mir, was jetzt geschehen solle. „Ganz einfach", sagte ich. „Wir warten eine Weile, und dann gehen wir hin und schauen, wo ich den Bären getroffen habe." Nach etwa einer halben Stunde wanderten wir an den Anschuss. Wir fanden Schweiß mit dem Inhalt vom Magen, also hatte ich ihn weichgeschossen.

Die Schweißspur führte direkt auf ein Erldickicht zu, in dem sich wie eine Röhre ein getrampelter Pfad erstreckte. „Da müssen wir rein", sagte ich. „Das ist völlig ausgeschlossen", entgegnete der Guide. „Es ist verboten, einen angeschweißten Bären zu verfolgen." „Wer hat das gesagt?" wollte ich wissen. Ja, das wäre so, meinte er. „Dann gehe ich allein rein", entschied ich. „Wir können den Bären nicht drin lassen, oder glauben Sie, dass er rauskommt?" Das musste er verneinen. „Also gehe ich rein." Ich wies Peter an, sich auf eine der Fichten zu setzen, die dreißig bis vierzig Meter rechts von dem Einschlupf entfernt standen. Das war gar nicht einfach, denn die Zweige dieser Fichten wuchsen nach unten. Aber Peter war ein behender Kletterer. „Wenn du von oben den Bären siehst, schieß auf ihn", sagte ich. Peter hievte sich mühsam den Baum hinauf. Ich ließ mich auf allen Vieren nieder und kroch langsam in die Röhre. Der Guide folgte mir nun doch, wobei er ständig mit seinem Gewehr hantierte. Das machte mich ganz nervös, weil ich nicht wusste, ob das Ding nicht plötzlich losging. Auch drängte er mich andauernd zur Umkehr. „You must turn back. Think of it, if the bear attacks us." Wir krochen etwa vierzig Meter in die Röhre hinein, als vor uns eine Lichtung auftauchte. „Kriech mal an mir vorbei", forderte ich den Guide auf. „Dort auf der Lichtung steht ein trockener Baum. Da steig rauf und schau, ob du den Bären siehst." Er tat es nur ungern. Doch dann kletterte er wie ein Eichhörnchen auf den Baum. Plötzlich erblickte ich selbst den Bären, der über die Lichtung auf mich zukam.

Nun war es nicht schwierig, auf ihn zu schießen. Er war auf der Stelle tot. Großes Freudengebrüll von Peter. Er hatte den Bären die ganze Zeit über gesehen. „Warum hast du nicht geschossen?" fragte ich. „Ich hätte zu dicht an dir vorbeischießen müssen. Hätte ich dir zugerufen, hättest du dich wahrscheinlich nach mir umgedreht, und der Bär hätte dich schon gehabt." Wir schlugen den Bären aus der Decke und wanderten zufrieden zum Flugzeug zurück, das uns wieder ins Main Camp brachte. Am nächsten Tag ging es über Wilmington wieder nach New York zurück.

Später unternahm ich noch zwei weitere Jagdausflüge in den hohen Norden. Zusammen mit Bernhard Nieheus, einem Schweizer Architekten, flog ich nach Queen Charlotte Island, einer Insel vor Vancouver. Wir landeten in Sandspit, wo wir bei dem dortigen Guide Mr. Ernst, einem sehr netten und zuverlässigen Österreicher, wohnten. Die Insel ist ziemlich groß und wird noch von einem alten Indianerstamm bewohnt. Während wir herumwanderten, sahen wir immer wieder geschnitzte Totempfähle. Nieheus und ich wollten

Bären jagen und Lachse fangen. Merkwürdigerweise aber fing ich keinen einzigen Lachs. Die Flüsse waren zwar voll davon, aber sie bissen einfach nicht. Wir mieteten dann ein Boot. einen Kabinenkreuzer, in dem man auch schlafen konnte. Nieheus und ich teilten eine Kabine. Ernst, der Guide, wohnte mit dem Kapitän zusammen. In diesem Boot umfuhren wir die Insel. Man musste dabei sehr vorsichtig sein, da das Wetter mitunter schnell umschlagen konnte. Da ich Lust hatte, ein wenig zu pirschen, legte der Kapitän in einer Bucht an, von der aus Ernst und ich mit einem Gummiboot einen Fluss entlangfuhren. Nieheus wollte nicht mitkommen und blieb an Bord. Der Kapitän sollte uns weiter unten am Fluss wieder abholen, denn nach der bald einsetzenden Ebbe war eine Rückkehr mit dem Gummiboot unmöglich.

Ernst und ich stiefelten in den Wald hinein, einem Dom von einem Fichtenwald. Außer einigen Beerensträuchern und Moos gab es keinen Unterwuchs, nur gewaltige Stämme von vier Metern Umfang. Wir machten einen leichten Bogen, um wieder an den Fluss zu gelangen. Als wir uns dem Fluss näherten und von oben vorsichtig hinunterschauten, sahen wir unten einen riesigen Schwarzbär, der gerade einen Lachs fraß. Er hörte uns nicht. Ich hatte noch nichts geschossen, und Ernst forderte mich auf, den Bären zu schießen. „Nein, ich schieße nicht. Wir gehen zurück und sehen, dass wir an einer anderen Stelle zum Fluss hinunterkommen", meinte ich. Wir machten also kehrt und marschierten wieder in den Wald hinein. Als wir zehn Minuten gegangen waren, vernahm ich plötzlich hinter mir ein Geräusch. Ich drehte mich um und sah, dass der Bär ganz gemächlich hinter uns her kam. Vorsichtig zupfte ich Ernst, der vor mir ging, am Rucksack. Unbeirrt setzten wir unseren Weg fort. Der Bär trabte ständig hinter uns her. Nach etwa hundert Metern hielten wir an. Der Bär befand sich in etwa dreißig Metern Entfernung. Was sollten wir jetzt tun? Ich nahm meine Büchse herunter. Wenn er uns zu nahe kam, musste ich doch schießen. Der Bär war jetzt nur mehr zehn Meter von uns entfernt. Da fing Ernst an, auf österreichisch mit ihm zu sprechen: „Geh, Alter, schleich dich!" Der Bär blieb stehen, blickte wie ein kurzsichtiger alter Mann um sich. Er bekam aber keine Witterung von uns. Unterdessen redete Ernst weiter auf ihn ein: „Schau, dass d' weiterkummst!" Der Bär kam noch einmal einen Schritt näher. Es hatte den Anschein, als wolle er nur zu gerne umkehren, seine Ehre es aber nicht zuließ. Ein merkwürdiges Zeremoniell spielte sich nun ab. Wir begannen ganz langsam rückwärts zu gehen, bis auch der Bär sich auf diese Weise in Bewegung setzte. Nach einigen Schritten drehte er sich um und trottete in die Richtung, aus der er gekommen war. Wir warteten eine Weile, dann schlugen wir abermals einen Bogen zum Fluss. Kaum wollten wir aus dem Wald heraustreten, stand da schon wieder ein fischender Bär.

Wir mussten also wiederum zurück, um erneut einen Bogen zu schlagen. Als wir endlich den Fluss erreichten, war er zu einem reißenden Strom angeschwollen. Die Tide war ausgelaufen, und das Wasser schoss wie ein Wasserfall in die Bucht. Unter diesen Umständen konnte uns kein Boot holen. Also wanderten wir auf die andere Seite des Waldes. Über einen steilen, steinigen Abhang erreichten wir einen Flussarm, von dem aus uns das Gummiboot abholen konnte.

Jahre später flog ich mit Richard, meinem zweiten Sohn, erneut nach Sandspit. Diesmal fuhren wir gleich mit dem Gummiboot los und sahen ungezählte Bären und Lachse, von denen ich allerdings wieder keine fing. Unser Aufenthalt dauerte diesmal zwei Wochen. Wir durchquerten mit dem Boot die ganze Insel, bis wir schließlich auf der anderen Seite den Pazifik erreichten. War der Wellengang zu hoch, fuhren wir die Küste entlang. Mein armer Sohn Richard spie wie ein Reiher. Mir konnte das Schaukeln und Schlingern glücklicherweise nichts anhaben.

Nach etwa acht Stunden fuhren wir zu einer Bucht hinauf, in der wir nach weiteren vier Fahrtstunden den Anker warfen. Dabei passierte ein Missgeschick. Während der Kapitän den Motor rückwärts laufen ließ, geriet das Ankerseil in die Schraube. Der Kapitän zog einen Gummianzug an und stieg ins eisige Wasser. Ohne Tauchermaske war es ihm jedoch unmöglich, das Seil loszumachen. Wir beschlossen, mit dem Beiboot an Land zu fahren, um auf die Ebbe zu warten, damit das Boot trockenfiel. Es entspann sich eine aufgeregte Diskussion darüber, ob es besser sei, das Boot auf Stein oder auf Sand trockenfallen zu lassen. Nach langem Hin und her einigten wir uns auf Sand, da bei Stein die Gefahr eines Lecks bestand. Mit Seilen zogen wir das Boot an den Strand und warteten. Nach und nach begann es, sich zu neigen, und nach einigen Stunden gelang es uns, das Seil abzuwinden. Als die Flut zurückkehrte, war das Boot wieder flott. Unterdessen war der Urlaub meines Sohnes abgelaufen, und er musste nach New York zurück. Mit Hilfe seines Walkie-Talkies gelang es dem Kapitän, ein Wasserflugzeug anzufordern, das ihn abholte. Glücklich, sich nicht wieder dem Pazifik ausliefern zu müssen, bestieg Richard die Maschine und flog ab. Ich aber fuhr mit dem Boot nach Sandspit zurück.

Neben dem Norden war es der Süden, der mich reizte und meine Jagdleidenschaft immer wieder entfachte. Ziel meiner ersten Jagdsafari, auf der mich wiederum mein Sohn Peter begleitete, war Mozambique. Es wurde damals in Afrika viel gewildert. Entlang des Flusses Sawe, wo das Wild zur Tränke ging, entdeckten wir hunderte von Schlingen, von Schwarzen gelegt. Auch sahen wir eine ganze Reihe gewilderter Elefanten. Die Schwarzen hatten ihnen die Zähne herausgehackt, und was sie vom Fleisch nicht mitnehmen konnten, ließen sie in der Sonne verderben. Innerhalb einer Woche war es in der Hitze auseinandergeflossen.

Ich erinnere mich noch mit Schaudern, wie unsere Gewehrträger und Spurensucher sich von einem solchen auseinandergelaufenen Elefanten Fleisch holten und es aßen. Hätten wir das gegessen, wären wir wahrscheinlich auf der Stelle tot gewesen. Aber den Schwarzen machte es nichts aus. Sie waren zwar am nächsten Tag nicht besonders agil. Aber das lag wohl weniger an der Qualität des Fleisches, als an der Quantität, die sich zu sich genommen hatten. Seit der Handel mit Elfenbein verboten ist, hat die Wilderei etwas nachgelassen. Aber immer noch kommt es vor, dass Büffel, Antilopen oder Nashörner illegal geschossen werden. Vor allem der Bestand an Nashörnern, deren Horn im Fernen Osten ungeheure Preise erzielt, hat in den letzten Jahren sehr gelitten.

In dem Gebiet, in dem wir uns aufhielten, fanden sich keine Dörfer, es gab nur wenige einsame Hütten und sonst nur Busch, Wasser und Schilf. Nachts wurde es empfindlich kalt. Wenn wir morgens im offenen Jeep losfuhren, trugen wir lange Hosen, Pullover und Schals. Erreichte die Sonne den

Zenit, war es so heiß, dass man es selbst in kurzen Hosen kaum aushalten konnte. Mir ist diese Reise in besonderer Erinnerung geblieben, weil mich beinahe ein Büffel getötet hätte, wäre mir mein Sohn nicht im letzten Augenblick zu Hilfe gekommen. Die Büffelherde tauchte so unvermittelt auf, dass ich äußerst schnell schießen musste. Ich schoss auf einen Bullen, und die Herde verschwand in einer riesigen Staubwolke.

Wir hatten gerade noch gesehen, dass der Büffel die Kugel abbekommen und sich von der Herde etwas getrennt hatte. Plötzlich war die gesamte Herde im Staub verschwunden. Wir warteten eine Weile. Dann fuhren wir an den Anschuss, wo alles zertrampelt worden war. Wir berieten uns nun, was zu tun sei. „Wenn ich ein angeschossener Büffel wäre, würde ich die nächste Deckung suchen", meinte Peter, indem er auf ein trockenes Flussbett zeigte, das etwa hundert Meter weiter rechts lag. Der Whitehunter schüttelte den Kopf: „Wahrscheinlich ist der doch bei der Herde geblieben. Zwei Kilometer von hier ist ein Wald, da könnte er sein."

So ging es weiter. Mir wurde es zu dumm. Ich nahm mein Gewehr und marschierte hinunter zum Flussbett. Es war etwa dreißig bis vierzig Meter tief, an die zweihundert Meter breit und ganz mit dichten Dornbüschen überwuchert. Als ich an den Büschen entlangschlich, sah ich plötzlich den Büffel vor mir liegen. Er atmete noch. Wieder musste ich schnell schießen. Der Büffel schoss auf den Schuss hin hoch und versuchte, auf der anderen Seite aus dem Flussbett herauszukommen. Inzwischen hatte ich nachgeladen und lief parallel neben ihm her. Doch auch mein dritter Schuss brachte ihn nicht zu Fall. Er kam stattdessen wieder ins Flussbett herunter. Abermals lud ich nach. Da kam der Büffel etwa zwanzig Meter entfernt aus den Dornen heraus. Ich zielte auf seinen Hals, drückte ab. Doch das Gewehr ging nicht los. Als ich repetierte, merkte ich, dass die volle Patrone herausflog. Insgesamt hatte ich drei Schuss. Der Büffel war nicht mehr sehr schnell, doch kam er beständig näher, so dass ich gerade noch zehn Meter von ihm entfernt stand. Erneut drückte ich ab. Wieder ging der Schuss nicht los. In diesem Augenblick kam Peter angelaufen. Er hatte die Schießerei gehört. „Schieß!" rief ich, und Peter schoss.

Erleichtert untersuchte ich mein Gewehr, eine Remington 375 Holland & Holland Magnum. Das ist an sich ein gutes

Gewehr, doch hatte sich ein Sandkorn so unglücklich vor den Schlagbolzen geklemmt, dass er nicht durchschlagen konnte. Daraufhin verkaufte ich die Büchse und legte mir eine schwere Doppelbüchse 450er Express zu. Ein Unglück kommt selten allein. Zu meinem Entsetzen hatte ich mir bei diesem Aufenthalt auch noch eine Bilharziose zugezogen. Diese Krankheit wurde dann im Tropeninstitut in Hamburg mit vielen Mitteln bekämpft und glücklicherweise auskuriert.

In den kommenden Jahren jagte ich mehrmals allein in Kenia. Auf einer dieser Safaris wurde ich von einem verrückten südafrikanischen Whitehunter namens Piet begleitet. Dass er mich mit seinen Ratschlägen nicht umbrachte, grenzt an ein Wunder. Wir waren hinter Büffeln her und marschierten durch einen dichten Wald. Der Pfad war sehr eng. Plötzlich gab unser Gewehrträger, ein Massai, mir ein Zeichen. Etwa zehn Meter vor uns wanderten drei starke Büffelbullen. Ich fiel vor Schreck beinahe um. „Schießen Sie ihm durch das Hinterteil", flüsterte Piet mir zu, indem er auf einen Büffel zeigte. Doch ich schüttelte den Kopf. Die Büffel verschwanden im Dickicht, und nach etwa fünfzig Metern erreichten wir eine weite Ebene.

Da stand eine Herde von mehreren hundert Büffeln. Unsere drei Büffel, die wir vorher im Wald gesehen hatten, waren auch da und hielten sich etwas abseits. Ich schoss auf den Büffel, der am weitesten rechts stand. Ich sah den Staub des Kugelaufschlags. Die Herde kam im Galopp auf uns zu. Vor dieser Reaktion hätte mich der Whitehunter warnen müssen. Denn es war klar, dass die Herde nach dem Schuss die nächste Deckung aufsuchen würde, und das war der Wald, vor dem wir standen. Glücklicherweise rettete uns ein beherzter Massai das Leben. Ich sah die von den Büffeln aufgewirbelte Staubwolke auf uns zukommen und war mit meinem Gewehr beschäftigt, als ein Massai vorsprang und seinen Hut schwenkte, bis sich die herannahende Herde vor uns teilte.

Heute noch kann ich den Staub und Büffeldunst riechen, der mich umgab, als die Büffel ganz dicht rechts und links an mir vorbeibrausten. Der anscheinend angeschossene Büffel ist trotz tagelangen intensiven Suchens nie gefunden worden. Da ich bei diesem Aufenthalt einen Löwen schießen wollte, wechselten wir oft den Standort. Da hörte ich eines Nachts plötzlich nahe beim Zelt ein Knacken. Ich dachte, die Hyänen machten sich an das Gnu, das ich tags zuvor erlegt hatte und das in der Nähe unseres Zeltes an einem Baum hing. Eilig kroch ich aus dem Zelt und leuchtete mit einer Stablampe in die Richtung, aus der das Knacken zu vernehmen war. Was ich im Lichtschein erkannte, waren keine Hyänen. Die grünen Augenpaare dreier Löwen blickten mich an.

Hastig lief ich zum Zelt zurück, um mein Gewehr zu holen. Als ich wieder herauskam, waren die Löwen verschwunden. Eine Stunde später passierte das Gleiche nochmals. Wieder kam ich mit meinem Gewehr zu spät. Am Morgen weckte mich wildes Geschnatter von meinem Zeltboy. Er lief aufgeregt um mein Zelt herum. Dann kam er herein, um mir eine Tasse Tee zu bringen. „Heute Nacht waren die Löwen da", verkündete er. Sein Englisch war recht gut. „Das weiß ich", erwiderte ich. „Sie haben das ganze Fleisch gefressen." Das wusste ich auch. Was ich aber erst nach dem Aufstehen bemerkte, war, dass sie ganz dicht neben meinem Zelt vorbeigekommen waren. Man konnte die Spuren der Raubtiere deutlich im Sand erkennen. Immerhin wussten wir nun, dass Löwen in der Nähe waren.

Unsere Spurensucher machten sich nun ans Werk. Sie verfolgten die Löwen gut drei Kilometer weit bis zu einem dichten Dornbusch. Wir konnten hören, dass sie drin waren. „Jetzt gehen wir da rein", erklärte der verrückte Whitehunter nun. „Was sollen wir da drin?" fragte ich. „Da kann man doch nichts sehen." „Ach was", tat er meinen Einwand ab. „Wir versuchen es." Wir kämpften uns also zwanzig bis dreißig Meter weit in die Dornen hinein. Dann hatte ich genug, zumal wir die Löwen um uns herum hörten: „Das hat keinen Zweck. Ich gehe wieder raus." „Bauen wir uns doch einen Hochsitz", schlug ich vor, als wir wieder im Freien standen. Das war natürlich echt deutsch. Der Whitehunter hatte keine Ahnung, was ich damit meinte. Ich erklärte ihm, wie es gemacht werden könne, und sogleich wurde mein Plan ausgeführt.

Von einem alten Kühlschrank, der neben der Piste im trockenen Gras lag, montierten wir die Tür ab und hievten sie auf einen alten Akazienbaum. Aus den Ästen zimmerten wir eine provisorische Leiter, um die Tür herum errichteten wir einen Verschlag, damit wir von unten nicht gesehen werden konnten. Dann setzte ich mich mit Piet auf den improvisierten Hochsitz und wir warteten. Es dauerte gar nicht lange, da erschien die ganze Löwenbagage: etwa vier Löwen, einige Halbwüchsige, ein paar Kleine und der Alte, ein Riesenlöwe, ohne Mähne. Die Löwinnen leckten dem alten Pascha die Schnauze und gingen ganz besonders zutunlich mit ihm um. „Schießen Sie!" drängte mich der Whitehunter.

Aber ich schoss nicht. „Nein, ich schieße keinen Löwen ohne Mähne", erwiderte ich. „Ich schieße jetzt überhaupt keinen Löwen. Ich kann doch dieses Familienidyll nicht zerstören." Nach dieser Antwort brauste der Whitehunter auf und wurde richtig böse: „Sie sollten sich mal Ihr Gehirn untersuchen lassen. Jetzt jagen Sie vierzehn Tage auf einen Löwen, und dann schießen Sie nicht." Ich ließ mich aber von diesen Worten nicht beeindrucken und blieb beim Beschluss, nicht zu schießen.

Sehr viel später wurde ich zu einer Jagdsafari nach Bangué in Zentralafrika eingeladen. Diese Safari war besonders anstrengend, da wir bei unerträglicher Hitze täglich acht bis zwölf Stunden marschierten. Auf dem Rückweg von einem solchen Mammutmarsch war ich von der Hitze und Anstrengung dermaßen erschöpft, dass ich mich samt Kleidern und Schuhen in eine schnell fließende Quelle fallen ließ. Das war eine Wohltat! Das Wasser war zwar nicht kalt, aber kühl und glasklar.

Im Main Camp hatten wir relativ luxuriöse Unterkünfte. Wir wohnten in Zementbungalows mit eigener Dusche und wurden von einem hervorragenden Koch mit raffiniertesten Speisen verwöhnt. Er machte sogar köstliche Soufflés. Erstaunt wollte ich wissen, wie er das anstellte, denn als Kochstelle gab es nur das offene Feuer. Er führte mich zu einem Termitenbau. Da hatte er unten eine Röhre hineingehauen, die er als Backofen benutzte.

Das Camp, von dem aus wir später jagten, war weit weniger bequem. Es bestand aus Palmhütten mit Schilfdächern. Die Wände und Dächer waren voller Termiten. Kam man nur in die Nähe, stießen sie ein warnendes Zischen aus. Glücklicherweise war das Moskitonetz relativ dicht. Allerdings musste man beim Aufstehen darauf achten, dass sich keine Skorpione in die Schuhe verkrochen hatten. Als Dusche diente ein an einem Ast befestigter Wassersack hinter einer Palisanderwand. Aller Anstrengungen und Unbequemlichkeiten zum Trotz war es eine gelungene Safari. Ich beobachtete die größten Krokodile, die ich je in meinem Leben gesehen hatte. Sie waren acht bis zehn Meter lang und hatten einen Rücken von einem Meter Breite.

Sie dösten am Fluss in der Sonne, aber wenn man sich ihnen näherte, verschwanden sie blitzschnell im Wasser. Schießen durfte man die Reptilien allerdings nicht. Während der Regierungszeit des Jean-Bedel Bokassa standen Krokodile und Leoparden unter strengem Schutz. Über den Fluss Chinco hinweg schoss ich einen starken Elefantenbullen. Da der französische Whitehunter Angst hatte, ihm die Zähne zu zerschießen, war ich gezwungen, selbst hinüberzuwaten. Ich hatte einen Franzosen, der uns begleitete, gebeten, mir gegebenenfalls Deckung zu geben: „Wenn ein Krokodil kommt, schießen Sie!" Gottlob war aber an diesem Tag kein einziges Krokodil da und so konnte ich den Fluss durchqueren.

Es war allerdings nicht einfach, denn ich versank stellenweise bis zum Hals im Wasser. Unglücklicherweise erkrankte ich nach dieser Safari abermals an Bilharziose. Diese zweite Attacke erwischte mich so schwer, dass ich vier Wochen im Krankenhaus liegen musste und beinahe gestorben wäre.

Eine meiner letzten Safaris unternahm ich gemeinsam mit meinen Söhnen Peter und John und meiner Tochter Leonille in Tansania. Mit von der Partie waren außerdem mein Neffe, Bubi Freiherr von Hermann, und ein englischer Freund, Tim Scott-Bolton, von meinen Kindern „Maler Klecksel" genannt. Tim steckte gerade in einer Schaffenskrise, in der er mit seiner Malerei nicht zurechtkam. Damit er etwas Abstand gewinnen konnte, hatte ich ihn eingeladen, uns zu begleiten. Es war eine herrliche Safari. Die Zelte waren bequem und die Landschaft wunderbar. Meine Söhne und ich schossen jeder einen starken Leoparden, und ich sah den größten Löwen meines Lebens.

Ganz früh am Morgen fuhren wir mit den Jeeps los. Da es noch dunkel war, blendete der Fahrer die Scheinwerfer auf. Plötzlich tauchte vor uns im Lichtkegel eine hellbraune Masse auf. Ich dachte zuerst, es sei ein Heuhaufen, aber die Masse bewegte sich. „What is it?" fragte ich. „It's the biggest lion I have ever seen", antwortete der Whitehunter. Da Tim wieder

Lust bekam zu malen, setzten wir ihn mit einem Bewacher im Busch ab. Wirklich lästig waren die vielen Tsetsefliegen. Die Luft war schwarz von ihnen. Am ersten Tag marschierte ich elegant in kurzen Hosen und kurzem Hemd auf die Pirsch. Als ich zurückkam, sah ich aus wie ein Streuselkuchen. Von da ab achtete ich nicht mehr auf Eleganz, sondern nur mehr darauf, den Fliegen keine Angriffsfläche zu bieten. Sogar Handschuhe zog ich an. Als meine Kinder mich erblickten, lachten sie mich aus: „Papi sieht aus, als wäre er am Nordpol."

An diesem ersten Tag aber hatten wir ein schier unglaubliches Erlebnis. Wir fuhren morgens mit dem Jeep los, bis wir zu einem Wasserloch kamen. Der Ablauf dieser Jagden ist eigentlich immer derselbe: Man fährt zu einem Wasserloch, sucht nach Spuren, um zu erkunden, welche Tiere nachts getrunken haben. Wenn man eine starke Spur, etwa von einem Büffel, entdeckt hat, dann verfolgt man sie mit dem Spurenleser und dem Whitehunter. Die Verfolgung kann sich mitunter viele Stunden hinziehen, ist aber nicht immer von Erfolg gekrönt. Wir stiegen also an dem Wasserloch aus, und als wir so an die vierzig Meter vom Jeep entfernt waren, bemerkte ich, dass der Whitehunter sein Gewehr nicht dabei hatte.

„Sie haben Ihre Büchse vergessen", rief ich ihm zu. „Ach, ich nehme nie eine Büchse mit", antwortete er ein wenig hochnäsig. „Das erscheint mir aber sehr leichtsinnig", erwiderte ich. Wir anderen waren alle unbewaffnet, da beim ersten Erkundungsgang normalerweise nur der Whitehunter bewaffnet ist. Er ließ sich aber nicht beirren und marschierte energischen Schrittes auf den Busch zu, der an der einen Seite des Wasserlochs wuchs und durch den ein starker Wildwechsel führte. Da knackte es plötzlich, und aus dem Busch heraus stürzte ein junger Büffelbulle. Der Whitehunter versuchte wegzulaufen, aber da hatte der Büffel ihn schon übermannt. Ohnmächtig lag der Mann auf der Erde, während der Büffel versuchte, ihn auf seine Hörner aufzuspießen.

Alle waren wie versteinert. Nur mein Sohn Johnny war geistesgegenwärtig genug, zum Jeep zu laufen, um ein Gewehr zu holen. Unterdessen verlor der Büffel glücklicherweise das Interesse, den schlaffen Körper zu attackieren, und verschwand im Busch. Langsam kam der Verletzte wieder zu sich. Der Vorfall bedeutete nicht nur eine ungeheure Blamage

121

Auf Safari in Kenia, 1991.

Auf Jagd in Ottenheim.

für ihn, sondern er war durch die Attacke des Büffels so schwer verletzt worden, dass er bis auf den heutigen Tag hinkt, trotz zweier Operationen. Der Büffel war leicht verwundet, weil er anscheinend von einem Löwen angegriffen worden war, wie man später aus den Blutspuren, wo er am Wasserloch gelegen hatte, feststellen konnte.

Die bisher letzte Safari nach Kenia und Tansania unternahm ich zu meinem achtzigsten Geburtstag mit allen Kindern, meinen Schwieger- und Stiefkindern, meinem Neffen Bubi Hermann, seiner Frau und einer Freundin meiner Familie, Oene von der Lanken, einer begnadeten Porzellanmalerin. Mit so vielen Familienmitgliedern mit unterschiedlichen Interessen auf engem Raum drei Wochen zu verbringen, birgt ein großes Risiko in sich. Meine Befürchtungen erwiesen sich indes als falsch. Es hätte nicht harmonischer sein können, wobei die ausgezeichnete Organisation, die afrikanische Landschaft und die fast paradiesischen Serengeti-Ebene das ihre taten.

Auf dem fünften Kontinent

Während meiner Tätigkeit für die Metallgesellschaft entwickelte ich mich mehr und mehr zu einer Art Außenminister. Meine Reisen führten mich in alle möglichen Teile der Welt, von Afrika und Südamerika bis nach Australien. Australien, dieses rohstoffreiche Land, war vor dem Ersten Weltkrieg einer der großen Rohstofflieferanten Deutschlands gewesen. Die Metallgesellschaft besaß damals sehr gute Kontakte zu den großen Minengesellschaften, Broken Hill North und Broken Hill South. Ihr Chef, W. S. Robinson, ein großer, dürrer, etwas schwerhöriger Mann, war ein alter Freund meines Stiefvaters und ganz besonders reizend mit mir.

Während des Ersten Weltkrieges wurde in London die British Metal Corporation gegründet, die die Erzkontrakte der Metallgesellschaft übernahm. Noch vor dem Zweiten Weltkrieg übertrug man Oliver Lyttleton, dem späteren Lord Chandos, die Leitung dieser Firma. W. S. Robinson kam dennoch weiterhin alle zwei Jahre nach Deutschland und besuchte uns auch auf der Haubenmühle. Ich erinnere mich noch an einen heißen Sommernachmittag. Mein Stiefvater hatte sich zu seinem Mittagsschlaf zurückgezogen, W. S. Robinson ging mit mir durch die Felder spazieren. Ich bat ihn, mir von Australien zu erzählen, was er bereitwillig tat. Dabei ließ er mich wissen, es sei höchste Zeit, dass ein Vorstandsmitglied der Metallgesellschaft wieder nach Australien komme.

Das letzte Mal sei jemand 1908 da gewesen. Er bestürmte mich zu kommen. „I think it's about time to send your stepson to Australia", sagte er beim anschließenden Tee zu meinem Stiefvater. Diese Idee wurde daraufhin im Vorstand der Metallgesellschaft besprochen und man beschloss: Der Wittgenstein soll fahren. Ich kündigte also W. S. Robinson mein Kommen an und bat, meinen Reiseablauf zu planen. Er schrieb zurück, alle freuten sich auf meine Ankunft, ich solle vier Wochen bleiben, denn man wolle mir soviel wie möglich von Australien zeigen. Auch stünde ein Flugzeug für mich bereit. Da meine Tochter Leonille gerade ihr Abitur bestanden hatte, nahm ich sie mit auf die Reise.

Unsere erste Station war Hongkong. Ich hatte dort einige Tage geschäftlich zu tun, und wir stiegen in einem rotchinesischen Hotel in Kowloon ab. Dann flogen wir über Honolulu weiter nach Fidgi. Wir landeten in Suva, nahmen ein Auto und fuhren etwa zwei Stunden zu unserem Hotel. Unterwegs standen überall Knaben mit großen Blättertüten in der Hand am Straßenrand. Ich fragte den Fahrer, was diese Kinder verkauften. Er meinte, es seien Shrimps. Als wir anhielten, sahen wir, dass es Süsswasserkrebse waren. Ich kaufte gleich drei Tüten und ließ sie uns abends im Hotel zubereiten. Sie schmeckten köstlich, genau wie die Krebse aus Deutschland.

Auf dem Boot eines englischen Besitzers, das mindestens so alt war wie er, fuhren wir weit aufs Meer hinaus, um zu fischen. Beim plötzlich aufkommenden starken Wind wurde der Ausflug etwas ungemütlich, zumal das Meer von Haien wimmelte. Nach dem Wochenende flogen wir weiter nach Sydney, wo W. S. Robinson uns einen großen und herzlichen Empfang bereitete. Die gesamte Presse war anwesend. Meine Tochter wurde mir sofort entrissen. Sie sollte für die australischen Frauen ein Interview geben. Dieser Wunsch erschreckte sie zunächst: „Was soll ich denn sagen, Papi?" „Sag einfach, dass du zum ersten Mal in Australien bist und noch nicht soviel weißt", beruhigte ich sie. „Halte keine großen Reden, und sei bescheiden, dann schaffst du das schon."

Auch ich wurde von den Journalisten mit Fragen bestürmt. In Australien redete man damals dauernd vom „Common Market". So wurde ich von allen Journalisten ständig nach meiner Meinung gefragt. „Sehen Sie zu, dass Sie Ihre Verbindungen zu diesem gemeinsamen europäischen Markt möglichst eng halten", erklärte ich. „Denn ich glaube nicht, dass die Vertretung nur durch England, das ja gegen diesen Markt ist, auf Dauer das Richtige ist." Diese Worte wurden sofort in der Presse zitiert. Das Flugzeug, das die Broken Hill-Organization für uns bereithielt, war eine italienische Piagiomaschine. Die Besatzung bestand aus zwei Kapitänen und einer Stewardess. Auch erhielten wir einen Mitarbeiter der Organisation, John Bar, als Reisebegleiter.

W. S. Robinson war damals bereits Chairman. Präsident der Organisation war Maurice Mauby, genannt Maury Mauby. Er wurde ein sehr guter Freund von mir. Herrlich unkomplizierte Leute waren das, bescheiden und geschickt. Das Hauptquartier der Organisation befand sich in Melbourne. Dort erklärte mir Maury Mauby, welche Reiseroute er für uns zusammengestellt hatte. Ich wollte die Route auch auf der Karte ansehen. Man führte mich in den Boardroom, wo auf dem Fußboden eine riesige Landkarte von Australien ausgebreitet war. Maury Mauby dirigierte mich, und ich schritt unsere gesamte Reiseroute auf der Karte ab. Zuerst flogen wir nach Queensland. Dort gibt es die größte Bauxitlagerstätte der Welt.

Als wir hinkamen, wurden die Vorhaben gerade erschlossen. Ein kleiner Löffelbagger stand da, und etwa zwanzig Arbeiter kratzten mit ihren Schaufeln herum. Die Nacht verbrachten wir in einer der Wellblechbaracken. Alles war sehr säuberlich, doch auf dem Bett und über das ganze Zimmer verteilt saßen große grüne Frösche herum. Sie ließen sich widerstandslos packen und hinaustragen. Aber nach einer halben Stunde waren sie wieder da. Die Arbeiter waren begeistert von meiner Tochter. Ein hübsches, blauäugiges

Mädchen in dieser Einöde bedeutete für sie eine angenehme Abwechslung. Sie freuten sich sehr, dass wir gekommen waren, und wir tranken mit ihnen eine Menge Bier.

Weiter ging es über den Golf von Carpentario nach Port Darwin. Die Stadt wurde später von einem Hurrikan komplett zerstört und ein paar Jahre darauf etwas weiter neu aufgebaut. Von Darwin flogen wir zu den damals gerade neu erschlossenen Eisenerzgruben in Hamersley. Wo immer wir hinkamen, erwarteten uns bereits Leute von der Presse. Meine Tochter musste immer zu den Frauen sprechen, was sie nach überwundener Scheu sehr offen und locker tat, und ich wurde über den Common Market ausgefragt. Ich erinnere mich noch an einen Aufenthalt in Brisbane. Ein befreundeter Direktor hatte mich eingeladen, ihn zu besuchen. Als er mich am Flughafen abholte, bat er mich sofort, in die Handelskammer zu kommen und einen Vortrag zu halten. „Aber worüber soll ich denn reden?" fragte ich, von seiner Bitte völlig überrascht. „Über den Common Market", lautete seine spontane Antwort. „Seit ich im Lande bin, rede ich über nichts anderes als diesen Common Market", erwiderte ich. Aber er ließ sich nicht umstimmen. So hielt ich also meinen x-sten Vortrag über den Common Market. Es saßen etwa dreihundert Zuhörer im Saal. Ich sprach darüber, warum der Common Market für Australien als Rohstoffland so wichtig sei. In der anschließenden Diskussion kam ein Einwand aus dem Publikum: „Aber Sie glauben doch nicht, dass unsere Rohstoffe von Australien nach Europa geschickt werden können." „Warum denn nicht?" entgegnete ich. „Sie liefern ja auch Wolle, Schaffleisch, Rindfleisch und Butter. Ich bin überzeugt, dass es ein gutes Geschäft wird. Aber Sie müssen auch richtig vertreten sein. Sie können einen solchen Handel nicht nur über England laufen lassen. Die Engländer sind gegen den Common Market. Man wird auf dem Kontinent kaum über einen Konkurrenten, der den Common Market zerstören will, australische Rohstoffe beziehen. Ich sage das ungern, denn ich bin mit einer Engländerin verheiratet und habe die Engländer sehr gern."

Von Hamersley flogen wir dann weiter nach Broken Hill North und Broken Hill South und schließlich nach Mount Isa. Die gleichnamige Firma, die in Mount Isa ihren Sitz hatte, war eigentlich ein Konkurrenzunternehmen der Metallgesellschaft. Aber wir arbeiteten später viel und eng zusammen, und Mount Isa beteiligte sich auch an einer Kupferhütte der Metallgesellschaft. Wir blieben drei Tage, man brachte uns in einem schönen Gästehaus unter. Es gab da viele deutsche Minenarbeiter. Gleich am ersten Tag kam eine Abordnung von ihnen, die mich zu einem Umtrunk ihres Vereins Alt-Heidelberg einladen wollte.

Der Chef von Mount Isa, Georg Fisher, riet mir nachdrücklich, die Einladung anzunehmen. Georg Fisher war ein früherer Protegé von W. S. Robinson. Er und Maury Mauby hießen die „impossible twins", die unmöglichen Zwillinge. Sie waren von W. S. Robinson ausgebildet worden. Die „Zwillinge" waren eng miteinander befreundet und beide keine Kinder von Traurigkeit. Der Abend beim Verein Alt-Heidelberg verlief stimmungsvoll. Gesänge wurden angestimmt, und das Bier floss reichlich. Bei unserem Abflug schickten die deutschen Minenarbeiter uns sogar noch eine kleine Delegation zum Flughafen. Zur Erinnerung an den gemeinsamen Abend sandte ich dem Verein Alt-Heidelberg später von Frankfurt aus mit einem unserer Frachtschiffe eine Kollektion Bierkrüge mit ihrem Wappen, dem Wappen der Metallgesellschaft und meinem Familienwappen verziert.

Unsere Reise ging langsam zu Ende und wir trafen wieder in Melbourne ein. Ich bedankte mich bei meinen Gastgebern, und W. S. Robinson fragte mich, wie mir die Reise gefallen habe. „Toll", erwiderte ich. Robinson nickte. „Aber mit Geschäften sieht es wohl nicht so toll aus." Dem musste ich zustimmen. „Doch das lässt sich leicht ändern. Übertragen Sie mir die Vertretung ihrer Tonerde von Wheepa, ihres Eisenerzes von Hamersley und ihrer Zink- und Bleikonzentrate von Broken Hill North und Broken Hill South", schlug ich vor, „dann will ich Ihnen zeigen, was eine Harke ist." W. S. Robinson und Maury Mauby sahen mich skeptisch an. „Casimir, das ist doch völlig unmöglich. Das wird nie etwas." „Nein?" fragte ich. „Dann können Sie mir die Vertretung ja ruhig geben. Oder haben Sie jemand besseren?" „Natürlich nicht. Glauben Sie denn, man könne den Rohstoff um die ganze Welt herumschippern und dann noch konkurrenzfähig sein?"

Er blieb skeptisch. „Das hängt von unseren Frachten ab und davon, zu welchen Preisen Sie verkaufen wollen", erwiderte ich. „Aber Sie können auf die Dauer doch nicht alles nach Japan schicken. Die hängen Sie an Ihren eigenen Kontrakten auf." Dieser Argumentation konnte er sich nicht entziehen, und so kehrte ich nach einem tränenreichen Abschied mit drei Vertretungen nach Deutschland zurück: Wir vertrieben Eisenerz aus Hamersley, Tonerde und Bauxit aus Wheepa sowie Zink und Blei aus Broken Hill North. Das Geschäft entwickelte sich glänzend für die Australier, und auch uns machte es nicht ärmer. W. S. Robinson ist leider zwei Jahre später gestorben. Ich bin nach dieser Reise noch oft in Australien gewesen.

Eines Tages erhielt ich einen Anruf von Maury Mauby. Er wollte wissen, ob ich mich noch an John Bar, unseren Reisebegleiter, erinnerte. Er hätte die Firma verlassen und sei nach England gegangen. Das sei auch alles in Ordnung. Aber nun suche er nach einer neuen Beschäftigung. „Können Sie den Mann nicht einstellen?" fragte er. „Ja, wofür denn? Wollen Sie ihn denn nicht lieber zurücknehmen?" Nein, das wollten sie im Augenblick nicht. Aber John Bar würde gerne für die Metallgesellschaft arbeiten. „Nun ja", dachte ich, „der John Bar ist ein geländegängiger Bursche. Warum also nicht?" „Er soll sich bei mir melden", sagte ich zu Maury Mauby. „Aber er muss nach Deutschland kommen. Für Australien stellen wir ihn nicht ein."

Kurze Zeit darauf rief John Bar mich aus London an, und wir einigten uns darauf, dass er mit seiner Frau Rosemarie nach Frankfurt kommen sollte. Damals konnte man solche Einstellungsgespräche ganz unkompliziert führen, ohne Personalabteilung oder dergleichen. Es wurde nicht viel gefragt. John Bar kam also nach Frankfurt. Zunächst sprach er kein Wort Deutsch. Aber er lernte sehr schnell, während er im Rahmen unseres Ausbildungsprogramms durch alle Abteilungen geschleust wurde. Das dauerte ungefähr ein Dreivierteljahr, und alle paar Monate kam John Bar zu mir und wollte wissen, wann er wieder nach Australien zurück könne. Er wolle dort die Metallgesellschaft Australien ins Leben rufen.

„John, du bleibst jetzt hier", sagte ich jedesmal zu ihm. „Du bist mein Australienspezialist, und ob ich dich eines

Tages wieder nach Australien schicken werde, weiß ich noch nicht." Nach zwei Jahren ließ ich ihn doch gehen. Wir hatten in Australien eine eigene Gesellschaft gegründet, deren Leitung er übernahm. Zugleich wurde er Geschäftsführer der Australian-German Association, einer Gesellschaft, die auf meine Initiative von Lord Lindsey, Chairman der Australischen Western Mines Gruppe, ins Leben gerufen worden war. Ich hatte über Jahre hinweg die Beziehungen zwischen Deutschland und Australien gefördert. Dabei war die Idee aufgekommen, in Deutschland eine Deutsch-Australische Gesellschaft und als Gegenstück in Australien eine Australian-German Association zu gründen. Die Australier waren von dieser Idee begeistert. Lindsey war ein kluger Mann, dürr, riesenlang und ging immer etwas gebückt. Aufgrund von Problemen mit seinem Rücken, bei denen kein Arzt ihm helfen konnte, war sein Gesicht meist schmerzverzerrt.

Auch wir wurden gute Freunde. Seiner Initiative ist es zu verdanken, dass die Australian-German Association unter seiner Präsidentschaft sogar ein halbes Jahr früher gegründet wurde als die Deutsch-Australische Gesellschaft, deren Präsidentschaft ich übernahm. Später löste dann Bill Morgan, der Präsident von Western Mining, Lord Lindsey als Chairman ab.

Es gab damals einen jungen Bauingenieur, der von Lettland nach Australien gekommen war und dort schnell eine steile Karriere gemacht hatte, ohne etwas von seiner Bescheidenheit eingebüßt zu haben. Als ich ihn das erste Mal traf, war er noch ein junger Ingenieur einer der Gruben von Western Mining. Später wurde er Präsident der Western Mining und anschließend Chairman. Auch er machte sich um die Australian-German Association sehr verdient. Wir veranstalteten große Wirtschaftskonferenzen mit hochkarätigen Delegationen.

Beide Gesellschaften entwickelten sich sehr gut. Eines Tages gab es in Canberra ein Treffen, bei dem der damalige deutsche Wirtschaftsminister eine Rede halten sollte. Ich selbst konnte daran nicht teilnehmen, da ich andere wichtige Verpflichtungen hatte. Dann aber sagte unser Minister plötzlich ab. Die Australier riefen mich ganz verzweifelt an, was man nun machen sollte. Ich versuchte zunächst, den

Staatssekretär einzuladen. Doch auch er war unabkömmlich. Auf Bitten meiner australischen Freunde musste ich einspringen. Es war eine mörderische Reise. Vierundzwanzig Stunden Hinflug und vierundzwanzig Stunden Rückflug. Unterwegs ging auch noch mein Gepäck verloren. Ich musste meine Rede etwas unrasiert und ungebügelt halten. Aber die Australier waren begeistert. Sie rechneten es mir hoch an, dass ich diese Strapaze für sie auf mich genommen hatte.

Leider fiel die damals gegründete „Metallgesellschaft of Australia", eine Mischung aus Handel und Repräsentation der Metallgesellschaft, der großen unnötigen Pleite der Metallgesellschaft der neunziger Jahre zum Opfer. Nach meinem Ausscheiden aus dem Vorstand hat sich leider niemand mehr von meiner alten Firma um die Deutsch-Australische Gesellschaft gekümmert. Sie fusionierte dann mit einer Australian Fidgi Organization und hat heute ihren Sitz in Hamburg. Vieles, was wir damals nach dem Krieg mit großem persönlichen Einsatz aufgebaut und vorwärtsgebracht haben, wurde während der Ära Schimmelbusch und Dr. Neukirchen verändert, später sogar verkauft und aufgegeben.

Einstieg in neue Geschäftsfelder

1961 wurde ich stellvertretender Vorstandsvorsitzender. Den Vorstandsvorsitz übernahm mein treuer und zuverlässiger Reisegefährte Hellmut Ley. Mein Arbeitstag begann morgens um halb acht und endete abends und sieben oder acht Uhr, manchmal auch später. Wir arbeiteten damals auch samstags. Mein Büro war mit drei Sekretärinnen besetzt, Frau Siefken, die heute noch für mich tätig ist, Frau May, die nach ihrer Heirat Frau Breitenbach hieß, und Fräulein Krebs, die später von Frau Teichgräber abgelöst wurde.

Zu meinen Aufgabenfeldern gehörte nun neben dem Bergbau und der Technischen Abteilung der Aufsichtsratsvorsitz von Sachtleben, an der die Metallgesellschaft die Mehrheit hatte, sowie die Leitung des Unternehmensbereichs

Transport und Verkehr. Schlichtermann, der diesen Bereich bisher geleitet hatte, schied nach seiner Pensionierung aus der Metallgesellschaft aus. Der Bereich umfasste drei Firmen, die Unterweser-Reederei in Bremen, genannt URAG, mit Fracht- und Schleppschifffahrt, die Montan Transport in Hamburg, wo ich seinerzeit als Lehrling begonnen hatte, sowie Lehnkering in Duisburg. Die Frachtschifffahrt der URAG verkauften wir bereits zu meiner Zeit und stützten uns stärker auf die Schleppschifffahrt auf der Weser sowie auf die Versorgung von Bohrinseln mit Proviant, Wasser und Zement.

Die Schleppschifffahrt war ein sehr schwieriges Gebiet. Aber wir achteten beim Ausbau stets darauf, dass wir uns nicht übernahmen und gingen sehr vorsichtig zu Werke. So entwickelten sich beide Geschäftsfelder gut. Auch die Zusammenarbeit mit den Bremern gestaltete sich ausgezeichnet. Es war in der Vergangenheit immer so gewesen, dass der Vorsitzende im Aufsichtsrat ein Bremer war. Als ich die Leitung des Unternehmens übernahm, erklärte ich, dass das so bleiben müsse, auch wenn die Metallgesellschaft hundert Prozent der Aktien hielt. Ich wurde dann stellvertretender Aufsichtsratsvorsitzender.

Die URAG gab und gibt heute noch für ihre Kunden in der Strandlust in Bremen Vegesack jedes Jahr ein Aalessen. Offizieller Einlader ist der Stammtisch Unterweser. Bereits am frühen Abend fuhr man mit einem Schlepper von Bremen die Weser hinunter nach Vegesack. Den heiteren Rahmen des Festes bildete meist eine Varietévorführung. Ferner wurden Reden gehalten, von einzelnen Gästen, von Vertretern der Geschäftsführung und vom leitenden Kapitän des Stammtisches. Serviert wurde den ganzen Abend nur Aal in allen möglichen Zubereitungsformen, und dazu Bier und Schnaps in großen Mengen. Jedes Jahr nahm ich an diesem Essen teil.

Als ich aus der Metallgesellschaft ausschied, wurde ich mit einem entsprechenden Dokument zum „Ehrenaalesser auf Lebenszeit" ernannt. Diese Ernennung verlor ihre Gültigkeit auch nicht, als vor einigen Jahren der gesamte Transportbereich verkauft wurde. Auch heute noch fahre ich jedes Jahr zum Aalessen nach Bremen.

Montan Transport war eine Speditionsfirma, die mit ihren

Lastwagen im gesamten Bundesgebiet operierte. Lehnkering war für die Rheinschifffahrt zuständig. Das Unternehmen, dessen Aufsichtsratsvorsitz ich viele Jahre inne hatte, befuhr mit seinen Schiffen den gesamten Rhein von Basel bis Rotterdam. Es war damals eine schwierige Zeit, weil die Konkurrenzlage auf dem Rhein durch die vielen Kleinreedereien sehr hart war. In den siebziger Jahren wurden dann alle drei Firmen in eine zusammengefasst, und Chef dieser Dreierkombination wurde Becker, der damalige Vorstandsvorsitzende von Lehnkering.

Der Vorteil dieser Struktur der Metallgesellschaft be-stand darin, dass alle Unternehmensbereiche zusammenarbeiteten und einander beim Ausbau neuer Geschäftsfelder unterstützen konnten. Wir fingen niemals ein neues Geschäft an, das nicht ausgesprochen in den Rahmen unserer Tätigkeiten passte. Dieses Prinzip behielten wir auch bei, als wir ins Phosphatgeschäft einstiegen. Wir hatten bisher kaum Phosphate verkauft. Das Phosphatgeschäft in Deutschland lag fast ausschließlich in den Händen von Herrn Heinz Huckfeld in Hamburg, der mit seiner Agentur als der große König des Phosphathandels galt. Als ich jedoch den Bereich der Düngemittel übernahm, dachte ich mir, es müsse genug Sonne für zwei da sein. So wurden wir plötzlich ein Konkurrent von Herrn Huckfeld, was dieser natürlich nicht ganz kampflos hinnahm.

Wir bauten unsere Beziehungen zu den amerikanischen Phosphatproduzenten in Florida aus und wurden die Repräsentanten von International Minerals und Chemicals, einer der ganz großen amerikanischen Phosphatgrubengesellschaften. Anfangs verliefen die Verhandlungen sehr schwierig, weil niemand so recht an unseren Erfolg glauben wollte. Aber nachher wurden wir genauso groß, wenn nicht sogar größer, als die Rohphosphatgesellschaft Heinz Huckfelds. Von besonderem Nutzen beim Aufbau dieses Geschäfts waren uns unsere eigene Bank, die Metallbank, die uns die Kredite zur Verfügung stellte, sowie unsere Reedereien.

Wenn der Markt gegen uns lief, konnten wir auf unsere eigenen Frachtkapazitäten zurückgreifen. Einmal im Jahr traf sich der sogenannte ISMA, die International Superphosphat Association, eine Art internationale Börse, wo alle Phosphat-, Schwefel- und Düngemittelproduzenten, deren Firmen mit diesen Produkten zu tun hatten, anwesend waren. Ich habe mit meinen Mitarbeitern an unzähligen Veranstaltungen dieser Organisation in Rio de Janeiro, München, Miami, Venedig und vielen anderen Städten teilgenommen. Das Geschäft unserer Repräsentanz entwickelte sich glänzend.

Doch dann verfiel Tony Cassino, ein Mitglied des Managemens von Minerals und Chemicals, der Idee, durch den Import von amerikanischem Superphosphat Einfluss auf den deutschen Düngemittelmarkt zu bekommen. Damit wurde er Konkurrent der deutschen Firmen, die bis dahin mit amerikanischen Rohphosphat beliefert worden waren. Ich hatte mit Tony Cassino, einem kleinen, gescheiten und bissigen Italoamerikaner, bereits zuvor zahlreiche Auseinandersetzungen gehabt und mochte ihn überhaupt nicht leiden. Das beruhte sicher auf Gegenseitigkeit. Bei einem Treffen in der Schweiz, oberhalb des Vierwaldstätter Sees, bekamen wir uns derart in die Wolle, dass ich ihm am Schluss beinahe wörtlich den Gruß Götz von Berlichingens gesagt habe. „Sie können Ihren Kunden, den Produzenten in Deutschland, von denen Sie erwarten, dass sie Ihre Phosphate kaufen, doch nicht mit dem Fertigprodukt Konkurrenz machen." Ich war nahe daran, ihm die Repräsentanz aufzukündigen: „Wenn Sie das wirklich machen wollen, machen Sie es, aber nicht mit uns. Wir werden dann ohnehin Schwierigkeiten haben, weiterhin Phosphate zu verkaufen." Es entzündete sich eine fürchterliche Diskussion. „Wissen Sie, was passieren wird?" fragte ich. „Die deutsche Superphosphat Association wird ihre Produkte in Amerika anbieten, und nachdem bisher die Preise in Amerika höher liegen, werden die Ihnen die Preise versauen. Sie werden natürlich sehr aufpassen müssen, sich keine Klage wegen Dumpings einzuhandeln. Aber wenn man es geschickt anstellt, lässt sich das umgehen. Zwei oder drei Ladungen genügen bereits, um die Preise ins Wanken zu bringen. Und ob es sinnvoll ist, das für ein paar tausend Tonnen, die Sie vielleicht in Deutschland absetzen könnten, zu riskieren, während Sie in Amerika hunderttausende Tonnen absetzen, wage ich zu bezweifeln." Soviel ich auch redete, Herr Cassino ließ sich von meinen Worten nicht beeindrucken.

Ungeachtet aller meiner Warnungen führte er – ohne Mitwirkung der Metallgesellschaft – seine Idee aus. Und es trat genau das ein, was ich vorausgesagt hatte. Die deutschen Superphosphathersteller begannen, nach Amerika zu exportieren, und die amerikanischen Preise fielen. Eilends musste Tony Cassino seine Importe nach Deutschland einstellen. Meine Beziehungen zu ihm blieben weiterhin gespannt. Als meine Sekretärin eines Tages einen Anruf von ihm meldete, weigerte ich mich, mit ihm zu sprechen. Er drängte aber, er müsse dringend mit mir reden und wolle deswegen auch nach Frankfurt kommen. „Gut", sagte ich schließlich, „wenn er unbedingt kommen will, dann soll er am kommenden Freitag um fünf Uhr nachmittags bei mir in Frankfurt sein. Einen anderen Termin habe ich nicht frei."

Und Tony Cassino kam. Am Freitag um 17 Uhr stand er bei mir im Büro. Das rechnete ich ihm hoch an, denn kein Amerikaner fährt gerne übers Wochenende weg. Noch mehr aber verblüffte mich der Anlass seines Erscheinens. Er war gekommen, um mich um Verzeihung zu bitten. „I came to eat crow", heißt es auf amerikanisch. „Es tut mir wahnsinnig leid. Ich habe einen Riesenfehler gemacht. Bitte, entschuldigen Sie." Wir beschlossen, den ganzen Vorfall zu begraben. Es gab fortan nie wieder eine Schwierigkeit zwischen uns. Im Gegenteil, wir arbeiteten eng und freundschaftlich zusammen.

Durch Personaländerungen bei unseren Partnerunternehmen tauchten mitunter unerwartete Probleme auf. So war die Metallgesellschaft über viele Jahre hinweg Hauptagent für die International Nickel, eine große amerikanisch-kanadische Firma. Schon als ich in Frankfurt zur Schule ging, erlebte ich den Besuch, den die Direktoren des Unternehmens einmal im Jahr in Frankfurt absolvierten. Sie kamen jedesmal in unser Haus, waren fröhlich und äußerst trinkfest. Es hieß, sie würden bei ihrem Deutschlandaufenthalt jedesmal einen ganzen Jahrgang Mosel trinken. Das Nickelgeschäft war bedeutend, denn diese Firma verfügte praktisch über ein Weltmonopol.

Eines Tages aber tauchte ein neuer Geschäftsführer auf, der uns zum Entsetzen meines damals noch für die Metallgesellschaft tätigen Kollegen Schlichtermann die Agentur kündigen wollte. Ich hatte mich bis dahin nicht um Nickel gekümmert, da es nicht in meinen Aufgabenbereich fiel. Nun aber bat mich Schlichtermann, mit nach Amerika zu reisen, um die Sache gemeinsam mit ihm in Ordnung zu bringen. Ich besitze anscheinend die Gabe, mich bei Verhandlungen intuitiv in die Einstellung des Gegners zu versetzen und daher gut aus diesem Blickwinkel zu argumentieren. Dies trug mir manchmal den Vorwurf ein, ich würde für die gegnerische Seite sprechen.

Ich war jedoch überzeugt, dass die andere Seite zumindest wissen musste, dass ich mich bemühte, sie zu verstehen. Mit diesem vorsichtigen und überlegten Vorgehen kam ich stets einer Verhärtung der Fronten zuvor. Ein einmal ausgesprochenes Nein ist immer schwer ins Gegenteil zu verwandeln. So fuhren wir also zur International Nickel nach Amerika. Im offenen Gespräch erreichten wir, dass dieser Kelch an uns vorüberging und wir die Agentur behielten. Wir mussten zwar in den Bedingungen etwas nachgeben. Im Vergleich zu dem Schaden, der uns entstanden wäre, wenn wir die Agentur verloren hätten, war das aber zu ertragen.

Sehr erfolgreich gestaltete sich die Ausweitung unseres Bergbaus. Wir besaßen eigene Schwefelkiesgruben und in Wolfach im Schwarzwald eine Schwerspat- und Flussspatgrube. Ich erinnere mich noch an meine erste Grubenfahrt in Wolfach. Die Stollen in dieser Grube waren sehr eng. Man musste oft durch größere Teile der Strecken kriechen und in der Dunkelheit über enge Leitern steigen, nur schwach beleuchtet von Petroleumlampen, die man mit sich trug und die einem ständig im Weg waren und leider immer im falschen Moment verlöschten.

Wenn eine Stelle ausgeerzt ist, wird die Förderung an einer anderen Stelle fortgesetzt. In der Sprache der Bergleute sagt man: Der Bergbau geht um. Ich wollte nun die Stelle des sogenannten abgeworfenen Bergbaus sehen. Die Stollen waren an dieser Stelle etwas weiter. Aber sonst war es genauso düster. Mit einem Mal aber mündete der Stollen ins Freie, und wir kamen in einen sonnendurchfluteten Fichtenwald mit riesigen alten Bäumen, Farnkräutern, Moospolstern und Steinen. Es war wie im Märchen, und es hätte mich nicht gewundert, wenn plötzlich ein Einhorn zwischen den Stämmen aufgetaucht wäre. Leider konnten wir den Anblick nicht lange genießen, wir mussten wieder hinab in die Dunkelheit.

Am Ende der Grubenfahrt begaben wir uns alle in die Waschkaute, um uns zu säubern und die Kleider zu wechseln. Dann erhielten wir nach altem Grubenbrauch einen Schnaps. Und dieser Schnaps, den uns da ein alter Steiger kredenzte, erwies sich als herrlicher Kirsch. „Könnte ich noch einen bekommen?" fragte ich. Der alte Steiger lächelte. „Das ist zwar nicht üblich", meinte er, „aber weil Sie es sind." So goss er mir noch einen ein. Während wir mit den Bergleuten zum Mittagessen gingen, fragte ich ihn, wo er den Kirsch her habe. Es stellte sich heraus, dass es in der Nähe einen Anleger Bauer gab, der seine Obstbäume auf unserem Bergbauareal hatte und für sich und seine Freunde Obstbrände destillierte. „Glauben Sie, dass Sie für mich ein paar Flaschen kriegen könnten?" fragte ich den Steiger. „Ei, warum net", lautete seine Antwort. Und seitdem beziehe ich meinen Schnaps aus Wolfach. Manchmal ist sein Genuss allerdings mit einer kleinen Überraschung verbunden. Der Brenner hat während der Herstellung offenbar soviel von seinem eigenen Schnaps probiert, dass er anschließend einige Male die Etiketten verwechselte.

Neben unserer eigenen Schwefelkiesproduktion in Meggen im Sauerland kam ich auf die Idee, Schwefel von den Rohölgesellschaften, die in Deutschland produzierten, zu kaufen. Schwefelhaltiges Rohöl muss zuerst entschwefelt werden, ehe es raffiniert werden kann, und die großen Rohölgesellschaften besaßen selbst kein Interesse am Schwefel. Das erkannte ich rechtzeitig und schloss mit den großen Ölkonzernen wie Esso, Mobil und British Petrolium Verträge ab. Die Verhandlungen gestalteten sich kompliziert, und ich musste darauf achten, stets einen Spezialisten dabei zu haben. Meist begleiteten mich Herr Hess und Herr Ernesto Melber.

Hess war ein sehr gebildeter, bienenfleißiger Mann, der sehr gut Englisch und Französisch sprach und ein wenig wie Nikita Chruschtschow aussah. Melber sprach lieber Spanisch als Deutsch. Seine Mutter war Spanierin. Die Familie Melber gehörte der Familie Goethes an. Ab und zu sprach Melber von seiner „Tante Melber" als einer Verwandten des Dichterfürsten. Die großen Ölkonzerne wollten über alle unsere

Pläne ganz genau Auskunft erhalten, ehe sie mit uns einen Vertrag schlossen. Dann aber entwickelte sich daraus ein bedeutendes Geschäft, und am Ende waren wir nicht nur die größten Schwefelverkäufer, sondern auch die größten Schwefelsäureproduzenten.

Zunächst verkauften wir nämlich unseren Schwefelkies an Bayer, BASF und Südchemie, die über eine eigene Schwefelsäureproduktion verfügten. Dann aber fragte ich mich, warum wir nicht gleich selbst die Produktion übernahmen. Für Hoechst produzierten wir bereits, und zwar durch Sachtleben. So bauten wir diese Produktion immer weiter aus. Wir erreichten ein Volumen von 150.000 bis 350.000 Jahrestonnen und mussten schließlich sogar noch aus dem Ausland dazukaufen, weil unsere Produktionskapazitäten nicht ausreichten. Auf diese Weise agierten Handel und Produktion Hand in Hand.

Den Aufbau solcher Geschäftsfelder kann man mit dem Bau eines Hauses vergleichen. Erst werden die Grundmauern gelegt, dann zieht man vorsichtig die Außenmauern hoch und nimmt die Einteilung der Zimmer vor. Ich erinnere mich nur an einen einzigen Produktionsfall, den wir aufgegriffen haben und der für uns ein Versager wurde. Das war eine Art Kunstspinnstoff, genannt Dokan, dessen Entwicklung wir von unserer eigenen Tochtergesellschaft Lurgi übernommen hatten. Gemeinsam mit der Lurgi versuchten wir, in Langelsheim eine Produktion aufzubauen, um den Stoff als sogenanntes Halbzeug, eine Art Halbfertigfabrikat, zu verkaufen. Gedacht war der Stoff für die Rückenbeschichtung von Teppichen. Unser Fehler bestand darin, dass wir die Produktion nicht gleich bei einer Teppichfirma errichteten. Nachdem wir 36 Million D-Mark in den Sand gesetzt hatten, stellten wir nach drei Jahren unsere Bemühungen ein. Bei all unseren anderen Unternehmungen, wie neuen Entwicklungen und Verfahren, mit denen wir auf unseren Reisen konfrontiert wurden, waren wir immer erfolgreich.

Etwas ungewöhnlich gestaltete sich unser Einstieg ins Methanolgeschäft. Es war für uns ein neues Gebiet, passte aber in etwa in den Bereich Chemie hinein. Die Lurgi verkaufte eine große Methanolanlage nach Leuna, und die DDR konnte diese Anlage nicht bezahlen. So machten wir eine Art

Partnergeschäft: Lurgi lieferte die Anlage, und wir übernahmen dafür auf der Grundlage eines langfristigen Vertrages das Methanol. An die Fahrt nach Leipzig zur Unterzeichnung des Vertrages denke ich noch heute mit Schaudern zurück. Es war ein Novembertag. Die Straßen in Leipzig waren eng, dunkel und schmutzig. Eine Ewigkeit lang konnte ich das Hotel nicht finden.

Am nächsten Tag kamen wir alle in Leuna in einem großen Sitzungssaal zusammen: Herren von der Lurgi, Vertreter der Betriebsleitung von Leuna, Frau Sigrid Schreiber, die Vize-Chemieministerin der DDR, und ich als Abnehmer des Methanols mit meinen Herren. Wir bekamen die Verträge vorgelegt, die zuvor von unseren Juristen durchgesehen worden waren, und unterschrieben nun reihum. „Was ist das doch für eine seltsame Situation", dachte ich bei mir. „Da sitze ich hier neben dieser strengen, aber nett aussehenden Frau Schreiber, und wir tun, als hätten wir nichts miteinander gemein."

Nach der Unterzeichnung begaben wir uns in einen anderen Saal, wo um ein Buffet herum kleine runde Tische aufgebaut waren, jeweils mit vier Stühlen. Ich fand mich mit Frau Schreiber an einem Tisch, zusammen mit zwei Leuten vom Ministerium, die anscheinend Aufpasser waren. Diese hatten aber nichts Eiligeres zu tun, als zum Buffet zu eilen, und so sagte ich zu Frau Schreiber: „Frau Minister, ich muss Ihnen etwas sagen, weil mich das sehr bewegt hat. Wie wir da vorhin saßen und diese Verträge unterschrieben, da empfand ich es als eine ganz schauderhafte Situation, dass zwei Personen, die die selben Wurzeln haben, so tun, als gehörten sie nicht zusammen – weil die Politik das so will."

Frau Schreiber blickte ängstlich zu ihren beiden Aufpassern hinüber, aber die waren immer noch mit dem Buffet beschäftigt, also fuhr ich fort: „Ich will keine politischen Aussagen machen und kann Ihnen auch nicht sagen, wann das sein wird. Aber der Bann, durch den die Nation zwangsweise durchtrennt worden ist, wird eines Tages weichen, wir werden wieder zusammenwachsen." Da bekam Frau Schreiber Tränen in die Augen. „Prinz Wittgenstein, das habe ich genauso gespürt wie Sie." Ich sah Frau Schreiber in der Folge noch öfters. Sie fragte mich, ob sie mich einmal einladen dürfe. „Ich würde gerne die Wartburg sehen", antwortete ich. Dort war ich vor vielen Jahren zum letzten Mal gewesen.

So wurde ich zusammen mit ein paar Herren von der Metallgesellschaft eingeladen. Zunächst machten wir einen Besuch in Weimar und wandelten auf den Spuren Goethes. Von Weimar kann man über die Autobahn sehr schnell zur Wartburg fahren. Das aber wollte ich nicht. Ich bat Frau Schreiber, übers Land zu fahren. Ich hatte eine alte Karte mitgebracht, auf der ich mir vorher die Strecke zurechtgelegt hatte. „Ach, Prinz Wittgenstein, muss das sein? Das ist verboten." „Nein, aber Sie täten mir einen Gefallen, ich würde das Land so gerne sehen." Sie willigte ein, und wir fuhren durch armselige Dörfer, mit engen Straßen mit Kopfsteinpflaster aus der Zeit Friedrich des Großen.

Es war ein wunderschönes Land. Aber die Felder machten einen jämmerlichen Eindruck. Bauern auf uralten Traktoren schauten zu uns herüber und hielten uns wohl für irgendwelche Berliner Parteibonzen. Plötzlich passierten wir eine russische Wache und fuhren an endlosen Militärbaracken vorüber. Überall am Straßenrand standen russische Wachen. Ich winkte ihnen zu, und sie salutierten erfreut. Die arme Frau Schreiber aber wäre vor Schreck beinahe tot umgefallen – denn wir fuhren durch russisches Sperrgebiet, und wenn die Soldaten uns angehalten hätten, wären wir in des Teufels Küche gekommen. Schließlich aber gelangten wir mit der bleichen Frau Schreiber an meiner Seite doch noch zur Wartburg.

Frau Schreiber wurde später abgelöst und kam als Handelsrätin nach Mailand. Heute ist sie bei der Metallgesellschaft angestellt und zuständig für die Geschäfte mit den neuen Bundesländern.

Wir gingen bei allen unseren neuen Engagements sehr vorsichtig zu Werke und prüften genau, ehe wir uns auf eine Unternehmung einließen. Ich erinnere mich noch sehr genau an die vielen Diskussionen, ob wir in Langelsheim eine Lithiumchloridproduktion aufbauen sollten. Wir unterhielten sehr gute Beziehungen zur Lithium Corporation of America und waren in Europa der größte Hersteller von Lithiummetall und Lithiumsalz. Hellmut Ley wollte nun auch in die Produktion von Lithiumchlorid einsteigen. Ich jedoch war überzeugt, dass wir das Chlorid sehr viel billiger durch langfristige Verträge von unseren amerikanischen Freunden erhalten könnten, als durch den Aufbau einer eigenen Produktion, zumal wir in Deutschland keinen Lithiumrohstoff haben.

Wir hätten den Rohstoff erst importieren und aufschließen müssen, um ihn zu dem Basislithiumsalz aufzubereiten, das wir für die weitere Produktion brauchten. Es war das einzige Mal, dass ich mit meinem Kollegen Ley nicht einer Meinung war. Aber diese Meinungsverschiedenheit hat unserer Freundschaft keinen Abbruch getan. Einer meiner Mitarbeiter, Dr. Keller, ein hervorragender Chemiker, überzeugte ihn schließlich, dass meine Bedenken berechtigt waren. „Wir würden mit einer eigenen Anlage viel zu teuer produzieren. Viel besser sind langfristige Verträge mit den Amerikanern, so wie es Prinz Wittgenstein will", sagte er.

Ich reiste häufig nach Amerika, um mich über neue Entwicklungen zu informieren. So war ich auf Einladung der NASA mit Dr. Keller auch bei der Firma Rockwell in Los Angeles, die der NASA sehr nahestand. Wir waren von der Firma gebeten worden, zu prüfen, ob das eine oder andere Material, das für die Raumfahrt entwickelt wurde, nicht auch für den Konsum geeignet wäre. Ich war begeistert von diesem Reiseplan, denn angesichts der Milliardeninvestitionen musste es doch mit dem Teufel zugehen, wenn wir nicht irgend etwas Interessantes finden würden.

Unser Aufenthalt dauerte acht Tage, und wir hörten uns Vortrag nach Vortrag an. Dann schickten wir noch zwei unserer Chemiker hinüber, die sich mit großer Akribie noch einmal alles ansahen. Aber trotz dieses Aufwandes wurden wir nicht fündig. Die Qualität war generell zu hoch, und die Produktionskosten ebenfalls.

Erfolgreicher waren die jährlichen Gespräche mit unseren amerikanischen Lizenzgebern. Zusammen mit Dr. Overrath, einem von mir sehr geschätzten Direktor der Metallgesellschaft, stattete ich ihnen mindestens einmal im Jahr einen Besuch ab. Wir sprachen über Weiterentwicklungen, und zuweilen übernahmen sie auch von uns eine Lizenz, wenn wir durch Änderung oder Weiterentwicklung ein Verfahren oder ein Produkt verbessert hatten. Auf diese Weise fand eine

Auf einer meiner häufigen Geschäftsreisen in die USA: Begegnung
mit dem Managing Director der Firma Guardian Royle Exchange,
Mr. Bigland.

Mit meiner zweiten Frau Iris („Baba") in New York.

Art cross-licensing statt, das wir später auch auf Japan ausdehnten.

So bauten wir Anfang der sechziger Jahre zusammen mit unseren amerikanischen Partnern in Langelsheim eine Produktion für synthetischen Latex auf. Die Firma wurde Synthomer-Chemie genannt und von Heinz Riesenhuber, dem späteren Bundesminister, geleitet. Sie entwickelte sich sehr gut, ist aber heute ebenfalls verkauft. Das Werk in Langelsheim war nach dem Krieg keine Ruine, sondern wurde Hans-Heinrich-Hütte genannt und stellte Legierungen her. Eine spezielle Legierung war Bahnmetall. Sie diente der Herstellung von Radlagern im Eisenbahnbau. Overrath und ich setzten uns persönlich sehr für dieses Werk ein. Auch im Umgang mit den dort arbeitenden Werksdirektoren bewiesen wir eine gute Hand. So gab es zwischen Frankfurt und Langelsheim nie Probleme, was sich auf die Entwicklung des Werkes außerordentlich positiv auswirkte.

Gerne denke ich noch heute an einen Besuch des Aufsichtsrats der Metallgesellschaft in Langelsheim in den siebziger Jahren zurück. Nach dem Rundgang durch das Werk nahm mich Herbert Grünewald, der Vorstandsvorsitzende der Bayer AG in Leverkusen, am Arm und sagte: „Ich kann Ihnen zu einem solchen Schmuckstück nur gratulieren." Ich dankte ihm herzlich für dieses Kompliment, musste aber einräumen, dass Bayer das auch könne. „Nein", meinte er, „das können wir nicht. Es sind ja keine großen Mengen, die Sie hier produzieren. Das können wir besser. Aber was Sie hier mit soviel Geduld geschaffen haben, können wir nicht." Er wiederholte diese Aussage später noch einmal im Aufsichtsrat.

Eine weitere Firma für die Metallgesellschaft gründete ich in Spanien. Ich reiste oft nach Südspanien, wo wir unter anderem auch von der Ríotinto Schwefelkies bezogen. Die Verhältnisse in den dortigen Gruben waren teilweise furchtbar. Einmal besichtigten wir eine Schwefelkiesgrube in der Nähe von Sevilla. Da kam es zwischen dem Besitzer, Josef Lipperheide, einem guten Freund, und mir zu einer echten Auseinandersetzung. Josef Lipperheide, der seinen Vornamen auf José änderte, war mit seinem Bruder Fritz als junger Mann aus Neheim-Hüsten nach Spanien gekommen und hatte dort im Grubengeschäft ein großes Vermögen gemacht. Die Grube, die wir besichtigten, war tief, die Gänge eng und heiß. Es herrschten Temperaturen über vierzig Grad, eine hohe Luftfeuchtigkeit, und es stank nach oxydierendem Schwefelkies. Die Mineros, die Grubenarbeiter, waren bei der Arbeit nur mit einem kleinen Lederschurz bekleidet. Das Erz transportierten sie in kleinen Loren, die von Pferden gezogen wurden. Diese Pferde kamen nur einmal im Jahr für ein paar Wochen ans Tageslicht. Viele waren bereits erblindet. Ihr jämmerlicher Zustand erregte mich schrecklich. „Sie können doch diese Pferde da unten nicht verkommen lassen", sagte ich zu Lipperheide. Für das Los der Tiere fehlte den Menschen in Südspanien wohl jedes Gefühl.

Auch für die Menschen waren die Arbeitsbedingungen in diesen Stollen bedrückend und gefährlich. Ich sehe mich noch heute vor einem Abbau stehen, während vor mir auf dem Boden ein Minero lag. Er stocherte mit einer Eisenstange im Gestein, um das Erz dahinter loszuschlagen. Und wie ich mit meiner Lampe hinleuchtete, da entdeckte ich einen Erzblock mit einem feinen Haar-Riss. Jedesmal wenn der Minero mit seiner Stange zustieß, erzitterte der Block. „Holen Sie den Mann sofort da raus", rief ich Lipperheide zu, „der wird gleich vom Sargdeckel erschlagen." Lipperheide forderte den Mann auf spanisch auf, herauszukriechen. Dann klopfte er ein wenig an dem Block, der sich im selben Augenblick nahezu lautlos löste und zu Boden stürzte. Er hätte den Mann zerquetscht wie eine Fliege. Leider sah ich auf meinen Reisen viele derartige Gruben.

Die Firma, deren Gründung ich zusammen mit Ernesto Melber vornehmen wollte, sollte die Bezeichnung Cometal S. A. Madrid tragen. Melber war ein ungeheuer genauer und fleißiger Mann, der mich auf vielen Reisen, auch nach Amerika begleitete. Als die Gründung der Firma im Vorstand der Metallgesellschaft zur Diskussion stand, lud ich Herrn Melber ein, der Sitzung beizuwohnen. Damals regierte noch General Franco in Spanien. Der Vorstand zeigte sich von der Idee einer Firmengründung in Spanien nicht sehr angetan. Es wurden viele Gegenargumente vorgebracht. Obwohl ich wie ein Besessener redete, vermochte ich meine Kollegen jedoch schwer zu überzeugen. Dann aber kam mir unvermittelt unser Finanzchef Dr. Merk zu Hilfe. Merk war gebürtiger Frankfurter, der seine Heimatstadt außer für Reisen in die Schweiz nie verlassen hatte. Als ich seinerzeit in den Vorstand der Metallgesellschaft eintrat, hatte ich große Probleme mit ihm. Vielleicht waren wir zu verschieden. Ich rauchte damals lange dünne Zigarren und redete nie viel. Auch in den Vorstandssitzungen sagte ich nur das Notwendigste. Eines Tages fiel Herr Merk in einer solchen Sitzung mit Klauen und Zähnen über mich her. Offenbar hatte ich etwas gesagt, was ihn ärgerte. Schrecklich erregt fuhr er mich an, dass ich nicht so hochfürstlich mit übereinandergeschlagenen Beinen dasitzen solle. Ich antwortete ganz ruhig: „Herr Dr. Merk, ich bedaure außerordentlich, dass Ihnen meine übereinandergeschlagenen Beine nicht passen und meine Zigarre missfällt. – Ich konnte keine längere finden."

Darauf sprang er auf und verließ die Sitzung. Es folgte betretenes Schweigen. Herr Merk aber erschien auch nicht zum anschließenden gemeinsamen Mittagessen. Als ich dann nach dem Essen den Gang hinunterging, kam ich an seinem Zimmer vorbei. Knurrend und wütend sah ich ihn an seinem Schreibtisch sitzen. Da ging ich zu ihm hinein und sagte: „Herr Dr. Merk, es tut mir leid, dass wir uns so in die Wolle gekriegt haben. Als Jüngerer bitte ich Sie ganz offen um Entschuldigung." Nach diesen Worten hatte er Tränen in den Augen. Niemals hatte ich später auch nur den geringsten Ärger mit ihm. Im Gegenteil, als es nun darum ging, den Vorstand von meiner Firmengründung zu überzeugen, sagte Herr Merk plötzlich: „Ei, lassen Sie doch dem Prinz sein Rasselchen." Das gab den Ausschlag. Die Firma wurde gegründet und verdiente von Anfang an Geld.

Auf der Haubenmühle

Am 6. Januar 1963 starb mein Stiefvater. Eineinhalb Jahre vorher war er bereits an einer Lungenentzündung erkrankt, die ihn beinahe dahingerafft hätte. Er lag im Kreiskrankenhaus in Tegernsee, wo Pauline Horst, eine geborene Prinzessin zu Löwenstein, eine Kusine von mir, die Ärztin war, ihn behandelte. Sein Zustand war sehr bedenklich. Mein Bruder Franzl, der mit seiner Frau in München lebte, rief mich und sagte: „Casimir, du musst kommen, dem Parch geht es ganz schlecht. Die Ärzte meinen, er liege im Sterben." Ich flog gleich am nächsten Morgen nach München. Von dort fuhr ich nach Tegernsee, wo ich meinen Bruder in der Halle des Kreiskrankenhauses traf.

Er kam gerade von einem Spaziergang. „Wie geht es dem Parch?" wollte ich wissen. „Dem geht es gut", erwiderte mein Bruder. „Er ist wieder obenauf." Und dann erzählte er mir, unser Stiefvater sei bereits geistig fast weggetreten gewesen, da habe er wie ein alter Rabe ein Auge aufgemacht, ihn unten am Bett sitzen sehen und gesagt: „Nix sterbe, nix erbe." Dann habe er das Auge wieder geschlossen, und von diesem Augenblick an sei es ihm sehr viel besser gegangen. Er konnte das Krankenhaus bald wieder verlassen und nach Frankfurt zurückkehren.

Seine Tage verbrachte er in der Bibliothek, wo er seine Patiencen legte, und ab und an brachte Baba unsere Kinder zu ihm hinunter. Seit dem Tod meiner Mutter, seiner „Betsch", wie er sie liebevoll genannt hatte, war er ein gebrochener Mann. Sein Tod verlief ganz friedlich. Er fühlte sich nicht krank und auch nicht bettlägerig. Um drei Uhr nachts aber verlangte ihn nach einer Tasse Tee, was sehr ungewöhnlich war. Grete, unsere alte Haushälterin, brachte ihm den Tee, und als sie morgens wieder nach ihm sag, lag er tot in seinem Bett. Ich befand mich gerade im Badezimmer, als Grete zu uns heraufkam und Baba die Nachricht überbrachte. Ich fühlte mich sehr elend, denn ich merkte, dass ich noch viel mehr an meinem Stiefvater gehangen hatte, als mir bewusst gewesen war. Er hatte uns erzogen und uns umsorgt, als wären wir seine eigenen Kinder. Beigesetzt wurde er an der Seite meiner Mutter im Familiengrab seines Vaters in Frankfurt.

Zwei Jahre später starb auch mein leiblicher Vater. Ich hatte ihn seit meiner Kindheit nur zweimal wiedergesehen. Tante Lori, seine Schwester, hatte ein Treffen arrangiert. Sie war mit Herzog Ludwig in Bayern, von uns Onkel Bubi genannt, verheiratet. Ich war eigentlich nicht sonderlich interessiert an dieser Zusammenkunft. Denn nach dem Tod meiner Brüder hatte mein Vater aus mir unerklärlichen Motiven Anspruch auf deren Erbe angemeldet. Dieser Streit war meiner Liebe zu ihm nicht gerade förderlich. Unser Wiedersehen in Wildbad Kreuth, bei Tante Lori und Onkel Bubi, verlief dann ganz freundlich. Wir küssten und umarmten einander. Aber wir trafen uns nur noch einmal.

Mein Stiefvater hatte in seinem Testament Franzl und mich als Erben eingesetzt, wobei ich die Haubenmühle zugesprochen bekam. Das tat mir für meinen Bruder leid, denn er hing genauso wie ich an der Haubenmühle. Aber wahrscheinlich war die Entscheidung richtig, weil ich durch meine Position in der Wirtschaft wohl eher in der Lage war, sie zu halten. Die Haubenmühle war ein kleiner Besitz, von dem mein Stiefvater immer zu sagen pflegte: „Nicht ich habe die Haubenmühle, die Haubenmühle hat mich." So ist es auch. Die Haubenmühle ergreift von einem Besitz, emotional und materiell.

In dem großen Haus in Frankfurt wollten wir nach dem Tod meines Stiefvaters nicht mehr wohnen. Stattdessen bezogen wir ein modernes, bequemes Haus in der Jean-Paul-Straße. Es war ein gemütliches Haus mit zwei Garagen, einem hübschen gepflegten Obstgarten und einem kleinen Schwimmbad, dessen Wasser allerdings mehr grün als klar war, denn eine Umwälzpumpe gab es nicht. Die Frage blieb aber, was mit der Haubenmühle geschehen sollte. Das Haus, den Hof, die Wiesen und Wälder ringsherum liebe ich sehr. Ich hatte mich in Hamburg nicht unglücklich gefühlt und auch nicht in England. Aber die Haubenmühle war mir doch mehr Heimat als alle Häuser, die ich bisher bewohnt habe.

Ich verbinde mit ihr auch viele Erinnerungen an meinen ermordeten Bruder. Wir beide gingen schon als kleine Buben mit dem Luftgewehr, dann mit dem Kleinkaliber und schließlich mit Büchse und Flinte auf die Jagd nach den Ratten an dem Bach Ulfa. Wir waren sehr behende und konnten selbst schnell laufende Ratten treffen. Seit wir wieder in Frankfurt wohnten, verbrachten Baba und ich fast jedes Wochenende auf der Haubenmühle, und auch unsere Kinder entdeckten hier die Liebe zum Landleben und zur Jagd. Die Jagd um die Haubenmühle war damals sehr gut. Es gab eine Menge Hasen, viele Dachse und sehr viel Rehwild.

Wir überlegten nun, ob wir die Haubenmühle weiterhin

als Wochenend- und Ferienhaus behalten, oder ob wir sie zu unserem Wohnsitz machen sollten. Der Hof war in Ordnung, aber die Dächer der Häuser waren alt und renovierungsbedürftig. Und das Haus selbst war für ein dauerndes Wohnen wohl etwas zu klein. Die Bäder reichten nicht aus, um Hauspersonal unterzubringen. Wenn meine beiden Kinder aus erster Ehe zu Besuch kamen, war das Haus zum Bersten voll. Auch hatte man es seinerzeit versäumt, den Keller zu isolieren. Führte die Ulfa Hochwasser, stand der Keller unter Wasser.

Nach vielen Erwägungen und einigen Wochenenden, die wir auf der Haubenmühle verbrachten, entschlossen wir uns, den Hof zu renovieren, das Haus zu vergrößern und unser Haus in Frankfurt aufzugeben. So einfach es uns fiel, diesen Entschluss zu fassen, so schwierig erwies es sich, ihn zu verwirklichen. Unsere Idee war, das Haus durch einen spiegelbildlichen Anbau zu vergrößern. Ein alter Baumeister, den ich um Rat fragte, hielt gar nichts von diesem Plan. Er besah sich die Balken der Fachwerkkonstruktion und erklärte: „Ei, reiße' Sie doch das Haus ab und baue' Sie es neu." „Das Haus steht unter Denkmalschutz", wandte ich ein. „Kann man denn keinen Anbau vornehmen?" Er schüttelte den Kopf. „Baue' Sie nichts an bei de' alte' Schuppe'. Das hat keinen Zweck. Sie habe' da den Schwamm drin, und des hält net." Ich wollte ihm nicht glauben und beauftragte verschiedene Architekten, Pläne für einen Anbau auszuarbeiten. Ihre Vorschläge waren allerdings so abstrus, dass ich sie allesamt verwarf.

Schließlich besuchte uns Ivar Tengbom, ein berühmter schwedischer Architekt und Spezialist für den Umbau alter Häuser. Er war sowohl der Stiefvater meiner Kusine, der Fürstin Margareta zu Sayn-Wittgenstein, als auch der Vater der Fürstin Annemarie Bismarck. Onkel Iwa, wie wir ihn nannten, stürzte sich sofort in die Aufgabe.

Ich wollte eigentlich auf die Jagd gehen, aber er hielt mich zurück. „Du musst hierbleiben. Ich brauche dich, damit wir alles genau besprechen können." Den ganzen Tag lief er mit mir um das Haus, vermaß den Garten und den Hof und zeichnete Pläne. Am Ende kapitulierte er. Denn wie man es auch drehte und wendete, der Anbau geriet jedesmal in

Konflikt mit dem Hof, so dass man einen Teil des Hofes hätte abreißen müssen. „Das Beste wäre, man würde das Haus abreißen und fünfzig Meter weiter wieder aufbauen", erklärte er. „Dann könntest du es vergrößern, wie du es dir vorstellst." Onkel Ivar reiste ab unter Zurücklassung all seiner Zeichnungen.

Ich besprach alles noch einmal mit Baba, und wir sahen tatsächlich keine andere Lösung, als das Haus abzureißen und zu versetzen. Dazu mussten wir allerdings erst mal die Genehmigung des Denkmalamtes bekommen. Das war zur damaligen Zeit sicher unkomplizierter als heute. Dennoch waren stundenlange Verhandlungen nötig, bis alle Fragen geklärt waren. Schließlich stimmte das Denkmalamt einem Abriss mit einigen Auflagen zu: Ich müsse das Haus im Original wieder aufbauen. Durch den Anbau solle erneut ein oberhessisches Fachwerkhaus entstehen. Sollten die alten Schnitzereien beim Abriss oder Wiederaufbau zerfallen, müsste ich alles neu schnitzen lassen.

Also machten wir uns an die Arbeit. Zunächst modernisierte ich alle Wohnungen auf dem Hof. Das nahm etwa ein Jahr in Anspruch. Da ich wollte, dass alle Leute, die auf dem Hof arbeiteten, anständig wohnen konnten, richtete ich alle Wohnungen so her, dass ich selbst hätte einziehen können. Hernach kam das Haus an die Reihe, dessen Umbau drei Jahre dauerte. Der alte Baumeister hatte recht gehabt. Von den alten Balken blieb schließlich nur ein einziger übrig. Alle anderen zerfielen wie Zunder. Das alte Haus war voller Schwamm. Er war im Krieg durch das undichte Dach hineingekommen. Auch Holzwürmer hatten ihr Unwesen getrieben. So mussten wir alle Balken neu schnitzen lassen, was die Arbeit ungemein verzögerte. Das Eichenholz bezogen wir von meiner Kusine aus Berleburg. Es war fast ein ganzer Eichenwald, den wir verbaut haben.

Nach der Vollendung besahen wir unser Werk. Das neue Haus war von außen sehr schön, aber auch riesig groß. Es stand etwas unvermittelt in der Gegend, denn die Bäume, die wir gepflanzt hatten, waren noch sehr klein. Mittlerweile ist das alles anders geworden. Die Bäume sind gewachsen und überragen teilweise sogar das Dach.

In Anlehnung an die Verse meines Stiefvaters hatte ich

Die neue Haubenmühle, fertiggestellt 1965. Die Steinfigur der Heiligen Anna stammt von Schloss Friedewald.

ebenfalls ein kleines Gedicht verfasst, das ich in eine Tafel schnitzen und an der Seite des Hauses anbringen ließ:

„Die Jahre zogen schwer durch's Land
Im Dritten Reich mit Mord und Brand
Doch Johann Emmels altes Haus
Es blieb besteh'n in all dem Graus
Jedoch des Hauses Lebensnerv
Kam in Gefahr durch Schwamm und Kerf
Und wieder ward' das Haus versetzt
Nach langen Mühen steht es jetzt
Wie einst gefügt aus Eichenholz
Mit Bauernkunst und Handwerkstolz
Neu erbaut von Casimir Johannes
Prinz zu Sayn Wittgenstein-Berleburg
ANNO DOM.
1962-1964"

Schließlich erweiterte ich noch das Glockenspiel im Turm des Mühlenhäuschens. Als ich Kind war, schlug das Glockenspiel einmal am Tag um zwölf Uhr, dann erklangen die Melodien „Üb' immer Treu' und Redlichkeit" und „Ich hatt' einen Kameraden". Man hörte es weithin über das Land, und die Bauern auf dem Feld stellten ihre Uhren danach. Während des Krieges wurde das Spiel eingeschmolzen. Als dann meine Eltern wieder aus England zurückgekommen waren, schenkte meine Mutter meinem Stiefvater ein neues Glockenspiel, so dass zur Mittagstunde wieder „Üb' immer Treu' und Redlichkeit" und „Ich hatt' einen Kameraden" erklangen. Ich fügte diesem nun zwei weitere Lieder hinzu. Um acht Uhr morgens ertönt jetzt: „Es klappert die Mühle am rauschenden Bach" und um sechs Uhr abends „Die Blümelein, sie schlafen".

Kaum hatten wir den Umbau der Haubenmühle überstanden, als wir auch schon wieder zu bauen anfingen, diesmal in England. Wir hatten die Sommermonate bisher immer in England verbracht. Babas Familie besaß ein sogenanntes „Wrecker's Cottage" in Cornwall. Dieses Haus stand dicht am Meer und wurde in früherer Zeit dazu benutzt, Schiffe mit falschen Signalen an die Klippen zu locken. Die Kinder liebten dieses Haus. Es war ganz aus Stein gebaut und mit Steinplatten gedeckt. Durch die Nähe zum Meer gibt es in Cornwall immer Wind und oft starke Stürme.

Unsere Besorgungen machten wir in Padstow. Da gab es die alte Fischverkäuferin, Mrs. Soaper – sie schrieb ihre Rechnungen auf den Rand alter Zeitungen, hatte aber immer frischen Fisch –, die Bauersfrau Mrs. Strong, bei der wir die berühmte Cornish Cream, eine ganz dicke Sahne, holten, und den Kaufhausbesitzer Mr. Cunningham. Einmal ging Baba mit ihrem Schwager Henry Cavendish sowie Johnny und Richard zum Einkaufen. Richard, der damals etwa vier Jahre alt war, wollte unbedingt den Hafen sehen. Also ging Baba mit dem zweijährigen Johnny allein zu Mr. Cunningham, während Onkel Henry Richard den Hafen zeigte.

Richard betrachtete staunend die Schiffe, Kräne und Bagger. Als er anschließend mit Onkel Henry das Kaufhaus betrat, stürzte er aufgeregt auf seine Mutter zu, um ihr zu erzählen, was er gesehen hatte. „Mami, Mami! Bagger, Bagger!", rief er, während sich die Leute an der Kasse etwas geniert umblickten. Im Englischen ist „bugger" nämlich ein ordinäres Schimpfwort. „Darling, it's a dredger", verbesserte Baba schnell, und Mr. Cunningham meinte schmunzelnd: „Princess, that's a fine way to bring up a child."

Ich fühlte mich in Cornwall zu Anfang etwas fremd. Als ich nach dem Krieg zum ersten Mal bei meiner späteren Schwiegermutter Ann ffrench wohnte, traf ich bei meinem Spaziergang im Garten Johnny Pryn, den Gärtner. Er war ein wundervoller Gärtner und ein großer Spezialist für die Errichtung der berühmten Cornish Walls. „Sir, if I may ask you, you're staying with Mrs. ffrench, aren't you?" fragte er mich. „Yes", bestätigte ich. „Do you have a good time?" „Yes, but I feel a bit of a foreigner sometimes." Da blickte er mich an und sagte: „Do you know where Mrs. ffrench comes from?" „As far as I know she comes from London", erwiderte ich. „That's right", nickte er. „But you know that everybody who was not born in Cornwall is as far as we are concerned a foreigner." Diese Feststellung war sehr taktvoll von ihm, aber sie stimmte. Selbst die Leute aus Devonshire sind für „Cornish people" Fremde.

Später kam ich gerne nach Cornwall, um zu fischen. Es gab in Padstow einen etwas brummigen Fischer, Tom Morrisy, der zwar nur ungern Leute mitnahm, aber ich gehörte zu den Auserwählten, die mit ihm fahren durften. Sein Boot hieß „The Girl Maureen" und stank schrecklich nach altem Fisch und Diesel. Er kreuzte damit stundenlang auf dem Atlantik. Je nach Wetter zeigte sich das Meer ölglatt oder ungeheuer bewegt. Mir machte der Wellengang nichts aus. Aber meine Söhne Peter und Richard spien wie die Reiher. Ich erinnere mich, als wir einmal bei grobem Wetter hinausfuhren, und der arme Peter immer grüner im Gesicht wurde. „Ich glaube, es ist Zeit umzukehren", sagte ich zu Tom. „Why?" fragte er. „Schauen Sie meinen Sohn Peter an." Aber Tom beeindruckte das nicht. „He is got to learn it", erwiderte er ungerührt und war nicht dazu zu bewegen, das Ruder zu wenden.

Eines Tages wurde mir in Cornwall sogar das Glück zuteil, einen Hummer zu fangen. Ich machte mit Baba und den Kindern einen Spaziergang in einer der Buchten. Es war Ebbe, und das Wasser war relativ weit draußen. Wir gingen an einer Felswand vorbei, und plötzlich sah ich, wie sich in einem Wasserpool im Fels etwas bewegte. Bei näherem Hinsehen merkte ich, dass es ein Hummer war. Mich rührte vor Aufregung beinahe der Schlag. Ich hatte noch nie einen wilden Hummer gesehen. Normalerweise waren sie weit draußen im Meer. Unglücklicherweise hatte ich keinerlei Fanginstrumente bei mir, und Baba drängte zur Rückkehr, da die Flut kam. In dieser Nacht schlief ich sehr unruhig, weil ich befürchtete, mein Hummer könnte am nächsten Tag weg sein. Kaum brach die Ebbe an, eilte ich mit Eimer, Catcher und Spratthook zur Bucht. Der Hummer war noch da, und zu meiner großen Freude war sogar ein zweiter dazugekommen. Ich fing beide ein und zu Hause steckten wir sie in den Kochtopf. Sie mundeten uns köstlich.

Die starke Brandung an den Felsen kostet immer wieder Schwimmern das Leben, die trotz der roten Warnungsfähnchen, zwischen denen nicht gebadet werden darf, ins Meer gehen. Bei einem Besuch von Stefanie Hofstadt, der Tochter von Freunden, und meines Sohnes Johnny unternahmen wir eine Spazierfahrt auf das sogenannte Headland. Oben angekommen, ließen wir den Wagen stehen und wanderten die teilweise tief eingeschnittenen Buchten entlang. Plötzlich sah ich in einer der Buchten einen Ertrunkenen liegen. Johnny wollte mir nicht glauben, kletterte dann aber doch hinunter, um nachzusehen. Von oben beobachteten wir, wie Johnny an das, was ich für den Ertrunkenen hielt, herantrat und sich die Nase zuhielt. Offenbar war es eine Leiche, die wohl lange im Wasser gelegen haben musste, ohne dass sie jemand bemerkt hatte.

Wir beschlossen, die Küstenwache zu informieren. Der Offizier war ein alter, behäbiger Mann, der sich von unserem Fund nicht sonderlich aus der Ruhe bringen ließ. Als wir ihm die Stelle beschrieben, wo wir den Toten gefunden hatten, holte er ein großes Buch heran. Vor sich hin murmelnd, fuhr er mit dem Finger die Eintragungen entlang. „Ah, da ist er", stellte er nach einer Weile fest. „Wurde auch Zeit, dass er sich wieder zeigt. Er ist bereits vor einer Woche ertrunken." Mit einem Schlauchboot wurde die Leiche geborgen.

Eines Tages verkaufte Babas Familie das Haus, leider ohne uns vorher darüber zu informieren. Seither verbringen wir unsere Ferien bei Freunden.

Meine Hunde

Es waren meine Hunde, die sich am meisten über unser neues Zuhause inmitten von Wiesen und Wäldern freuten. Mein ganzes Leben hindurch haben Hunde eine Riesenrolle gespielt. Meine Mutter züchtete für sich und ihre Freunde Rauhaardackel. Sie war immer von einer Dackelschar umgeben, vielleicht habe ich dadurch selbst so etwas wie eine gewisse Dackelmentalität entwickelt. Wer Dackel nicht kennt, behauptet, sie seien schwer zu erziehen, nicht zu führen und besonders bissig. Sie sind dickköpfig und selbstständig. Aber bissig sind sie nur, wenn man sie dazu erzieht. Ich habe nie einen Hund erlebt, der böse oder bissig auf die Welt gekommen ist, und ich bin in meinem Leben ständig mit Hunden umgegangen.

Als mein Sohn Peter sich mit der Prinzessin Reuss verlobte, besuchte ich ihren Vater Heinrich III. in der sogenannten Danklerhube bei Mautern in Österreich. Er war ein großer Dackelzüchter und hatte etwa fünfzehn Dackel in einem Freigehege untergebracht. Peter behauptete, wenn die Hunde morgens zum Füttern zur Küche liefen und es stünde ihnen jemand mit langen Hosen im Weg, dann hätte er, nachdem die Meute vorbeigekommen wäre, nur mehr kurze Hosen an. So bissig seinen sie. Ich aber machte andere Erfahrungen. Als ich bei einem morgendlichen Spaziergang den Zwinger sah, kletterte ich über den Zaun und setzte mich unter die Hunde. Ich redete mit ihnen, und sie reagierten sehr freundlich. „Casimir, wo bist du?" hörte ich plötzlich Heinrichs Stimme. „Hier bei den Dackeln", antwortete ich.

Erschrocken kam er zum Zwinger gelaufen. „Um Gottes willen! Schau bloß, dass du da heil wieder herauskommst." Also verabschiedete ich mich von den Dackeln, die mich schwanzwedelnd bis an den Zaun begleiteten. Dann kletterte ich ganz ruhig wieder aus dem Zwinger. Keiner der Hunde hatte auch nur einmal gebellt. Heinrich war platt. „Wie hast du das gemacht?" wollte er wissen. Ich wusste es selbst nicht. Es muss eine geheime Verbindung zwischen mir und den Hunden geben, denn ich bin in meinem Leben noch nie von einem gebissen worden.

Einer meiner Kollegen bei der Metallgesellschaft, Klaus Seiffert, hatte schöne Jagdhunde, von denen ein Wolfshund als sehr bissig galt. Ich erinnere mich, wie ich bei einem Besuch in Seifferts Haus in der Halle diesem Hund begegnet bin. Er fixierte mich mit seinen komischen grünen Augen. Ich blieb abwartend stehen und blickte ihn unverwandt an. Da kam Seiffert und rief: „Casimir, fassen Sie den Hund bitte nicht an, der beißt." Als wir uns in sein Arbeitszimmer setzten und miteinander redeten, kam plötzlich der Hund, um an meiner Hand zu schnuppern. Bei meinem nächsten Besuch gab es keine Probleme mehr. Er sagte mir nach Hundeart „Guten Tag", und ich antwortete ihm freundlich nach Menschenart.

Eines Tages fand in Seifferts Jagdhütte im Hintertaunus ein Vorstandstreffen statt, zu dem auch die Ehefrauen geladen waren. Unterdessen musste der Hund im Zwinger sitzen. Es tat mir leid, ihn bei so schönem Wetter eingesperrt zu sehen.

Also ließ ich ihn frei. Er begrüßte mich äußerst freundlich und rannte zu den anderen. Da aber passierte ein Unglück. Noch ehe ich es verhindern konnte, biss er die Frau meines Kollegen Schlichtermann so fest, dass sie zum Arzt musste. Während Seiffert mir schwere Vorwürfe machte, setzte sich der Hund mit Unschuldsmiene neben mich. „Es tut mir herzlich leid, dass er Frau Schlichtermann gebissen hat", erwiderte ich. „Aber schau nur, wie friedlich er da neben mir sitzt." „Das tut er bei keinem anderen Menschen sonst", brummte Seiffert kopfschüttelnd.

Meine erste eigene Dackelhündin hieß Zwiesel. Sie war in Hamburg während des Krieges bei mir und reagierte auf die Bombenangriffe ebenso verängstigt wie ich. Wenn wir es nicht mehr rechtzeitig in den Luftschutzkeller schafften, dann setzten wir uns beide unter einen Türbalken und zitterten um die Wette. Bei Sorgen oder Kummer kam sie zu mir und tröstete mich. Zwiesel begleitete mich auf alle Jagden und apportierte sogar Kaninchen. Das erste Kaninchen brachte sie mir unaufgefordert aus einer Fichtendickung heraus. Später tat sie es immer wieder, wenn man sie dazu anhielt. Zwiesel starb mit vierzehn Jahren in Hamburg, still und friedlich. Abends stieg sie in ihr Körbchen, und morgens war sie in die ewigen Jagdgründe eingegangen.

Mein nächster Hund, den ich meiner Tochter Leonille schenkte, hieß Micky, ein Cairn Terrier. Ich wollte eigentlich gar keinen Cairn Terrier. Doch das mir sehr befreundete Ehepaar Oswald in Hamburg hatte einen Cairn Terrier-Rüden besessen. Dieser Hund war mit dem gefallenen Sohn im Krieg gewesen. Später ist er dann auf der Elbchaussee in Hamburg von einem Auto überfahren worden. Die beiden waren darüber so verzweifelt, dass ich versprach, ihnen aus England einen Cairn Terrier mitzubringen. Nach einigem Suchen fand ich eine gute Züchterin und kaufte einen sechs Wochen alten Rüden. Doch als ich die Züchterin verließ und an den Hundekäfigen vorbeiging, guckte aus dem letzten Käfig ein ganz verzweifeltes Gesicht heraus. Es blickte so verzweifelt, dass ich den Hund kaufen musste. Es war eine zwei Monate alte Hündin, sie wurde Micky genannt.

Leider vertrug sie sich nicht besonders mit Ingrid, und meine Tochter war noch zu klein. So gab ich sie nach einiger

Zeit in die Obhut meiner Mutter. Die beiden wurden unzertrennlich, und meine Mutter nahm sie überallhin mit. Nach dem Tod meiner Mutter lebte Micky bei meinem Stiefvater weiter, und als mein Stiefvater starb, nahmen Baba und ich sie zu uns auf die Haubenmühle. Micky wurde sehr alt, und als sie am Ende krank wurde, nahm ich sie mit auf einen Spaziergang und erschoss sie. Es war ein schneller und schmerzloser Tod. Ich glaube, es ist das Beste und Mitleidsvollste, was man für ein altes, leidendes Tier tun kann, wenn man es persönlich von seinen Qualen erlöst.

Baba brachte auch einen Hund in die Ehe mit, Minny, einen schwarzen Pekinesen. Das war der einzige Hund, mit dem ich nicht zurecht kam. Minny hasste mich. Wenn sie gekonnt hätte, wie sie wollte, hätte sie mich gebissen. Wahrscheinlich war sie eifersüchtig auf mich. Ich liebte sie infolgedessen auch nicht besonders. Zuhause aber gab es bereits unsere Dackelhündin Nunu aus Wiesbaden, die ich meinen Söhnen Richard und Johnny geschenkt hatte, als wir noch in Frankfurt wohnten. Nunu war ein hervorragender Jagdhund und ein sehr guter Schweißhund. Als sie alt genug war, abgerichtet zu werden, gab ich sie zu einem berühmten Schweißhundeführer in der Nähe von Göttingen, Oberförster Klito Hödicke. Er war ein netter, großer, schwerer Mann mit riesigen Händen. Nunu betrachtete ihn sehr misstrauisch von meinem Schoß aus.

Als der Augenblick des Abschieds kam, wollte Herr Hödicke Nunu mir vom Schoß nehmen. „Passen Sie auf, Herr Hödicke", warnte ich ihn. „Der Hund könnte beißen." Als er erwiderte: „Nein, der wird mir nichts tun", hatte Nunu ihn schon in den Daumen gebissen. Nachdem der erste Schreck vergangen war, beschäftigte er sich ganz geduldig mit ihr. Die erste Zeit telefonierte ich fast täglich mit Herrn Hödicke, um zu erfahren, wie es meinem Rauhhaarkind gehe. Nunu sei sehr brav, habe zuerst etwas getrauert, mache ihre Sache aber gut und sei ein besonders intelligenter Hund, hieß es.

Nach einem halben Jahr, einer langen Zeit in einem Hundeleben, holte ich Nunu wieder ab. Ich kündigte meinen Besuch bei Herrn Hödicke an und bat ihn, Nunu nichts von meinem Kommen zu verraten. Er sollte sie aus dem Haus las-

Mit meinem Liebling, der Dackelhündin Nunu.

sen, sobald mein Auto vorfahre. Das Haus lag auf einem Hang, zu dem ein gepflasteter Weg führte. Ich blieb unten stehen und beobachtete, wie Nunu das Haus verließ. Als sie mich erblickte, kam sie wie der Wind den Hang heruntergelaufen. Wir waren beide vor Wiedersehensfreude überglücklich.

Wie vor einem halben Jahr saß Nunu wieder auf meinem Schoß, während ich mit Herrn Hödicke ein Abschiedsgespräch führte. Als Hödicke das Wort auch an Nunu richtete, biss sie ihn diesmal zwar nicht, doch knurrte sie ihn wütend an. „Dieser Hund ist unglaublich", rief Hödicke. „Eine solche Charakterstärke habe ich noch nie gesehen. Wissen Sie, dass sie jeden Mittag einen Mittagsschlaf auf meinem Bauch gehalten hat? So etwas Undankbares!"

Nunu war ein herrlicher Hund, sie war so jagdpassioniert, dass ihr alles andere egal war. Ich hatte damals eine Jagd in Österreich in der Nähe von Bad Aussee, die sehr steil und mühsam zu begehen war. Als die Jäger mich mit meiner Nunu sahen, lächelten sie etwas geringschätzig. „Ja, was wollen denn Durchlaucht mit dem Hundserl?" „Der geht mit auf die Jagd", erklärte ich entschlossen. „Aber das kann der doch gar nicht aushalten auf dem steilen Gelände." „Lasst Nunu in Frieden", wiederholte ich. „Sie ist zwar kein nobler Schweißhund, aber sie ist mindestens so gut wie alle eure Hunde zusammen."

Nunu wanderte mit bis zur ersten Hütte, auch den Aufstieg zur zweiten Hütte bewältigte sie gut. Nach dem zweiten Tag, an dem wir quer durchs Revier gepirscht waren, hatte sie allerdings einen solchen Muskelkater, dass sie ging, als hätte sie vier falsche Beine. Ich gönnte ihr einen Tag Ruhe, den sie freudig in der warmen Hütte auf einem Stuhl verbrachte. Doch schon am vierten Tag war sie wieder ununterbrochen dabei, lief neben mir her oder hing an der Leine, wenn ich mich mit den Händen hochziehen musste.

In Begleitung von Ammon, dem ersten Oberjäger, schoss ich einen Gamsbock, der etwa achtzig Schritte unterhalb von uns in einer Latschengasse stand. Er fiel sofort um. Ammon hatte gerade in einer anderen Richtung geblickt und daher sein Verschwinden nicht bemerkt. Daher zeigte ich ihm die Stelle und er stieg mit seiner Gebirgsbracke, einem sehr guten

160

Schweißhund, hinunter an die angegebene Stelle. Der Hund suchte in den Latschen herum, konnte den Bock aber nicht finden. „Durchlaucht, Sie haben den Bock gefehlt", rief Ammon zu mir herauf. Ich schüttelte den Kopf. „Nein, er muss da unten liegen." Schließlich machte ich mich selbst mit meiner Nunu auf den Weg.

„Such, Nunu!" wies ich sie an. Nunu guckte mich mit ihren dreieckigen Augen an, naselte im Moos und im Heidelbeerkraut herum, tupfte mit der Nase auf die Erde. Das war das Zeichen, dass sie etwas gefunden hatte. Ich fasste ins Moos und fand den Mantel des Geschosses. „Schauen Sie mal", sagte ich zu Ammon. „Da ist der Mantel von dem Geschoss." „Das muss sich zerschlagen haben", erwiderte er skeptisch. „Das hat sich nicht zerschlagen. Das ist durch den Bock hindurch." Nun nahm ich Nunu an die lange Leine und befahl: „Such!" Nunu wollte nach links wenden. Aber da konnte der Bock nicht liegen. Meiner Erinnerung nach war er nach dem Schuss in die Latschengasse hinein verschwunden. Ich nahm Nunu hoch: „Du sollst keine Eichhörnchen suchen. Du sollst das Böckchen suchen."

Wir gingen zum Anschuss zurück, und ich setzte Nunu abermals auf die Fährte. Doch erneut bog sie nach links ab. „Nun sei doch nicht so blöd!" schimpfte ich und zog sie wieder zum Anschuss zurück. Zum dritten Mal trabten wir nun die Latschengasse hinunter, und zum dritten Mal wollte Nunu nach links. „Jetzt ist es egal", dachte ich und folgte ihr. Zehn Meter weiter lag der Bock mausetot in den Latschen. Wie war ich nun stolz auf meine Nunu! Von dem Moment an änderten die Jäger ihre Meinung über sie. Nunu war eben ein besonderer Hund. Als sie alt und blind geworden war, erschoss ich sie auf der Haubenmühle.

Ihr Tod hat mich viel mehr mitgenommen, als ich es wahrhaben wollte. Wir hatten damals ein englisches Ehepaar bei uns zu Gast, Sarah und Andrew Morrit. Sarah war die Tochter von John Merton, einem der besten Maler und Zeichner Englands, und Enkelin des berühmten Physikers Sir Thomas Merton, der während des Krieges in England geadelt worden war. Andrew, der damals bereits ein sehr guter Jurist war, ist heute einer der berühmtesten Richter Englands. Gemeinsam saßen wir auf der Terrasse, als ich plötzlich am Bachhang unten ein Wiesel sah. „Lauf ins Haus und hol die leichte Flinte", sagte ich zu Johnny. „Vielleicht kriegst du das Wiesel."

Es dauerte nicht lange, da krachte unten am Bach ein Schuss, und Johnny erschien mit dem erlegten Wiesel in der Hand. „Warte", sagte ich und erklärte ihm, was ich tun wollte. „You can't do that!" rief Sarah erschrocken aus, als sie meinen Plan hörte. „You can't shoot your own dog." „It's necessary. I have to do it", erwiderte ich und holte meine Flinte und eine lange Schnur. Ich band das Wiesel an die Schnur, und Johnny schleifte es in Richtung Hundefriedhof. Dann setzte ich Nunu, die zwar den Schuss am Bach gehört hatte, aber durch ihre Blindheit behindert war, auf die Fährte des Wiesels. Mit der Nase am Boden und mit wedelndem Schwanz folgte sie dem Wiesel. Als sie es gefunden hatte, schoss ich sie tot. Das war ein fürchterlicher Moment. Von Schmerz übermannt, musste ich weinen.

Nunu hatte in der Haubenmühle zweimal Junge bekommen, sich aber nicht sonderlich um sie gekümmert. Sah sie mich, verließ sie die Jungen sofort, um mir zu folgen. Die Jungen, die ich später verschenkt habe, wurden von einer deutschen Kurzhaarhündin betreut. Tante Edda, wie wir sie nannten, kümmerte sich wie eine Kinderschwester um die Kleinen und ließ sich von ihnen sogar in die Nase beißen. Auch Edda war treu und anhänglich. Ich hatte sie von einem Jagdbesitzer aus dem Taunus gekauft. Sie war zwar auf der Jagd nicht so schlau wie Nunu, aber doch sehr gut. Sie starb 1971, im selben Jahr wie Nunu.

Von Eddas beiden Jungen verschenkte ich das eine, das andere behielt ich. Es hieß Amsel und war ein sehr schöner Hund, viel schöner als Edda selbst, aber jagdlich schwierig. Auch sie ließ ich bei Herrn Hödicke abrichten, aber mit wenig Erfolg. Einmal nahm ich sie zu einer Jagd in den Weinbergen nahe bei Kreuzenach mit. Ich war stolz auf meinen abgerichteten und nobel aussehenden Hund. Dann schoss ich auf einen Hasen, der in ungefähr hundert Metern Entfernung umfiel. Da es ein Standtreiben war, ließ ich Amsel los und befahl ihr „Apport!" Wie der Wind war sie bei dem Hasen. Aber statt ihn zu bringen, begann sie, ihn aufzufressen. Das war um so peinlicher, weil die anderen Mitjäger, die auf ihren Stühlchen saßen, mit heiteren Mienen meinen

Wutausbruch über den unfolgsamen Hund beobachteten.

Da ich damals in der Metallgesellschaft sehr beschäftigt war, hatte ich keine Zeit, mich ausgiebig mit Amsel zu befassen und sie zu führen. So schenkte ich Amsel meinem Neffen Bubi Hermann. Er kam gut mir ihr aus. Aber als er eines Tages mit ihr auf die Jagd ging, lief sie weg und kam nicht wieder.

In der Zwischenzeit aber hatte ich einen weiteren Hund gekauft, einen weißen Bullterrier, Pola, ein rührender Hund. Alle Reden, dass Bullterrier bissige Hunde seien, stimmen nicht. Ich wollte immer schon einen weißen Bullterrier besitzen. Eines Tages las ich in der englischen Zeitung *The Field* eine Reportage über weiße Bullterrier. „Das ist ein Wink des Schicksals", dachte ich.

Auf einer Reise nach England rief ich meinen Freund Tom Whitehead an: „Tom, ich suche einen guten Züchter von Bullterriern." Tom holte mich ab und fuhr mich zu zwei Züchterinnen. „Ich hätte gerne einen weißen Bullterrier mit rosa Augen", sagte ich. „Sir, mit rosa Augen?" wunderte sich die Züchterin. „Das sind doch keine Albinos. Es gibt keine Bullterrier mit rosa Augen." Sie hatte natürlich recht. Dann zeigte sie mir ihre kleinen Bullterrier. Sie hatte zwei Hündinnen, die gerade geworfen hatten. Die Hündchen sahen aus wie kleine Ferkelchen. Sie hatten ganz schwarze Augen und waren süß. „Kann ich in den Zwinger rein?" fragte ich. Sie öffnete mir das Gitter, und ich setzte mich zu den Kleinen ins Stroh. Sie liefen um mich herum, wackelten mit ihren Schwänzchen und ich wusste überhaupt nicht, für welchen ich mich entscheiden sollte.

„Sie müssen sagen, was für einen Hund ich kaufen soll", wandte ich mich an die Züchterin. „Ich verstehe von Bullterriern gar nichts." Aber sie winkte ab. „Das müssen Sie schon selbst entscheiden." Ich beschäftigte mich weiter mit den Hündchen, die eigentlich alle gleich aussahen. Wie sollte ich nur den Richtigen finden? Da kam mir eine Idee. Ich klatschte ganz hart in die Hände. Von den vier kleinen rannten drei weg, eine blieb sitzen und guckte mich an. Das war die Pola. Sie war noch zu klein zum Mitnehmen, daher holte ich sie einige Wochen später ab. Die Kinder nannten sie Piggy, weil sie wie ein Schweinchen aussah. Sie spielten mit ihr Fußball, Pola machte den Torhüter. Das konnte sie fabelhaft, denn sie war schnell und stark. Sie blieb lange bei uns und starb mit dreizehn Jahren.

Nach Nunus Tod hatte ich einen Hund namens Tina. Heinrich Treichl, der Generaldirektor der Creditanstalt in Wien und langjähriger Freund von mir, lud mich eines Tages auf einen Hirsch ein. Die Creditanstalt besaß in der Steiermark ein riesiges, ehemals kaiserliches Jagdrevier. Ich meldete mich beim Forstmeister. Gemeinsam mit dem Oberjäger Geier wanderte ich zu einem bequemen Jagdhaus mit weitem Blick über das Tal, das Erzherzog Johann seinerzeit hatte errichten lassen. Ermattet vom langen Fußmarsch, stieg ich die Terrasse hinauf. Dort sonnte sich eine Hündin mit vier oder fünf Jungen, die wie winzige Wollknäuel aussahen. „Was sind das für Hunde?" wollte ich von Herrn Geier wissen. „Die Mutter ist eine österreichische Gebirgsbracke, und der Vater ist ein bayerischer Schweißhund", brummte er. Wenn auch nicht reinrassig, so schien die Zucht doch gut zu sein. „Wissen Sie was, Herr Geier? Wenn ich heute abend den Hirsch schieße, kaufe ich Ihnen einen von den Hunden ab."

Wir wanderten über einen Steig, der uns hinunter ins Tal und auf der anderen Seite wieder hinauf führte. Es war ein milder Herbstabend, etwas zu warm für die Hirschbrunft. Die Hirsche meldeten schlecht. Von unserem Hochsitz aus hatten wir einen prachtvollen Ausblick über eine Almwiese. Die Sonne schien, und über den Baumwipfeln lag leichter Dunst. Ab und zu vernahm man, verschwommen von weit her, einen Hirsch röhren. Von Geier erfuhr ich, dass ich von Herr Treichl auf einen alten Vierzehnender eingeladen worden war. „Wir haben die Abwurfstangen hier, aber die letzten drei Wochen haben wir ihn nicht gesehen", meinte er.

„Das ist eine feine Sache", dachte ich mir. „Jetzt sitze ich hier oben und warte auf einen Hirsch, den wochenlang kein Mensch mehr gesehen hat." Meine Bedenken waren jedoch unbegründet. Denn bald schon sah ich die Stangen des Hirsches heraufwackeln. In gut 250 Metern Entfernung blieb er stehen. „Das ist zu weit", meinte Geier, als er sah, wie ich meine Büchse anlegte. „Ach, Geier, ich versuche es. Nicht geschossen ist auch gefehlt." Meine Büchse schoss hervorragend, der Hirsch war auf den Schuss weg. Geier fixierte ihn

mit dem Glas und rief: „Durchlaucht, Sie haben den Hirsch."
Wieder durchquerten wir das Tal bis hinter die Kuppe des
Hügels. Da lag der Hirsch, ein guter alter Hirsch, es war der
Richtige.

Am nächsten Morgen machte ich mein Versprechen wahr
und suchte eines der Wollknäuel aus, Tina. „In einigen
Monaten hole ich sie ab", versprach ich. Sechs Monate waren
vergangen, als ich eines Nachmittags bei Herrn Geier an die
Haustür klopfte. Seine Familie saß gerade in der Küche. Als
ich ins Haus eintrat, liefen mir zwei elegante rehbraune Hunde
zwischen den Beinen hindurch. Herr Geier bat mich an den
Küchentisch und wir plauderten über die Hirschbrunft.

„Ich würde gern den Hund sehen", sagte ich dann. „Haben
Durchlaucht den Hund nicht schon gesehen?" fragte Geier.
„Er ist Ihnen doch zwischen den Beinen durchgelaufen." Aus
dem Wollknäuel meiner Erinnerung war ein bildschöner
Hund mit langer schwarzer Schnauze und tiefem Behang
geworden. Sie wollte natürlich bei ihrem alten Herrn bleiben
und ließ sich nur sehr widerwillig ins Auto zerren. Da saß sie
dann hechelnd zu meinen Füßen und wollte raus. Ich redete
mit ihr und versuchte sie zu beruhigen. Und auf einmal schaute sie mich an und legte ihren Kopf auf einen Fuß. Da hatte sie
mich akzeptiert und ließ mich nicht mehr aus den Augen.

Tina starb 1986 im Alter von fünfzehn Jahren, einem hohen
Hundealter. Auch die von mir geliebte Bella, eine schwarze
Labradorhündin, die ich 1981 kaufte, erreichte dieses Alter.
Als ich sie bekam, ließ ich sie bei Mr. Hook in England ausbilden. Aber erstaunlicherweise konnte sie nicht schwimmen. Sie
ging zwar ins Wasser, aber sie bewegte beim Schwimmen nur
die Vorderbeine und kam daher kaum vorwärts.

Nun habe ich mit Schweizer Freunden eine Jagdbeteiligung in Ottenheim am Oberrhein, die von zwei Brüdern
betreut wird. Der eine dieser Brüder, Horst Wenz, ist ein
begnadeter Hundemann. Den bat ich, meine Hündin in Ausbildung zu nehmen. „Sie hat Probleme mit dem Schwimmen", erklärte ich Herrn Wenz. Dieser warf seiner Frau einen Blick zu und meinte: „Da werde ich mir wohl wieder die
Badehose anziehen müssen." In einem der ausgebaggerten
Kieslöcher brachte er Bella das Schwimmen bei. Sie war
damals knapp drei Jahre alt, und so lernte sie schnell. Ich

Auf der Jagd in Ottenheim, mit meinem
Golden Labrador Slipper.

schickte sie dann jedes Jahr drei bis vier Wochen zum Training hin. Sie wohnte dort im Hause wie ein Kind. Nur einmal stellte sie etwas an.

Sie schlief in der Küche, in der auf dem Tisch eine Torte stand. Das Ehepaar Wenz war ausgegangen. Als es wieder heimkam, war die Torte verschwunden. Zunächst fiel der Verdacht auf den Sohn. Aber schließlich stellte sich heraus, dass Bella die Torte gefressen hatte. Ihr wurde nach dem verbotenen Leckerbissen nämlich schrecklich übel. Bella war ein guter Jagdhund und packte unheimlich vorsichtig an. Was sie nicht mochte, waren Brennesseln. Wenn ein Stück in einen Brennesselbusch fiel, lief sie erst um den Busch herum, um sich wegen des Geruchs des gefallenen Wildes zu vergewissern. Denn sie wollte nicht umsonst in den Busch hineinlaufen. Nur wenn sie sicher war, dass das Wild drin lag, überwand sie ihre Abneigung und lief hinein. Im Laufe der Jahre bekam Bella eine weiße Schnauze und weiße Augenbrauen, sie wurde ein „wise old dog". Zu Weihnachten 1996 starb sie.

Unser Hundefriedhof auf der Haubenmühle.

167

Nach gebührender Trauerzeit beschlossen meine Frau und ich, als wir wieder einmal in England waren, einen Labrador zu kaufen, nicht von der schweren, sondern von der kleinen Rasse. Nicht leicht zu finden. Nach längerem Suchen und erneuter Hilfe von Mr. Hook fanden wir eine Züchterin, die uns zwei Labadorhündinnen vorführte. Eine schwarze und eine gelbe Hündin wohnten zusammen in einem Zwinger, sie waren acht Monate alt und voll ausgebildet. Meiner Frau gefiel die Gelbe, mir die Schwarze. Nach langem hin und her und zur Freude der Züchterin nahmen wir beide. Eine Entscheidung, die wir nie bereut haben.

Beim Jagen nahm ich manchmal beide, manchmal nur einen mit. Sie hießen Firn und Slipper. Als ich Firn das erste Mal zur Fasanenjagd nach Ottenheim mitnahm, übernachtete ich wie immer im Hotel Erbprinzen. Das ist ein kleines, gut geführtes Hotel, in dem man hervorragend isst. Firn schlief wie ihre Vorgänger im Schlafzimmer. Als ich nachts aufwachte, konnte ich es kaum glauben, es stank erbärmlich. Ich sprang aus dem Bett, riss alle Fenster auf und versuchte nun, die Katastrophe einigermaßen unter Kontrolle zu bekommen. Eine Stunde lang wischte ich und kratzte mit allem möglichen Handwerkszeug, das ich im Zimmer finden konnte, über den Teppichboden. Sogar mit dem Schuhlöffel arbeitete ich.

Am nächsten Morgen kam mein Fahrer Kunz mit hoch erhobener Nase ins Zimmer. „Ich war's nicht", rief ich. „Es war der Hund." „Warum haben Sie mich nicht gerufen?" fragte er. „Ich wusste ja nicht, welches Zimmer Sie hatten." Seither weiß ich immer, in welchem Zimmer Kunz wohnt. Beim Frühstück beichtete ich der Besitzerin, Frau Kieserle, die Misere. „Wenn Sie das nicht sauber kriegen", sagte ich, „dann reißen Sie den ganzen Schweinekram einfach raus und lassen einen neuen Teppich legen."

Dann ging ich mit dem Unglückshund zur Jagd. Ich schoss zwei Fasanengockel und befahl ihr, sie zu apportieren. Sie lief auch brav hin, roch aber nur an den Vögeln und kam wieder zurück. Das ging den ganzen Vormittag so. Weder einen Fasan noch einen Hasen packte sie an. „Da hast Du aber einen feinen Hund mitgebracht", sagte schließlich einer meiner Schweizer Freunde. „Der kann ja gar nichts." Was ich damals nicht wusste, war, dass der Hund am Vortag mit unserer Haushälterin spazierengegangen war und dabei eine Menge Pflaumen gefressen hatte. Er hatte sich einfach den Magen verdorben. Erst nach dem Mittagessen ging es ihm wieder gut, und er apportierte jeden Fasan. Damit war meine Ehre wieder hergestellt. Heutzutage aber reise ich nur noch mit einer Plastikschaufel, und der Hund schläft auf einer Decke im Badezimmer.

Im World Wildlife Fund

Meine Jagdleidenschaft und meine Verbundenheit mit der Natur und den Tieren brachten es mit sich, dass ich mich sehr früh im Vorstand der deutschen Sektion des World Wildlife Fund (WWF) engagierte. Das Angebot, den Vorstandsvorsitz zu übernehmen, lehnte ich jedoch ab, da mir die Entfernung nach Bonn zu weit war und ich nicht die nötige Zeit hatte. Das Amt wurde kurzfristig unter anderem von Hermann Josef Abs und Hans-Dietrich Genscher ausgeübt. Da erhielt ich auf einer Amerikareise, die ich für die Metallgesellschaft unternahm, einen Anruf von Prinz Bernhard der Niederlande, dem Gründungspräsidenten des WWF International, der mich dringend sprechen wollte. Wir vereinbarten ein Treffen im Hotel Ambassador in der Park Avenue in New York.

Ich bin mit Prinz Bernhard und seiner Gattin Königin Juliane seit Jahren befreundet. Sie hatten mich öfters zur Jagd nach Holland eingeladen. Einmal schoss ich einen starken, ganz alten Hirsch, den man jahrelang nicht gesehen hatte und der unversehrt wieder aufgetaucht war. Mit Königin Juliane verstand ich mich sehr gut. Ich redete sie mit Majestät an, während ich Prinz Bernhard Bernilo nannte und duzte. Eines Tages forderte mich Bernilo auf, auch die Königin zu duzen. „Das muss die Majestät mir selbst sagen", erwiderte ich. „Ja, lieber Casimir", meinte die Königin daraufhin, „das sollten wir tun". Wir nahmen einander feierlich in die Arme und von da an waren wir Juliane und Casimir.

Als ich bei einem meiner Besuche von ihr wissen wollte,

was von den Gerüchten ihres Rücktritts zu halten sei, meinte sie: „Es stimmt. Ich will zurücktreten." Ich versuchte, ihr diesen Plan auszureden. „Tu das nicht. Die Leute werden außer sich sein, wenn sie ihre Königin Juliane verlieren. Du weißt wohl gar nicht, wie beliebt du bist. Außerdem bist du noch eine junge Frau…" „Ich bin nicht mehr so jung", unterbrach sie mich. „Und Beatrix möchte doch so gerne Königin werden." „Die kann noch ein paar Jahre warten", erwiderte ich bestimmt. „Tu uns allen einen Gefallen, und bleib noch ein bisschen Königin. Bitte, Majestät." „Das kann ich dir nicht versprechen", lautete ihre Antwort. In der Tat sah ich sie ein Dreivierteljahr später im Fernsehen in einer bewegenden Rede ihren Rücktritt bekannt geben.

Bei meinem nächsten Besuch war während des Diners nach einer Saujagd die neue Königin Beatrix mit ihrem Mann, Prinz Claus, anwesend. Ich kam ein wenig zu spät, wenn auch gottlob nicht als Letzter, und wandte mich an die Hausherrin, die nun Prinzessin Juliane hieß: „Ich begrüße Eure Majestät", wobei ich mich verbeugte. „Casimir, das darfst du nicht mehr sagen", tadelte sie meinen Gruß. „Ich bin keine Majestät mehr. Majestät ist jetzt die Beatrix." „Juliane, einmal Majestät, immer Majestät", erwiderte ich. Nach diesen Worten begrüßte ich die junge Königin Beatrix. Sie war mit meinem Neffen Richard aus Berleburg befreundet.

Ich hatte sie einmal während eines Mittagessens in Bonn gesehen. Dabei waren wir wegen Meinungsverschiedenheiten heftig aneinandergeraten. Sie erinnerte sich noch an diese Begegnung. „Wir hatten damals wohl eine etwas härtere Unterhaltung", meinte sie lächelnd. „Jawohl, Majestät." „Nehmen Sie das, bitte, nicht zu ernst. Ich war an dem Tag nicht gut drauf. Sie hatten schon recht mit dem, was Sie mir sagten", erwiderte sie. Von diesem Eingeständnis war ich beeindruckt.

Zu unserer Verabredung im Hotel Ambassador erschien Prinz Bernhard nun in Begleitung von Charles de Haes, dem Managing Director des WWF International, sowie des Schatzmeisters, Anton Ruppert aus Südafrika. Wir begrüßten einander und wechselten einige höfliche Worte. Dann kam Bernilo gleich zur Sache: „Wir sind hier, um dich zu bewegen, den Vorstandsvorsitz im WWF Deutschland doch zu übernehmen." „Wenn das so ist, hättet ihr gar nicht erst zu kommen brauchen", wehrte ich ab. „Ich habe schon vor einem halben Jahr gesagt, dass ich diese Tätigkeit nicht ausüben kann." „Doch, du musst es tun", sagte Bernilo bestimmt. „Dieser häufige Wechsel im Vorsitz ist für den deutschen WWF nicht das Richtige. Deutschland ist ein zu wichtiges Land, um mit der linken Hand geführt zu werden. Tu also, bitte, uns und dem Artenschutz den Gefallen, dieses Amt zu übernehmen."

Wir redeten heftig aufeinander ein. Ich sagte immer wieder „Nein", und Bernilo wiederholte sein „Du musst!" Schließlich lenkte ich ein: „Nun gut, wenn es wirklich so wichtig ist, will ich mich dieser Aufgabe nicht entziehen. Ich habe allerdings zwei Bedingungen: Der WWF muss von Bonn nach Frankfurt umziehen und ganz eng an mein Büro angebunden sein. Auch möchte ich einen eigenen Mann hineinsetzten, den ich mir noch aussuchen werde. Auf diese Weise mag es uns gelingen, eine gewisse Stabilität zu erreichen." Meine Bedingungen wurden problemlos akzeptiert. Ich machte mich sogleich an die Arbeit.

Ich hatte damals in der Metallgesellschaft einen sehr guten Mitarbeiter namens Lasson, der Landwirtschaft studiert hatte. Ihn bat ich, mir zu helfen. Vor allem mussten wir uns um Spenden und Mitglieder kümmern und eine gute Public Relation aufbauen. Unter dem Zeichen des Pandas, das unser WWF International zur Verfügung stellte, gründeten wir die Panda-Fördergesellschaft. Damit boten wir Firmen die Möglichkeit, gegen Zahlung einer Lizenzgebühr ihr Waren unter dem Zeichen des Panda zu verkaufen. Zugleich bat ich Professor Kurt Lotz, den damaligen Vorstandsvorsitzenden von Volkswagen, um seinen persönlichen Einsatz. Er hielt Wort und war mit ganzem Herzen dabei.

Der WWF Deutschland hat Professor Lotz sehr viel zu verdanken. Auch später, als er Vorsitzender des Vorstandes und ich Vorsitzender und dann Präsident des Stiftungsrates von WWF Deutschland wurde. Diesen Stiftungsrat erweiterten wir mit Persönlichkeiten, von denen wir annahmen, dass sie dem WWF weiterhelfen könnten. Zunächst arbeitete ich von meinem Büro in der Metallgesellschaft aus, dann fanden wir in der Nähe ein eigenes Büro. Im Laufe der Jahre entwickelte sich der WWF in Deutschland zu einer großen Organisation. Zunächst aber waren unsere Anfänge bescheiden. Prinz Bernhard besuchte uns ein paarmal in Frankfurt. Er blieb nach wie vor der alte Freund. 1981 gab er sein Amt als Präsident des WWF International an Prinz Philip von England ab.

Prinz Philip ließ uns eines Tages wissen, er werde sich erlauben, zu unserer nächsten Sitzung des Stiftungsrates zwei seiner Herren zu entsenden, die herausfinden sollten, wie sich die Dinge entwickelten. Ich bedankte mich höflich für das Interesse Seiner Königlichen Hoheit, wies ihn jedoch darauf hin, dass der WWF Deutschland eine nationale selbständige Organisation sei. Was wir in unserer Stifungsratssitzung zu besprechen hätten, sei intern, daher möge er davon absehen, seine Herren nach Frankfurt zu schicken. Er entsprach diesem Wunsch, und als er in einem späteren Brief bat, uns besuchen zu dürfen, hießen wir ihn herzlich willkommen. Leider gab es einige Schwierigkeiten mit dem Termin. Ich musste für die Metallgesellschaft eilig nach Amerika und konnte ihn daher am Morgen seiner Ankunft nicht persönlich am Flughafen abholen. Das war zwar ein Fauxpas, aber nicht zu ändern.

Wir mobilisierten Professor Lotz und alle anderen Würdenträger, die wir sonst noch auftreiben konnten. Die Sitzung fand im Frankfurter Hof statt. Ich stieß zum Mittagessen dazu. Als Prinz Philip von seinem Zimmer herunterkam, stand ich bereits da, um ihn zu empfangen. Ich entschuldigte mich, dass ich nicht zum Flughafen hatte kommen können. Aber ich hätte eilig aus geschäftlichen Gründen nach New York reisen müssen. „I hear that you are travelling a great deal", lautete seine trockene Antwort. „Ja, ich reise eine Menge", bestätigte ich. „Das gehört zu meinem Geschäft. Wir nennen es ein ambulantes Gewerbe, Eure Königliche Hoheit." Damit war unsere Unterhaltung beendet.

Wir hörten dann einen Vortrag über die Tätigkeit und die ersten Entwicklungen des WWF Deutschland. Dabei wurde auch eine Kurve des Mitglieder- und Spendenaufkommens der nationalen WWF-Organisationen gezeigt. An der Spitze standen die Vereinigten Staaten, Holland und England, und ganz weit unten kam die Bundesrepublik. Wir hatten mit unserer Arbeit ja gerade erst angefangen. Prinz Philip, der neben mir saß, puffte mich mit dem Ellenbogen an und sagte:

„Can you see where Germany is?" „Yes, I can see it." Nach ein paar Sekunden puffte er mich wieder: „Why is Germany so far down?" Diese Frage ärgerte mich. „Don't you know, Your Royal Honest, that we Germans are very modest people?" Er fand das offenbar eine ungehörige Antwort. Denn er würdigte mich keines Wortes mehr.

Ich wurde dann in den Board des WWF International gewählt. Und einige Jahre nach Prinz Philips Besuch in Frankfurt wurde auf einer Sitzung in Gland am Nordufer des Genfer Sees abermals eine solche Kurve gezeigt. Da aber gehörte Deutschland nicht mehr zu den Schlusslichtern, sondern befand sich bereits im oberen Drittel. Ich lehnte mich etwas nach vorn, um festzustellen, ob Prinz Philip sich die Kurve auch anschaute. Prinz Philip, der ein kluger Mann ist, bemerkte natürlich mein Interesse. Sicher erinnerte er sich auch an meine etwas beleidigte Antwort von damals. Denn er beugte sich nach vorne und meinte versöhnlich: „Don't rub it in", was bei den Engländern soviel bedeutet wie: Erinnere mich nicht an meine dumme Bemerkung. Ich verneigte mich zustimmend. Seit der Zeit kamen wir ganz gut miteinander aus.

Nach etwa zwanzig Jahren schied ich aus dem Vorstand aus. Es erwies sich als schwierig, einen geeigneten Nachfolger zu finden, denn die meisten Mitglieder des Stifungsrates waren zeitlich zu sehr ausgelastet, um sich auch noch dieser Aufgabe widmen zu können. Ich hätte gerne Dr. Jürgen Seipp, der damals vom Vorstand der Commerzbank in den Aufsichtsrat wechselte, als Nachfolger gesehen. Doch er selbst war sich nicht sicher, ob er im Hinblick auf kritische Blicke des Umweltschutzes wegen seiner Querverbindungen zur Industrie der richtige Mann sei. Wir diskutierten ausführlich im Vorstand darüber. Die Meinungen waren geteilt. Herr von Treuenfels, den wir seinerzeit ebenfalls in den Vorstand geholt hatten, regte schließlich an, nach einer anderen Persönlichkeit Ausschau zu halten.

Daraufhin schlug ich Michael Otto vor, der innerhalb seines Versandhauses selbst eine Umweltstiftung ins Leben gerufen hatte. Herr von Treuenfels, der sich mit ihm in Verbindung setzte, erhielt jedoch eine Absage. Auch mir gegenüber zeigte sich Michael Otto zunächst ziemlich ablehnend, nicht weil ihn die Aufgabe nicht reizte, sondern weil er zu beschäftigt war. Nach einigen Gesprächen aber wurde er nachgiebiger, und endlich sagte er zu. Darüber waren wir alle sehr erfreut.

Ich wurde, zu meiner Freude, zum Ehrenpräsidenten gewählt. Seither nehme ich, soweit es mir zeitlich möglich ist, an allen Sitzungen teil. Der WWF ist als Artenschutzorganisation angetreten, wie ich es in meiner Abschiedsrede betont habe, und sollte von diesem Primat nicht abrücken. Es gibt auf diesem Gebiet unendlich viel zu tun. Wir haben zahlreiche Projekte zum Schutz der heimischen Tierwelt in die Wege geleitet. Als einer der ersten wurde ich gefragt, ob ich beim Nationalpark Bayerischer Wald mitwirken wolle, was ich mit Freude tat. Heute gibt es da wieder Luchse und Fischotter. Es würde mich nicht wundern, wenn es eines Tages auch wieder Wölfe gäbe.

Wenn man die Natur in Ruhe lässt und nicht zu sehr eingreift, kehren auch ehemals heimische Tiere wieder zurück. So konnten wir gemeinsam mit dem WWF International Projekte zum Schutz der indischen und sibirischen Tiger sowie der Nashörner unterstützen. Beim Umweltschutz bestünde für den WWF dagegen die Gefahr, politisch auf die grüne Linie abgedrängt zu werden. Auch gibt es eine Reihe von Organisationen des Umweltschutzes, die diese Aufgabe wesentlich besser erfüllen. Greenpeace-Aktivitäten wären nichts für den WWF. Der WWF sollte nicht radikal werden, sondern wie bisher engagiert und dabei vorsichtig und überlegt bleiben. Leider, und zu meinem Ärger, hat sich der WWF seither zu einer fast politischen Umweltorganisation entwickelt.

Häufiger Gast in Südafrika

Mit meiner Ernennung zum stellvertretenden Vorstandsvorsitzenden der Metallgesellschaft nahm nicht nur mein Arbeitspensum zu, sondern auch meine Reisetätigkeit intensivierte sich. Denn der Aufbau und die Pflege des internationalen Handelsgeschäfts fielen weiterhin in meine Verantwortung. Ich widmete mich dieser Aufgabe mit großem Engagement. So fuhr ich im Laufe der Jahre mit allen großen Personendampfern: der „Liberty", der „Ile de France", der „Queen Elizabeth", der „United States", der „Christopher Columbus" und der „Andrea Doria", allerdings immer nur für eine Reise in eine Richtung – von Ost nach West oder umgekehrt.

Südafrika war ein aufgrund seiner Rohstoffvorkommen für uns sehr interessantes Land, das ich häufig bereiste und in dem ich im Laufe der Jahre viele Freunde gewann. 1969 gründete ich in Johannesburg die Metallgesellschaft South Africa. Auch übernahm ich den Aufsichtsratsvorsitz der Karl Schmidt South Africa, einer Tochter der Metallgesellschaft, die Motorblöcke, Kolben sowie Räder und Felgen herstellte. Wir hatten eine Produktion in der Nähe von Johannesburg aufgebaut, in der Schwarze, Coloured und Weiße zusammenarbeiteten. Trotz der Apartheid funktionierte das sehr gut. Die Arbeiter waren fleißig, und wir hatten kaum Schwierigkeiten.

Zweimal im Jahr wurde zwischen Coloured und Weißen auf der einen und Schwarzen auf der anderen Seite ein Fußballmatch ausgetragen. Das war zwar verboten, aber man ließ uns gewähren. Auch die „Volkskass", eine der großen Burenbanken, die in unserem Aufsichtsrat vertreten war und die wir als Partner aufgenommen hatten, machte keinerlei Einwendungen. Es war eine fröhliche und unkomplizierte Zusammenarbeit. Schwierigkeiten bereitete allerdings die Radproduktion. Da gab es immer wieder Probleme mit der Oberflächenbeschaffenheit. Wir belieferten BMW, Mercedes, MAN und Volkswagen. Ich reiste häufig nach Südafrika, um mit diesen Automobilherstellern Erfahrungen auszutauschen. Dabei traf ich auch Jürgen Schrempp, den heutigen Vorstandsvorsitzenden von Daimler-Benz.

Das waren alles erfahrene und kluge Leute, die sich Zeit nahmen für ein Gespräch und ihre Hilfe anboten, wenn man sie brauchte. Ein Großteil der deutschen Industrie hatte allerdings von Südafrika wenig Ahnung. Hinzu kam, dass die brisante Frage der Apartheid, die immer wieder Staub aufwirbelte, in den deutschen Medien häufig verzeichnet wurde. Südafrika ist eine eigenständige Nation, und es erscheint mir unangebracht, dass wir mit unserer deutschen Fabelhaftigkeit andauernd anderen erklären müssen, was sie zu tun oder zu lassen haben. Adenauer hätte das sicher nicht getan. Natürlich war die Apartheid ein Fehler. Sie wurde seinerzeit initiiert zum Schutz von schlecht ausgebildeten Weißen, die sonst keine Arbeit bekommen hätten. Das heißt, durch die Apartheid wurden wenig qualifizierte Weiße hoch qualifizierten Schwarzen vorgezogen.

Anfang der siebziger Jahre wurde ich Präsident der Deutsch-Südafrikanischen Gesellschaft, einer Organisation, die zur Kooperation zwischen Südafrika und der Bundesrepublik ins Leben gerufen worden war. Eigentlich hatte ich mit der Metallgesellschaft schon genug zu tun. Aber Christoph Graf Dönhoff, genannt Toffy, der selbst jahrelang die Präsidentschaft innegehabt hatte, ehe er alt und taub wurde, überredete mich, das Amt zu übernehmen. Ich stellte Frau Bock als Geschäftsführerin ein. Sie war eine kluge, selbstständige Frau, die Südafrika gut kannte und eine Reihe von Jahren dort gelebt hatte.

Mit ihr erwachte die Gesellschaft zu neuem Leben. Ich aktivierte auch den Kontakt zu allen Gruppen, die unter dem Dach der Gesellschaft zusammengefasst waren. Wenn ich nach Südafrika kam, besuchte ich immer Minister der Regierung sowie die Vertreter der Opposition. Dabei entwickelte sich manche Freundschaft. An eine Geschichte erinnere ich mich besonders, weil sie den Grundstein zu meiner Freundschaft mit Dr. Nicholas Dietrich legte, dem damaligen Wirtschaftsminister und späteren Staatspräsidenten. Es geschah auf einer meiner ersten Reisen. Ich besuchte zunächst den deutschen Botschafter Junker in Kapstadt, einen großen, gutaussehenden netten Herrn. Ich wollte mich bei ihm erkundigen, worauf ich bei meinen Gesprächen Rücksicht nehmen sollte. Er unterrichtete mich über einen Vorfall, der Dr. Dietrich in der Schweiz widerfahren war und den ich im Gespräch mit ihm keinesfalls erwähnen dürfe.

Dr. Dietrich war vor einigen Monaten in die Schweiz eingeladen worden, um vor einem größeren Gremium einen Vortrag zu halten. Und als er den Saal betrat, standen die Delegation der DDR, aber auch die Delegation der Bundesrepublik auf und verließen den Saal. Für Dietrich bedeutete das einen kolossalen Affront. „Ich weiß bis zum heutigen Tage nicht, was das zu bedeuten hatte", erklärte mir Botschafter Junker. „Als ich versuchte, mich bei Erhard darüber zu erkundigen, erhielt ich keine Antwort. Dietrich hatte alle Hände damit zu tun, den Vorfall aus der südafrikanischen Presse rauszuhalten, und Sie sollten ihn auf keinen Fall darauf ansprechen." Ich dankte dem Botschafter für diese Information und begab mich zu Dr. Dietrich.

Er war höflich und liebenswürdig, und ich konnte nicht umhin, ihn beim Hinausgehen doch auf den Vorfall in der Schweiz anzusprechen. „Ich möchte mit Ihnen darüber reden", erklärte ich, „obwohl man mir gesagt, ich solle es nicht tun." Er nahm mich am Arm und zog mich wieder zurück. Sein Gesicht hatte sich verfinstert. „Das war unerhört", schimpfte er. „Und ich bekomme keinerlei Erklärungen. Alle wissen, dass ich für die Deutschen bin und wie gut meine Beziehungen zu Deutschland sind. Warum also dieser Affront?" „Wäre es Ihnen recht", fragte ich, „wenn ich mich mal darum kümmere und versuche, diesen Vorfall aufzuklären?" Er gab mir sein Einverständnis, und ich flog nach Deutschland zurück.

Unterwegs überlegte ich, wie die Sache am besten anzupacken sei. Erhard noch einmal anzugehen, hatte keinen Zweck, da er praktisch keine Briefe beantwortete. Da fiel mir der Baron Johnny Herwarth ein, Staatssekretär bei Lübke und ein alter Freund von mir, noch aus der Zeit, als er Botschafter in London war. Gleich nach meiner Ankunft rief ich ihn an und schilderte ihm den Fall. „Könntest du mir helfen, den Vorfall aufzuklären?" bat ich. „Ich bin sicher, es liegt nur ein Missverständnis vor." „Das ist gar nicht so einfach", meinte er, versprach aber, sich zu bemühen.

Nach ein paar Tagen rief er mich an: „Du hast recht gehabt. Es war eine reine Fehlschaltung. Die haben nicht aus Protest den Saal verlassen, sondern weil sie vom Auswärtigen Amt leider den Auftrag bekommen hatten, ausgerechnet in diesem Moment eine andere Rede anzuhören." Ich ersuchte ihn, mir diese Erklärung schriftlich zu geben, und leitete die Kopie seines Schreibens an Dietrich weiter. Damit war die Sache erledigt. Seither besuchten Dietrich und ich einander regelmäßig, wenn er nach Deutschland oder ich nach Südafrika

Hermann Josef Abs am Rednerpult.

kam. Er war auch ein enger Freund von Hermann Josef Abs.

Abs reiste viel in der Welt herum, war aber bislang nicht in Südafrika gewesen. „Warum fliegst du nicht hin?" sagte ich zu ihm. „Du kennst dort eine Menge Leute, die dich häufig besuchen. Harry Oppenheimer zum Beispiel. Es wäre doch gut, wenn die Nummer eins der Deutschen Bank da mal hinfährt und sich zeigt." „Gut, dann fliege ich hin", willigte er ein. „Es wäre schön, wenn du mitkommen könntest." So flogen wir gemeinsam. Im Lande hatte jeder von uns eine Menge zu tun. Doch wir trafen einander regelmäßig.

Ich erinnere mich an eine Einladung zum Mittagessen im Randclub, einem der großen Minenclubs in Johannesburg. Alles, was Rang und Namen hatte, war vertreten. „Muss ich da eine sehr vorsichtige Rede halten?" wollte Abs zuvor von mir wissen. „Nein", erwiderte ich. „Sei wie Du bist. Sag ruhig auch unbequeme Sachen. Das schadet gar nichts." Er wurde dann von dem Einladenden vorgestellt und hielt eine glänzende Rede. „Ich werde dem Rat meines Freundes Wittgenstein folgen und eine Rede halten, die zeigt, wie es mir um's Herz ist", begann er. „Ich habe meinen Freund Wittgenstein gefragt, ob ich eine schlaue Rede halten müsse, und er hat gesagt, ich solle eine Rede halten, wie ich bin. Und das werde ich auch tun." Er erhielt dann großen Applaus. Abs war begeistert von Südafrika. Mit Dietrich verstand er sich glänzend, und Dietrich lud uns 1975 anläßlich seiner Ernennung zum Staatspräsidenten nach Kapstadt ein.

Ich reiste sowohl für die Metallgesellschaft, als auch später in meiner Funktion als Präsident der Deutsch-Südafrikanischen Gesellschaft mehrfach im Jahr nach Südafrika. Dadurch waren mir die Probleme des Landes sehr gegenwärtig. Bei meiner letzten Reise besuchte ich meinen alten Freund Nikerk, den damaligen südafrikanischen Botschafter in Deutschland. Zu meiner Überraschung teilte er mir mit, dass ich den Orden „Of Good Hope" verliehen bekommen hätte. Bis heute weiß ich nicht, was das für ein Orden ist. Aber ich freute mich sehr, obwohl ich kein Ordensammler bin. Anläßlich der südafrikanischen Wahlen 1989 veröffentlichte ich in der Presse einen Aufruf, um Präsident Frederik W. de Klerk und seine Reformpolitik zu unterstützen. Unter der Überschrift: „Good Luck, South Africa!" schrieb ich:

„Friends of South Africa and all over the world strongly support the Politics of reform initiated by State President de Klerk and the process of negotiations of CODESA.

The public opinion in Germany and Europe sees this process as the chance for the peoples of Southern Africa for a peaceful future.

Therefore:

Don't change horses midstream!

Choose and build a positive future for all South Africans!

Your German friends stand firmly behind you!"

Ich hatte de Klerk in Kapstadt als liebenswürdigen und positiven Mann kennengelernt. Als er nach Deutschland kam, wurde sein Besuch kaum wahrgenommen. Bundeskanzler Kohl empfing ihn nur stehend, nachdem er zuvor alle Sitzmöbel aus dem Empfangszimmer hatte entfernen lassen. In der Presse erschienen zwar einige Artikel, doch sie hatten nur die damals noch bestehende Apartheid zum Thema. Als Nelson Mandela dann Präsident wurde und de Klerk das Amt des Vizepräsidenten übernahm und erneut nach Deutschland kam, rissen sich plötzlich alle um ihn. Als er auf dem Petersberg in Bonn eine Rede hielt, war der Saal gesteckt voll.

Unmittelbar bevor de Klerk das Podium betrat, kam der südafrikanische Botschafter Golden auf mich zu und bat mich, am Ende des Vortrags ein paar Worte zu sagen. „Das will ich gerne tun", erwiderte ich. „Aber hätten Sie mir das nicht schon ein wenig früher sagen können?" De Klerk sprach über die wirtschaftliche Situation seines Landes und warb für Investitionen. Dann stieg Golden aufs Podium und kündigte an: „Nun wird Prinz Wittgenstein einige Worte des Dankes an Herrn de Klerk richten." Ich ging also nach oben, guckte in den See von schwarzweißen Gesichtern und fing an, mich zu ärgern. Es fiel mir wieder ein, wie zuvor niemand de Klerk hatte sehen wollen, während nun auf einmal alle ihn sehen wollten.

„Sehr verehrter Staatspräsident a. D. de Klerk", begann ich, „es muss Sie doch erheitern, dass Sie bei Ihrem ersten Staatsbesuch in Deutschland niemand sehen wollte. Diesmal aber ist das Haus brechend voll." Im Publikum herrschte betretenes Schweigen. Ich sprach dann weiter über Investitionen und verglich die Wirtschaft mit einem Fluss, in dem sich Untiefen und gefährliche Strudel befänden, daher sei Behutsamkeit geboten. Dann wünschte ich seinem Land viel Glück, verließ das Podium und schüttelte de Klerk die Hand. Als ich wieder auf meinem Platz saß, stieß mich die Dame zu meiner Rechten mit dem Ellbogen: „Prinz Wittgenstein, das war eine ganz schön mutige Rede." Sie stellte sich mir als Bärbel Dieckmann, Oberbürgermeisterin von Bonn, vor. „Nein, das war gar nicht mutig", entgegnete ich. „So ist mir um's Herz. Ich ärgere mich, wie schnell man die Dinge aus Opportunität verdreht."

Ich werde oft gefragt, wie ich die Zukunft Südafrikas beurteile, und es fällt mir schwer, darauf eine Antwort zu geben. Wenn man sich die Entwicklung auf dem afrikanischen Kontinent ansieht, haben alle Staaten, die die Unabhängigkeit erlangten und deren ehemals weiße oder gemischte Regierungen durch schwarze ersetzt wurden, seither große Probleme, manche sogar Bürgerkriege. Die Verwaltungen funktionieren nicht, und die Korruption nimmt überhand. So lange es also in Südafrika eine vertrauensvolle Zusammenarbeit zwischen Weißen und Farbigen gibt, mache ich mir keine Sorgen. Sollte aber eine nationalistisch-schwarze Regierung an die Macht kommen, befürchte ich, dass Südafrika den gleichen Weg gehen wird wie Nigeria, Kongo oder Simbabwe.

Die Probleme Südafrikas sind vielschichtig und nicht rasch zu lösen. Die schwarze Bevölkerung verfügt zwar über eine Reihe gut ausgebildeter Politiker. Sie sind aber nicht zahlreich genug, um das Land zu führen. Erschwerend kommt der hohe Prozentsatz an jungen Arbeitslosen hinzu, die nichts anderes können, als mit einer Kalaschnikow umzugehen. Jahrelang wurden die Schulen von den Schwarzen boykottiert. Auf einer solchen Basis eine verantwortungsbewusste Gesellschaft zu errichten, wird kurzfristig nicht gelingen. Der stabilisierende Einfluss von Nelson Mandela kann gar nicht hoch genug bewertet werden. Was aber geschieht nach Mandela, wenn etwa die Stammesdifferenzen zwischen den Zulus und den anderen Stämmen wieder aufbrechen? Es ist schwer zu beurteilen, ob es der Polizei oder der Armee dann gelingen wird, stabilisierend zu wirken.

Engagement für Rhodesien, dem heutigen Simbabwe

Meine engen Verbindungen zu Südafrika kamen mir zugute, als es darum ging, meinen rhodesischen Freunden zu helfen. Verwickelt wurde ich in die rhodesischen Probleme durch Angelika Gräfin Laschanski, eine Freundin meiner Tochter Leonille, die zusammen mit ihr in Paris studiert hatte. Angelika bat mich eines Tages, P. K. van der Byle, den damaligen rhodesischen Tourismusminister, zu einem Gespräch im Hotel Maurice in Paris zu treffen. Der Vater von P. K. van der Byle war in Südafrika ein bekannter Politiker und ein enger Freund von Jan Smuts, dem einstmaligen Chef der südafrikanischen Regierung.

Van der Byle berichtete mir von den Schwierigkeiten, in denen sein Land steckte. Ian Smith war 1964 Winston Field im Amt des Premierministers in Rhodesien nachgefolgt und hatte sich geweigert, zusammen mit der Partei von Joshua Nkomo zu regieren, einem in Moskau ausgebildeten Kommunisten. Zugleich erklärte er in seiner Proklamation „Unilateral Declaration of Independence" die Unabhängigkeit Rhodesiens. Die UNO hatte daraufhin auf Initiative Großbritanniens mit Sanktionen gedroht. „Wenn es zu Sanktionen kommt", betonte P. K. van der Byle, „werden wir ausländische Hilfe brauchen. Allein können wir eine solche Blockade nicht überstehen. Wir haben zwar eine starke Verbindung zu Südafrika und können unsere Transporte weiterhin über die südafrikanische Eisenbahn und den Hafen von Mozambique laufen lassen. Aber wenn wir keine Abnehmer mehr für unsere Produkte haben, nützt uns das nichts."

Einige Monate später reiste ich nach Rhodesien und besuchte den Vater von Angelika, Prokop Graf Laschanski. Er besaß eine schöne Tabakfarm in der Nähe der Hauptstadt Salisbury, dem heutigen Harare. Auch er war voll Sorge, dass durch die Sanktionen die Abkapselung Rhodesiens von den Märkten zunehmen werde. Ich traf mich noch einmal mit P. K. van der Byle, und er teilte mir mit, dass politisch aus allen Rohren auf Rhodesien geschossen würde. Die Gerüchte über

Sanktionen hätten sich weiter verdichtet. Ich hatte seit vielen Jahren eine Kooperation mit der Firma Borax Consolidated in London. Einer ihrer Direktoren, Richard Altham, war gut bekannt mit C. Carrington, damals noch nicht Lord und noch nicht Außenminister. Er bot mir an, im Hotel Ritz in London ein Mittagessen mit Carrington zu arrangieren.

Das Essen verlief sehr unkompliziert, und es gelang mir ohne Mühe, das Gespräch auf Rhodesien zu bringen. „Should I ever become Secretary of State", erklärte Carrington feierlich, „my heart is very much with Rhodesia." Entschieden sprach er sich gegen Sanktionen aus. Kaum aber war er 1979 unter Premierministerin Margaret Thatcher Außenminister, tat er genau das Gegenteil seiner schönen Worte. Vielleicht war es der Druck von Thatcher und der UNO, dass er sich vor den Karren der Isolation Rhodesiens spannen ließ. Es wurden internationale Sanktionen ausgerufen, an denen ein Großteil der UNO-Mitglieder sich beteiligten, nicht die Schweiz, nicht Japan, aber natürlich die Bundesrepublik, die sich in solchen Fragen immer sehr willfährig zeigt, und die Vereinigten Staaten.

Mein Freund P. K. van der Byle war unterdessen Außen- und Verteidigungsminister geworden und besuchte alle seine Freunde in der ganzen Welt, damit sie ihm helfen sollten, die Isolation Rhodesiens zu durchbrechen. Die Art und Weise, wie man diesen Staat behandelte, der wie Südafrika unabhängig werden wollte, fand ich empörend. Sicher war Ian Smith kein einfacher Mann. Als Angehöriger der Luftwaffe war er im Zweiten Weltkrieg abgeschossen worden und hatte seither ein verbranntes Gesicht, das unbeweglich war wie eine Maske. Seine Äußerungen haben mich allerdings beeindruckt. Ich traf ihn ein paarmal und sprach mit ihm über die Zukunft seines Landes.

Auch mit Peter Wilhelmi und dessen Firma in Johannesburg, mit der die Metallgesellschaft und ich seit vielen Jahren in Verbindung standen, sprach ich. „Wenn wir den Rhodesiern helfen wollen, müssen wir es jetzt tun. Es bedeutet allerdings, dass wir unter die Sanktionsbrecher kommen, was strafbar ist. Ich kann das als Vorstandsmitglied der Metallgesellschaft nicht riskieren. Aber du könntest vielleicht über deine südafrikanischen Verbindungen Warentransporte arrangieren." Wilhelmi zeigte sich einverstanden. Über einen klugen Anwalt, der unterdessen leider gestorben ist, gründete er eine Firma. Wilhelmi organisierte sodann über die südafrikanische Eisenbahn sowie den Hafen Maputo den Export von hochwertigen Legierungen aus Rhodesien.

Das lief über Jahre hinweg sehr gut. Mein Name tauchte nirgends auf, und ich verdiente auch kein Geld an diesen Geschäften. Bis heute aber bin ich stolz und froh, meinen rhodesischen Freunden geholfen zu haben. Irgendwann muss allerdings doch ein Hinweis durchgesickert sein, dass ich mit diesen Exporten etwas zu tun haben könnte; denn eines Tages rief in meinem Büro Mr. King, ein Reporter der *Sunday Times*, an und verlangte, mich zu sprechen. Ich befand mich gerade wieder in Südafrika. Als ich zurückkam und von dem Anruf hörte, überlegte ich erst, was ich tun sollte und rief ihn dann einfach zurück: „Mr. King, I hear that you want to talk to me." Ja, er habe eine dringende Angelegenheit mit mir zu bereden. Da ich ohnehin in Bonn zu tun hatte, lud ich ihn ein, am nächsten Tag zum Frühstück zu mir ins Hotel Königshof zu kommen.

Eigentlich hasse ich solche morgendlichen Verabredungen, denn ich spreche höchst ungern beim Frühstück über politische oder wirtschaftliche Probleme. Mr. King war ein netter, höflicher kleiner Mann. Er redete zunächst ein wenig um den heißen Brei herum, bis er endlich sehr vorsichtig zur Sache kam: „Prinz Wittgenstein, ich höre, dass Sie Rhodesien gut kennen." „Ja, ich kenne es sehr gut", bestätigte ich. „Seit wann?" wollte er weiter wissen. „Seit ungefähr fünf Jahren", erwiderte ich und machte kein Hehl daraus, dass ich es falsch fand, wie man das Land behandelte. „Ist das alles?" fragte er. „Nein, das ist noch nicht alles. Ich sage Ihnen ganz offen: Wenn ich die Möglichkeit hätte, die Sanktionen zu brechen, würde ich es mit Vergnügen tun." „Kann ich das so mit nach England nehmen?" „Ich gebe es Ihnen auch schriftlich, wenn Sie wollen." Damit war unsere Unterredung zu Ende. Ob er mir geglaubt hat, weiß ich nicht. Jedenfalls fanden keine weiteren Nachfragen statt.

Die Regierung von Ian Smith wurde 1980 von Robert Mugabe und Nkomo als Premierminister abgelöst. Im selben Jahr erhielt das Land unter dem neuen Namen Simbabwe

offiziell seine Unabhängigkeit. P. K. van der Byle, der seine
Position als Minister aufgegeben hatte, blieb noch kurze Zeit
Senator und zog sich dann aus der Politik zurück. Er lebte in
Südafrika, war mit einer Prinzessin Liechtenstein verheiratet
und ist leider vor einem Jahr verstorben.

Erkundungen in aller Welt

Reisen hatten für mich nicht nur den Zweck, Geschäfte zu
machen. Vor allem ging es mir darum, Erfahrungen für die
Metallgesellschaft zu sammeln. Natürlich darf man aus den
Geschäftsreisen keinen Tourismus machen. Aber man kann
die Eigenheiten und Probleme eines Landes nur kennenlernen, wenn man sich geduldig mit ihnen beschäftigt. So unternahm ich einige interessante Reisen mit Hermann Josef Abs,
der viele der wichtigen Gesprächspartner kannte. In Brasilien
zum Beispiel, wo wir in der Nähe von São Paulo eine
Kolbenfabrik von Karl Schmidt besaßen, machte Abs mich
mit Vertretern der dortigen Automobilindustrie bekannt.
Dank dieser sehr persönlichen Kontakte gelang es uns, gegenüber unseren Konkurrenten aus Stuttgart ins Geschäft zu
kommen.

Eine andere Reise, die ich mit Abs zusammen unternahm,
führte uns nach Indonesien. Wir hatten damals einen glän-
zenden Vertreter in Indonesien, Herrn Saputra, einen
Chinesen, der jedoch wie alle dortigen Chinesen „indonesi-
siert" worden war. Ich hatte einmal ein nachdrückliches
Erlebnis mit ihm, das für mich zu einem langwierigen
Nachspiel führte. Bei einem meiner Aufenthalte bat ich ihn,
mir den öffentlichen Markt zu zeigen. Saputra führte mich
hin. Es war ein riesiger offener Platz, auf dem es von Leuten
wimmelte, und es roch auch nicht gerade nach Rosen. Und
dann beging Saputra den schrecklichen Fehler, mich in den
Bereich zu führen, wo Tiere angeboten wurden. Ehe ich mich
versah, hatte ich zwei Papageien gekauft.

„Aber Prinz Wittgenstein", rief Saputra entsetzt. „Wie
wollen Sie die mit nach Hause nehmen? Da brauchen Sie eine

Exportgenehmigung und eine tierärztliche Bescheinigung."
Saputra hatte natürlich recht. Ich bat ihn also, die Tiere für
mich aufzuheben, bis alle Dokumente beschafft worden
waren. Nach einigen Wochen war es soweit, und Saputra rief
mich aus Jakarta an: „Mit dem nächsten Flugzeug treffen Ihre
Papageien in Frankfurt ein." Am Tag darauf erhielt ich im
Büro einen Anruf vom Zoll: „Wir haben hier zwei Papageien." „Ja, das ist in Ordnung", erwiderte ich. „Nein, das ist
nicht in Ordnung. Die lassen wir nicht herein." Es begann ein
mühseliges Hin und Her. Der Zöllner konnte das ärztliche
Attest, das in englischer Sprache abgefasst war, nicht lesen und
wollte die Vögel wieder zurückschicken. All meine Überre-
dungskünste halfen nichts. Er beharrte darauf, die Papageien
müssten wieder zurück, das tierärztliche Attest habe keine
Bedeutung. Ich blieb genauso stur.

Schließlich rief ich Heinz Heck, den Direktor vom
Tierpark Hellabrunn, an und bat ihn um Hilfe. Heck erklärte sich sofort einverstanden und setzte sich mit dem Zoll in
Verbindung. Er bat die Vögel nach München weiter zu leiten.
Doch der Zöllner hielt an seiner Entscheidung fest: „Wir
geben die Vögel nicht heraus. Die müssen wieder zurück."
Erst als Heck ihn nach langen Debatten fragte, ob er an einer
politischen Auseinandersetzung zwischen dem Freistaat
Bayern und dem roten Staat Hessen interessiert sei, lenkte er
ein. Acht Wochen lang blieben die Papageien in Quarantäne
bei Herrn Heck im Münchner Zoo. Dann kamen sie mit
allen Zertifikaten versehen zu mir auf die Haubenmühle.

Doch die langersehnten Lieblinge erwiesen sich als wahre
Teufel. Vor allem der Kakadu war ein Mistviech. Kaum sah er
mich, da fing er schon an zu kreischen. Wenn wir Gäste hatten, mussten wir ihn in den zweiten Stock sperren, doch auch
von dort war sein Gekreische zu hören. Nach zwei Jahren bat
ich Heinz Heck, den Kakadu zu sich in den Zoo zu nehmen.
Er setzte ihn in einen Käfig im Elefantenhaus, wo ich ihn
einige Zeit später besuchte. Heck führte mich zu dem Vogel.
Doch kaum hatte der Vogel mich erblickt, da begann erneut
ein so mörderisches Geschrei, dass wir schleunigst das
Elefantenhaus verließen. „So etwas habe ich noch nie erlebt",
meinte Heck lachend. Ich habe den Kakadu nie wieder
besucht.

Als ich nun mit Abs in Jakarta eintraf, holte Saputra mich vom Flughafen ab, währenddessen Abs mit seiner Delegation von hohen Vertretern des Auswärtigen Amtes bereits am Flugzeug empfangen und durch den Zoll geschleust worden war. Im Hotel Indonesia trafen wir uns wieder. Am dritten Tag unseres Aufenthalts gab Abs in der obersten Etage des Hotels einen Cocktailempfang. Ich kam etwas später, da ich noch eine Besprechung im Bergbauministerium gehabt hatte. Als ich den Saal betrat, schlug mir eine Hitze wie in einer Sauna entgegen. Es war die Zeit des Monsuns, mit seiner kolossalen Schwüle. Zu allem Überfluss war auch noch das Air-Conditioning ausgefallen. Trotz meines leichten Tropenanzugs fand ich es unerträglich.

Mitten unter den Gästen aber stand Abs, hatte die Arme verschränkt, rauchte eine Zigarre und schien sich ganz wohl zu fühlen. Ich schaute ihn an, und der Schweiß trat mir aus allen Poren. Er trug einen dicken wollenen Anzug mit hochgeschlossener Weste. In dem Gewühl hunderter Menschen, die alle in Hemdsärmeln erschienen waren, brauchte ich eine Weile, bis ich mich zu ihm durchgeschlagen hatte. „Sag mal, Hermann, findest du es nicht heiß hier?" „Nein, keineswegs", erwiderte er. Ich schüttelte den Kopf: „Aber du trägst einen Winteranzug." „Na und?" „Wie machst du es, dass du nicht schwitzt?" „Mind over matter", antwortete er verschmitzt. Er war so mit seinen Gedanken beschäftigt, dass er die unerträgliche feuchte Hitze einfach ignorierte. Ich habe ein ähnliches Phänomen später noch einmal bei Franz Josef Strauß erlebt, der aus einem Zustand von Trunkenheit schlagartig nüchtern werden konnte.

Ein Mann, der mir ebenfalls mit seinen Kontakten half, war F. C. Graf Zedlitz. Er gehörte bereits zur Metallgesellschaft, als ich noch zur Schule ging. Anfang des Krieges reiste er nach Argentinien und blieb da. Don Mauricio nannte ihn unseren Spion. Zedlitz trug immer einen merkwürdigen Panamahut, der einmal wohl eine ganz breite Krempe gehabt hatte. Da er geizig war, schnitt er jedesmal, wenn die Krempe schwarz wurde, ein Stück ab. Zum Schluss war der Hut fast krempenlos. Er war ein eigenartiger, unglaublich neugieriger und gebildeter Mann.

Ich stimmte viele meiner Reisen durch Südamerika vorher

mit ihm ab, und er sagte mir, mit wem ich was besprechen solle und was ich nicht erwähnen dürfe. Einmal war er bei uns auf der Haubenmühle zum Essen. Wir hatten noch ein paar weitere Gäste eingeladen, und als serviert wurde, bekam Graf Zedlitz etwas anderes vorgesetzt als die übrigen Gäste. Baba schaute mich fragend an. Aber ich konnte mir die Sache nicht erklären und dachte, sie hätte es veranlasst. Hinterher stellte sich jedoch heraus, dass der gute Zettel, wie wir ihn nannten, einfach in die Küche gegangen war und unsere Köchin gefragt hatte, was es zu essen gäbe. Da ihm das angekündigte Menü nicht passte, hatte er sich kurzerhand etwas anderes zubereiten lassen. Als wir ihn wegen dieser Ungehörigkeit zur Rede stellten, fragte er ganz erstaunt: „Ist das denn aufgefallen?"

Ein anderer guter Freund war Botosakis Anatasiades in Griechenland. Er besaß unter anderem eine Schwefelkiesproduktion in Zypern und war ein sehr kluger Mann. Es gab zwischen uns nur ein einziges Problem. Ich sprach kein Griechisch und er kein Englisch. So führten wir unsere Unterhaltungen auf Französisch, was wir beide nicht fließend beherrschten. Wann immer ich in Athen war, besuchte ich ihn und wir aßen stets gemeinsam in einem Fischrestaurant am Meer zu Mittag. Er verspeiste immer nur den Kopf des Riesenfisches, der aufgetischt wurde, ich den Rest. Wir mochten uns von Anfang an, und das blieb so bis zu seinem Tod.

Er reichte mich dann an seine Organisation in Zypern weiter und machte mich mit Herrn Manglis, seinem dortigen Obergewaltigen, bekannt. Manglis besaß einen schwarz-gelben Rolls-Royce, den er mir zur Verfügung stellte. Mit dem Auto konnte ich kreuz und quer durch das Land fahren und mir alle Gruben anschauen. Wir machten dann regelmäßig Geschäfte mit Zypern. Damals war das Land noch ungeteilt. Auch mit Manglis verband mich nach einer Weile eine gute Freundschaft. Auf Bitten von Herrn Manglis nahm ich auch an einem Mittagessen bei Erzbischof Makarios teil. Meine Frau Baba war bei diesem Besuch ebenfalls zugegen. Wir wurden am Eingang der stark geschützten Residenz in Nicosia vom Erzbischof persönlich empfangen. Makarios war ein gut aussehender Mann mit einem schwarzen gepflegten Bart und feinen Händen. Bekleidet war er mit einer wundervollen blauen Robe.

188

Wir setzten uns zu Tisch, Baba saß rechts neben dem Erzbischof und ich nahm ihm gegenüber Platz. Außer uns beiden war nur noch Makarios' Sekretär anwesend. Die Unterhaltung lief unkompliziert. Makarios sprach ein etwa fremdländisches, aber fließendes Englisch. Auf eine Bemerkung meiner Frau, die ihm zu seinem exzellenten Englisch gratulierte, antwortete er: „Princess, do you know where I learned my English?" Als Baba verneinte, fuhr Makarios fort: „When I had the good fortune to be the guest of Her Majesty the Queen." Man hatte ihn seinerzeit aus Zypern deportiert und auf die Seychellen verbannt. „I had to learn English", erläuterte Makarios, „because nobody else spoke any other language, and I have to apologize that it is not so fluent as yours." Da schaute Baba ihn freundlich und sagte: „Your Beatitude, your English is pretty good. I don't think we have any difficulty in understanding each other." Das Mittagessen verlief problemlos. Es hat gewiss zur weiteren Festigung unserer Beziehungen zu Herrn Manglis und unseren Geschäften beigetragen.

Andere Unternehmungen verliefen weniger erfolgreich. So erhielt ich eines Tages eine Einladung von General Somoza, dem damaligen Diktator von Nicaragua, um mit ihm über Investitionen in Kolumbien zu reden. Es gab im Inneren Kolumbiens große Kohlevorkommen, und Somoza hatte die Idee, die Kohle den Rio Magdalena herunter zu transportieren und vom Hafen Barranquilla aus zu verschiffen. Reinhard Henschel, unser Kontaktmann in Mittelamerika, begleitete mich. Reinhard, der Bruder von Oskar Henschel, dem Inhaber der Henschel-Werke in Kassel, hatte zuvor im Auswärtigen Amt gearbeitet und sprach sehr gut Spanisch. Außerdem reisten noch einige Bergbaufachleute mit uns.

Am Flughafen von Managua wurden wir zunächst höflich vom Innenminister empfangen und ins Hotel gebracht. Dann war es vorbei mit der Höflichkeit. General Somoza fand keine Zeit, uns zu empfangen. Man ließ uns wissen, dass in mittelamerikanischen Kaffeeplantagen irgendeine Käferplage ausgebrochen sei, und dass sich Somoza von den Kaffeebauern beraten ließ. Allerdings waren wir gut untergebracht und wurden in riesigen Wagen herumchauffiert, um das Land kennen zu lernen. Wir waren zwei Jahre nach der großen Erdbebenkatastrophe von 1972 in Nicaragua. Überall konnte man noch die Spuren der Zerstörung sehen. Das Verhalten unseres Gastgebers fand ich unhöflich und wollte wieder zurück nach Deutschland fahren.

So schickte ich Reinhard Henschel mehrmals ins Außenministerium, um herauszufinden, wann Somoza uns zu empfangen geruhe. Jedesmal erhielt er die gleiche Antwort. Man wisse es nicht, niemand anders als Somoza selbst könne darüber entscheiden. Schließlich hatte ich keine Lust mehr, noch länger zu warten und entschloss mich, am nächsten Tag nach New York zu fliegen. Der arme Reinhard war nun gezwungen, dem Außenministerium abermals unsere Abreise mitzuteilen. Ich hatte mir in der Zwischenzeit eine kleine reife Melone gekauft und saß in Unterwäsche, mit einem Tablett auf den Knien, im Bett und verzehrte sie. Da klingelte es an der Tür, und ein gut aussehender junger Offizier trat ins Zimmer. „Was wollen Sie hier? Wen möchten Sie sprechen?" fragte ich. „Den Prinzen Wittgenstein", antwortete der Offizier auf Englisch. „Dann sind Sie richtig", bemerkte ich kühl, ohne mich beim Genuss meiner Melone stören zu lassen.

„Kann ich mit Ihnen reden?" fragte er. „Nein", gab ich zur Antwort. „Wie Sie sehen, habe ich zur Zeit nichts Wichtigeres zu tun, als meine Melone zu essen." Der junge Offizier war Somozas Sohn, ein umgänglicher Mann. Er spürte meine Missstimmung und entschuldigte sich höflich für seinen Vater. „Das mit meinem Vater tut mir schrecklich leid", begann er. „Ihr Vater ist ein Rüpel", unterbrach ich ihn. „Er hat uns eingeladen und es aber nicht für nötig befunden, auch nur einmal anzurufen. Morgen Mittag geht unsere Maschine nach New York. Sagen Sie ihm das, und bestellen Sie einen schönen Gruß von mir." „Könnten Sie Ihre Abreise nicht verschieben?" bat er zögernd. „Nichts wird verschoben. Ich finde es sehr nett, dass Sie gekommen sind. Aber ich sitze hier jetzt bereits seit drei Tagen und habe meine Zeit nicht gestohlen." Damit war unser Gespräch beendet.

Zwei Stunden später aber kam Reinhard Henschel ganz aufgeregt ins Zimmer gelaufen. „Wir sind heute abend zum Essen bei Somoza eingeladen", verkündete er. Auf einmal hatte der General also doch Zeit. In einer Kavalkade riesiger

190

schwarzer Cadillacs fuhren wir zu seinem Haus hinaus und passierten dabei unzählige Polizeistopps. Im Hause angekommen, wurden wir sehr höflich empfangen. Man führte uns in einen Empfangsraum. Bereits einen kurzen Augenblick später erschien ein großer gut aussehender Herr und umarmte mich. Es war Somoza. „My friend", rief er aus, „I am so sorry to keep you waiting", und sprühte vor Charme.

„Herr Präsident, Sie haben keine guten Manieren", erwiderte ich. „Verzeihen Sie, aber ich bin verärgert. Ich bin viel älter als Sie und muss hier drei Tage herumsitzen, ohne irgend etwas von Ihnen zu hören. Sie hätten wenigstens anrufen können. Aber ich bin nicht nachtragend", lenkte ich ein, „nachdem wir nun einmal hier sind, wollen wir uns über die Geschäfte unterhalten." Sein Blick wurde nach meinen Worten etwas kälter. Aber es kam doch ein vernünftiges Gespräch zustande. Ich stellte ihm die Probleme dar, auf die wir bei der Verwirklichung seiner Idee stoßen würden. Vor allem musste zunächst eine Eisenbahnstrecke errichtet werden, da der Rio Magdalena nur teilweise schiffbar war. Seine Mitarbeiter schrieben eifrig alles mit. Somoza selbst dachte offenbar, dass wir ein solches Projekt finanzieren würden.

Nach dem Gespräch aßen wir köstlich bei ihm zu Abend, und am nächsten Tag reisten wir ab. Die Cadillac-Kohorte brachte uns zum Flughafen. Als Abschiedsgeschenk erhielt ich hundert handgerollte Zigarren, speziell für den Präsidenten angefertigt. Aus dem Projekt jedoch wurde nichts. Es war für uns zu kompliziert und zu kostspielig, eher für andere als für die Metallgesellschaft geeignet. Hinzu kamen die unsicheren politischen Verhältnisse, sowohl in Nicaragua wie auch in Kolumbien.

Zwei Persönlichkeiten, die ich aus reinem Interesse besucht habe, waren Lukas Mangobe, der Präsident von Botswana, und König Mobuso von Lesotho. Während eines Aufenthalts in Südafrika schickte mir Mangobe seinen Privatjet nach Johannesburg und ließ mich zu seiner Residenz nach Mabato bringen. Wir führten eine aufschlussreiche Unterhaltung über die Entwicklung seines Landes und erörterten verschiedene Probleme der Landwirtschaft. Mangobe besaß einen klaren Verstand, er war ausgebildeter Schullehrer und sprach sehr gut Englisch.

Ich traf mich mit ihm dann mehrfach in Deutschland, das er jedes Jahr besuchte, und empfing ihn auch bei mir auf der Haubenmühle. Er hatte eine Reihe südafrikanischer Berater und hing relativ eng an den Finanzstrippen der südafrikanischen Regierung. Eines Tages tauchte in seinem Kreis ein Berater aus Israel auf, den ich oft gesehen, dem ich aber von Anfang an nicht getraut hatte. Der Mann mischte sich in das persönliche Leben von Mangobe ein. Mein Misstrauen war so groß, dass ich mich verpflichtet fühlte, Mangobe zu warnen. Als ich wieder in Johannesburg war, rief ich Mangobe an.

Er schickte mir sein Flugzeug, und bei einem Gespräch unter vier Augen sagte ich zu ihm: „Sie dürfen mit diesem Mann nicht weiter zusammenbleiben. Die Leute glauben, Sie werden von ihm bestochen. Das gibt ein böses Ende. Glauben Sie Ihrem alten Freund Wittgenstein, und sehen Sie zu, dass Sie den Mann loswerden." „Haben Sie Beweise?" wollte er wissen. „Nein, ich habe keine Beweise. Aber ich bin ein Leben lang in der ganzen Welt herumgekommen und besitze ein gutes Gespür für Menschen." Kurze Zeit darauf wurde der Mann als sowjetischer Agent entlarvt und in Israel eingesperrt. Ich bedauerte diese Entwicklung, weil Mangobe ein besonders sympathischer Mann war. Er wurde dann in einer glücklicherweise unblutigen Revolution von seinem Präsidentenstuhl gestürzt.

König Mobuso lernte ich über Peter Wilhelmi kennen. Wilhelmi hatte geschäftlich eine Unterredung mit ihm und nahm mich mit. Wir flogen von Johannesburg nach Lesotho. König Mobuso, von uns scherzend der „alte Buser" genannt, empfing uns inmitten seines Hofstaates. Er hatte graue kurzgeschorene Haare, in denen eine blaugrüne Papageienfeder steckte. Über die Schulter hatte er eine bunte Decke drapiert. An den Füßen trug er offene Sandalen. Er saß auf einem Sofa, als wir in seinen Empfangsraum geführt wurden. Seine Minister hatten um ihn herum auf dem Boden Platz genommen. Wilhelmi und ich wurden rechts und links neben ihn aufs Sofa gebeten.

König Mobuso sprach ganz gut Englisch, und wir unterhielten uns lange mit ihm. Er gab sich unkompliziert, sprach lange mit Worten voller Weisheit auf uns ein. Während des Gesprächs rief er der Reihe nach seine Minister auf. Er hatte panische Angst vor einer Revolution und den Kommunisten. Noch heute bin ich Mitglied der Commission for National Parks in Lesotho. Es gab dort einen kleinen Nationalpark mit einigen Nashörnern, Büffeln und einer Menge Gazellen und Gnus. Ins Leben gerufen hatte die Kommission ein kleiner drahtiger Schotte, der damals noch Chairman einer südafrikanisch-englischen Bank war. Er lebt heute noch in Südafrika auf seiner großen Gamefarm in der Nähe des Krügerparks.

Ähnlich pittoresk verlief meine Reise, die ich 1980 mit Dr. Karus aus dem Vorstand der Metallgesellschaft nach Papua-Neuguinea unternahm. Zusammen mit der Degussa und der australischen Gruppe BHP sollte dort ein Bergbauunternehmen ins Leben gerufen werden. Es handelte sich um das Gold-, Silber- und Kupfervorkommen mitten im Urwald am Mount Fubilan. Vor der Reise diskutierte der Vorstand der Metallgesellschaft lange über die Zweckmäßigkeit eines solchen Bergbaus. Ich war besorgt, ob ein so kostspieliges Unternehmen in einem völlig unerschlossenen Land nicht zu riskant sei. Ich kannte das Land nicht, wusste nur, dass es dort noch Kopf- und Menschenjäger gab.

Jahre zuvor war ein Mitglied der Familie Rockefeller an der Grenze zwischen Papua-Neuguinea und Borneo im Dschungel verschwunden. Sein Boot wurde zwar gefunden, aber er selbst blieb trotz umfangreicher Suchaktionen der Familie Rockefeller spurlos verschwunden. Erst Jahre später brachte ein Missionar die Nachricht, dass er wahrscheinlich von Einheimischen getötet und verzehrt worden sei. Und in dieser Gegend von Kannibalen sollten wir Bergbau betreiben! Schließlich wurde nach langen Verhandlungen mit der neuen unabhängigen Regierung von Papua-Neuguinea vereinbart, dass wir am Mount Fubilan Bergbau betreiben dürften. Daraufhin machten Karus und ich uns auf die Reise, um die Region vor Ort zu erkunden. Außerdem begleitete mich meine Tochter Leonille. Sie ist herrlich unkompliziert, immer gut gelaunt und auf Reisen unverwüstlich.

Zunächst verbrachten wir einige Tage in Port Moresby, einer feuchten Hölle. Ein kleines Flugzeug setzte uns dann nach gut eineinhalb Stunden Flug am Fuß des Mount Fubilan ab. Hier war von lokalen Arbeitern und weißen Ingenieuren eigens ein Camp errichtet worden. Mit dem Helikopter flogen wir weiter auf den Gipfel. Der Flug über den Dschungel war aufregend. Ab und an sah man kleine Lichtungen mit aus Gras- und Palmwedeln gedeckten Hütten. Auf dem Gipfel angekommen, wurden wir von zwei kleinen Eingeborenen begrüßt. Sie bewachten, mit Speer und Bogen bewaffnet, einige Ausrüstungsgegenstände.

Wir stapften herum und blicken etwas ratlos über die schöne Landschaft und die ständig aufsteigenden weißen vulkanischen Wasserdämpfe. Wie hätte man hier Erz abtransportieren können? Weit und breit gab es weder eine Eisenbahnlinie noch eine Straße, noch nicht einmal das Camp am Fuß des Berges war mit der Küste durch eine Straße verbunden. Man hätte also zunächst einmal Verkehrswege in diesem vulkanischen, durch Erderschütterungen gefährdeten Gebiet errichten müssen. Das Vorkommen selbst war ohne Zweifel interessant. Nach unserem Rundflug kehrten wir nach Port Moresby zurück und trafen in einem relativ modernen Regierungsgebäude mit dem Premierminister und den zuständigen Ministern zusammen.

Die Gespräche verliefen locker, wurden jedoch immer wieder von hämischen Bemerkungen der weißen Berater, jungen englischen Männern mit langen Haaren, unrasierten Gesichtern und Bastschuhen, gestört. Ich betrachtete unser Vorhaben mit wachsender Besorgnis: ein schwieriger Bergbau in einem vulkanischen Gebiet ohne Transportwege und eine Regierung, die gerade erst anfing, sich zu etablieren. Wären wir wirklich erfolgreich geworden, hätte uns diese Regierung sicher sofort enteignet. Ich teilte meine Bedenken dem Vorstand mit: „Das ist ein Projekt für die Entwicklungshilfe und nicht für jemanden, der relativ sichere Gewinne erzielen will." Auch Karus stimmte meinen Einschätzungen zu.

Um in einem solchen Gebiet Bergbau zu betreiben, musste man Land und Leute gut kennen. Dazu waren erfahrene Bergmänner nötig, die die kommenden Risiken abschätzen konnten. Ich dachte an Frank Espy, einen australischen Bergbauingenieur, der ein ähnliches Vorkommen auf der Insel Bougaineville entwickelt hatte und der bereit gewesen wäre, diese Position für uns zu übernehmen. Doch leider entschied der Vorstand anders.

Was mich heute noch an meine Reise nach Papua-

Neuguinea erinnert, ist eine große Batikwandbespannung, die ich mir von einem eingeborenen Künstler in Port Moresby machen ließ. Auf ihr sind zwei einander umschlingende Berggeister zu sehen, der gute und der böse Geist des Mount Fubilan.

Impressionen aus Israel

Zu den Ländern, mit denen ich Kontakt pflegte und die ich in gewissen Abständen immer wieder bereiste, gehörte auch Israel. Ich bin diesem Land seit vielen Jahren verbunden. 1966 war ich der erste Deutsche, der in das Europäische Komitee des Weizmann-Instituts für Wissenschaften gebeten wurde. Auf einem riesigen parkähnlichen Areal war hier ein beeindruckendes Forschungszentrum bei Tel Aviv geschaffen worden. Ich wohnte dann auch der Grundsteinlegung des Konrad-Adenauer-Hauses durch Abba Ebban bei. Später wurde ich zum Mitglied des Board of Governors der Universität Tel Aviv gewählt.

Als ich zu Beginn der siebziger Jahre zum ersten Mal nach Israel kam, lud mich der frühere israelische Botschafter Yehud Avriel, den ich aus Bonn kannte, zu einem Mittagessen ein, an dem auch Simon Peres, damals Transport- und Postminister, und Golda Meir, teilnahmen. 1974 traf ich Peres wieder, nachdem er in der Regierung Yitzhak Rabins das Verteidigungsministerium übernommen hatte. Israel hatte damals gerade das syrisch-israelische Waffenstillstandsabkommen unterzeichnet, das die Truppenentflechtung auf den im Sechstagekrieg von Israel eroberten Golanhöhen regelte. Wir sprachen über den Yom-Kippur-Krieg und die Probleme, die sich aus dem Waffenstillstandsabkommen ergaben.

Beim Hinausgehen fragte mich Peres, ob er etwas für mich tun könne. Ich griff sein Angebot sofort auf: „Herr Minister, ich habe eine große Bitte. Ich würde mir gern die Golanhöhen vor Ort ansehen." Ich kannte sie bisher nur von der israelischen Seite. Peres blickte mich nachdenklich an und zeigte dann auf die Karte, die in seinem Büro hing: „Lieber

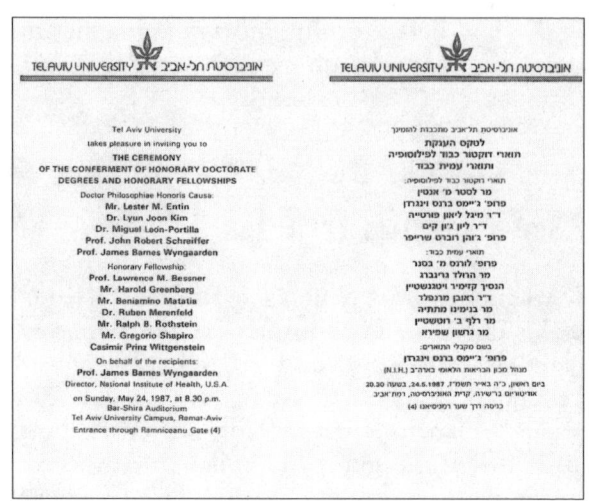

Am 24. Mai 1987 wurde mir die Honorary Fellowship der
Universität Tel Aviv verliehen. Damit wurde ich zugleich Mitglied
des Board of Governors der Universität.

Nach der feierlicher Überreichung der Urkunde gemeinsam mit
dem Präsidenten der Universität, Prof. Dr. Moshe Many.
Er schrieb auch das Vorwort zu diesem Buch.

Prinz Wittgenstein, Sie können sich die Golanhöhen doch hier auf der Karte ansehen." „Das weiß ich. Aber ich bin in dieser Beziehung fast animalisch und muss einen Ort sehen und spüren, um die Probleme erfühlen zu können." Daraufhin erzählte mir Peres, er habe Henry Kissinger bei dessen Besuch vorgeschlagen, sich die Golanhöhen anzusehen. Kissinger habe mit der Begründung abgelehnt, er könne sich das Gebiet auch auf der Karte ansehen.

„Ja, sehen Sie", erklärte ich. „Das ist der Unterschied zwischen Kissinger und mir. Kissinger ist ein kluger amerikanischer Politiker, ich aber bin ein dummer deutscher Manager." Darauf lächelte Peres. „Sie haben schon recht. Man kann die politische Bedeutung der Golanhöhen für Israel nur verstehen, wenn man an Ort und Stelle gewesen ist. Ich schicke Ihnen morgen einen Offizier mit einem Fahrer."

Ich fuhr mit dem Offizier auf ein welliges Plateau mit einem steilen Absturz zum See Genezareth. Zwischen dem Buschwerk sah man die früheren Bunker und Geschützpositionen der Syrer. Das ganze Gebiet erinnerte an ein mehrstöckiges Haus mit Flachdach. Die unteren Stockwerke und der anschließende Garten gehörten den Israelis, und die oberen Etagen, einschließlich des Daches, den Syrern. Wollten die Israelis das Haus verlassen, dann konnten die Syrer jederzeit vom Dach auf sie herunterschießen. Deswegen ist es für Israel so problematisch, die Golanhöhen zurückzugeben. Denn wer garantiert für die Sicherheit? Und was nützen internationale Garantien, wenn sie nicht eingehalten werden?

Es bestand bereits damals eine Zusammenarbeit zwischen einer kleinen israelischen Firma, Chemotas, und einer Spezialeinheit der Metallgesellschaft auf dem Gebiet der Oberflächentechnik. Ich besuchte diese Firma und wurde dort freundlich aufgenommen. Man drängte mich, General Meir Amid, den Chef des Koor-Konzerns, des großen Wirtschaftsunternehmens der israelischen Gewerkschaftsorganisation Histadrut, zu besuchen. General Amid war über viele Jahre die Nummer eins des israelischen Geheimdienstes Mosad gewesen. Eigentlich hätte er Nachfolger von Verteidigungsminister Moshe Dajan werden sollen. Nachdem er sich aber bei seinem letzten Fallschirmabsprung vor seiner Berufung die Hüfte verletzte, bekam er diese Position nicht.

Statt dessen wurde er Managing Director des Koor-Konzerns.

Es war ein schwüler, heißer Tag im Mai, und der Lift der Koor-Zentrale war ausgefallen. Schwitzend machte ich mich zu Fuß auf ins vierte Stockwerk. Etwas außer Atem kam ich in seinem Büro an. General Amid saß groß, breitschultrig und in Hemdsärmeln hinter seinem Schreibtisch. „Sind Sie der Wittgenstein?", fragte er und begrüßte mich freundlich. Immer noch kurzatmig erwiderte ich seinen Gruß und wollte wissen: „Empfangen Sie Ihre Gäste immer so, in der vierten Etage ohne Lift?" „Nur bei besonderen Anlässen", erwiderte er, auf meinen Scherz eingehend, „damit wir sie vorher schon etwas aufweichen."

So begann die Freundschaft zwischen Amid und mir, die bis heute ungetrübt anhält. Wir fragten uns lange, ob sich die Metallgesellschaft geschäftlich mehr in Israel engagieren sollte. Ich war sehr dafür. Aber die sogenannten schwarzen Listen der Araber machten es fast unmöglich. Trotzdem reiste ich häufig nach Israel und traf mit Vertretern aus Politik und Wirtschaft zu Gesprächen zusammen. Wann immer ich konnte, versuchte ich, Simon Peres zu sehen. Zuletzt besuchte ich ihn im Hotel King David in Jerusalem. Er hatte jedoch nur wenig Zeit. Ministerpräsident Yitzhak Rabin begegnete ich nur einmal bei einem Abendessen mit israelischen Freunden. Er kam etwas später und wirkte sehr müde. Seine Frau Lea Rabin luden wir dann in den Frankfurter Hof zu einem Empfang und einem Abendessen mit vielen Gästen ein.

Das Essen war als eine Art Wohltätigkeitsveranstaltung gedacht. Es fand auch eine Versteigerung von Kunstgegenständen zugunsten eines Medizinischen Zentrums bei Tel Aviv statt. Ich hielt die Begrüßungsrede, anschließend erzählte Lea Rabin beeindruckend vom Aufbau des Zentrums. Durch jüdische Freunde aus Frankfurt wurde ich auch einmal zu einem Mittagessen bei General Ariel Sharon eingeladen. Sharon war ein großer, schwerer Mann, dem 1973 im Yom-Kippur-Krieg der Durchbruch über den Suezkanal gelungen war. Mit den von ihm befehligten Panzereinheiten hatte er die ägyptische Front von hinten aufgerollt. Das war ihnen noch mit ägyptischen Panzern gelungen, die sie in ihren Ruhestellungen erwischt hatte. Sharon hatte sie mit seinen Leuten besetzt, um sie für sich kämpfen zu lassen.

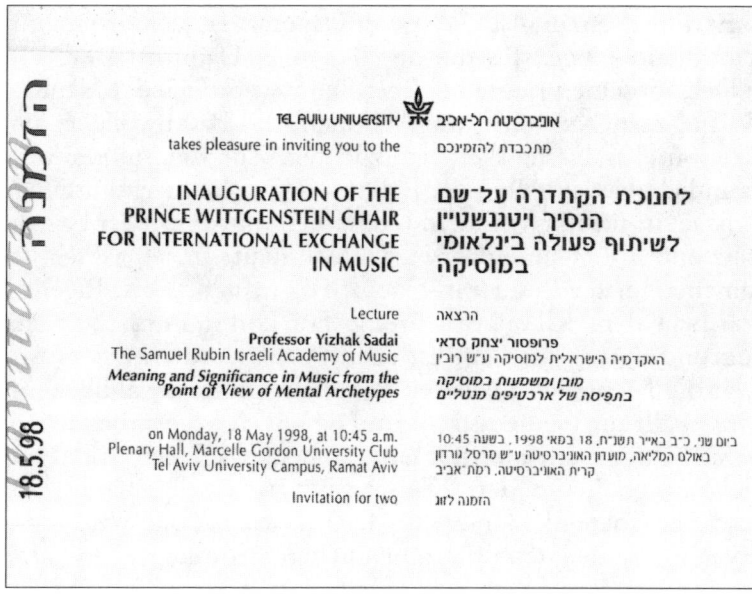

TEL AVIV UNIVERSITY ⚜ אוניברסיטת תל-אביב

takes pleasure in inviting you to the מתכבדת להזמינכם

INAUGURATION OF THE PRINCE WITTGENSTEIN CHAIR FOR INTERNATIONAL EXCHANGE IN MUSIC

לחנוכת הקתדרה על־שם הנסיך ויטגנשטיין לשיתוף פעולה בינלאומי במוסיקה

Lecture הרצאה

Professor Yizhak Sadai
The Samuel Rubin Israeli Academy of Music
Meaning and Significance in Music from the Point of View of Mental Archetypes

פרופסור יצחק סדאי
האקדמיה הישראלית למוסיקה ע״ש רובין
מובן ומשמעות במוסיקה
בתפיסה של ארכטיפים מנטלי״ם

on Monday, 18 May 1998, at 10:45 a.m.
Plenary Hall, Marcelle Gordon University Club
Tel Aviv University Campus, Ramat Aviv

ביום שני, כ״ב באייר תשנ״ח, 18 במאי 1998, בשעה 10:45
באולם המליאה, מועדון האוניברסיטה ע״ש מרסל גורדון
קרית האוניברסיטה, רמת־אביב

Invitation for two הזמנה לזוג

1998 erfolgte die Einrichtung eines Prinz-Wittgenstein-Lehrstuhls für internationalen Musikaustausch an der Universität Tel Aviv.

Während der Eröffnungsfei-er mit meiner Frau Beatrix und Prof. Benzwi.

199

Er musste ein unglaublich guter General gewesen sein, denn seine Leute gingen für ihn durchs Feuer. Dann hatte er sich jedoch auf seinen Besitz bei Beer Shewa, nördlich der Negus-Wüste, zurückgezogen, um Melonen und Baumwolle anzubauen und arabische Pferde zu züchten. Zur Zeit steht er bekanntlich wieder voll in der Politik und ist Premierminister.

Israel ist für mich ein Land, das mich immer wieder begeistert und in Erstaunen versetzt. Noch heute unvergesslich ist mir mein erster Besuch in einem Kibbuz geblieben. Eigentlich liegt dem Kibbuzwesen eine fast kommunistische Idee zugrunde. Aber das Land ist eben nur geworden, was es ist, weil die Menschen in diesen Kibbuzims mit unglaublichem Einsatz für die Gemeinschaft und den Staat Israel arbeiten.

Sie bekommen dafür nur ein Taschengeld. Heute verlassen viele junge Leute den Kibbuz, um sich selbstständig zu machen. Sollte der arabische Druck nachlassen, wird sich erweisen, ob bei den unterschiedlichen Strömungen im Lande und bei den vielen individuellen Ansichten das Land als Einheit bestehen bleibt.

Begegnungen mit Japan

Ein gänzlich neues Gebiet stellte für mich das Geschäft mit Japan dar. Ich musste völlig umlernen. Mein kluger Stiefvater, Richard Merton, hatte mich bereits davor gewarnt, Länder oder Städte miteinander zu vergleichen. Als ich ihn 1947 in New York traf, fragte er mich: „Wie findest du New York?" „Schauderhaft", lautete meine prompte Antwort. „Warum?" wollte er wissen. „Na, wenn ich es mit Paris, London oder dem alten Frankfurt vergleiche…" „Du bist ein dummer Bub. Nie darfst du etwas vergleichen. Du musst Länder so akzeptieren, wie sie sind." An diese Worte musste ich bei meinem Aufenthalt in Japan immer wieder denken.

Japan ist ein faszinierendes Land und wirklich mit keinem anderen zu vergleichen. Glücklicherweise stand mir Ernest Salomon, ein deutscher Jude, als erfahrener Lehrmeister zur Seite. Er war im Dritten Reich über Belgien nach Amerika ausgewandert und hatte dort während des Krieges in der

Armee gedient. Salomon war mit einer Japanerin verheiratet. Er führte mich zusammen mit Dr. Overrath bei den großen japanischen Unternehmen Mitsubishi, Sumitomo und Mazda ein. Wir wurden überall außerordentlich höflich, mit nicht enden wollenden Verbeugungen empfangen. Abends lud man uns zu Geisha-Parties in das berühmte Haus Hania N. ein.

Die Parties fanden im Pavillon eines prachtvollen, alten Gartens statt. Ehe man den Pavillon betrat, musste man die Schuhe ausziehen. Overrath war darauf nicht vorbereitet, und als er seinen Schuh auszog, guckte zur Freude der Geishas der linke Zeh aus dem Strumpf. Großes Gelächter! Dann mussten wir uns mit verschränkten Beinen hinsetzen, was dem armen Overrath erhebliche Schwierigkeiten bereitete. Die Geishas nahmen neben uns Platz. Diese Geishas sind nicht etwa hübsche Mädchen, mit denen man sich amüsiert, sondern gut ausgebildete, kluge, ältere Damen. Mit unseren japanischen Gastgebern machten wir allerlei alberne Spiele wie Wattepusten und Rätselraten. Zwischendurch tranken wir große Mengen Sake.

Salomon brachte mir bei, wie das formvollendet zu geschehen hat: Man trinkt seinem Gegenüber zu. Um besonders höflich zu sein, wäscht man das Glas in einer Schale mit heißem Wasser, lässt es von der Geisha füllen und reicht es seinem Gegenüber mit beiden Händen. Als ich dieses Zeremoniell später mit dem Präsidenten von Sumitomo vollzog, konnte er es nicht fassen, dass ein „weißer Teufel" die japanischen Trinksitten beherrschte.

Abs hatte mich bei den großen japanischen Banken eingeführt. Dies schien mir wichtig zu sein, falls wir für unsere Geschäfte Finanzierungen brauchten. Salomon begleitete mich zu einigen der Gespräche, ohne mir zu sagen, dass er eine schwere Grippe hatte und unter Medikamenten stand. Während einer schwierigen Unterredung in der Bank of Tokyo schlief er dann auf dem Sofa an meiner Seite einfach ein. „Your friend ist very tired", vermerkte der Präsident trocken. „Too much Ginza." Ginza ist ein Vergnügungsviertel in Tokio. Ich hatte die größte Mühe, Salomon wieder wach zu kriegen. Die weiteren Termine mussten wir absagen.

Das Faszinierende an Japan ist seine enge Verflechtung zwischen der Politik, dem Finanzwesen und der Wirtschaft, in die auch die Gewerkschaften eingebunden sind. Während bei uns sich diese gesellschaftlichen Faktoren oft gegenseitig mehr als stören, ziehen sie in Japan alle am gleichen Strang zur Ehre und zum Ruhm des Landes.

Ich hatte mit Salomon über viele Jahre hinweg Geschäftsbeziehungen aufgebaut und es bestand seit langem eine gute Beziehung zur japanischen Firma Nihon Parker. Daher kamen wir auf die Idee, unser Rotofinish-Verfahren, das wir in Lizenz aus Amerika übernommen hatten, auch in Japan einzuführen. Das Verfahren bestand aus dem industriellen Entgraten, Schleifen und Polieren von Metallteilen in großen Mengen. Es hatte sich sowohl in Amerika, wo es erfunden wurde, als auch bei uns in Europa durchgesetzt. 1971 gründeten wir nach langwierigen Verhandlungen mit unseren gemeinsamen Freunden von Nihon Parker die Firma Nihon Rotofinish und führten das Rotofinishverfahren in Japan ein.

Das Beteiligungsverhältnis betrug fünfzig zu fünfzig. Das heißt, die eine Hälfte der Anteile gehörte Nihon Parker und die andere der Metallgesellschaft. Diese Aufteilung löste zunächst erhebliche Diskussionen im Vorstand der Metallgesellschaft aus. Man fragte sich, ob es richtig sei, dass uns als Lizenzgeber nur fünfzig Prozent dieser Firma gehören sollten. Aber ich war von der Richtigkeit der Entscheidung überzeugt und fand schließlich auch bei meinen Vorstandskollegen Verständnis. Funktioniert ein Verhältnis 51 zu 49 nicht, dann gehen die Geschäfte zwischen beiden Partnern auf die Dauer ohnehin nicht gut.

Bei fünfzig zu fünfzig hielt ich die Chance zur Kompromissbereitschaft für größer, weil sich beide Teile mehr anstrengen müssen, um zu einem tragbaren Miteinander zu kommen. Außerdem wäre es nicht gut gewesen, bei der Mentalität der Japaner und ihrem Überlegenheitsgefühl gegenüber Ausländern, unseren Partner zu majorisieren. Der Beginn der Firma stand allerdings unter keinem guten Stern. Ich hatte aus Höflichkeit Herrn Satomi, dem über achtzig Jahre alten Präsidenten von Nihon Parker, den Aufsichtsratsvorsitz angeboten, den dieser auch übernahm. Ich selbst wurde sein Stellvertreter. Aber trotz dieser Geste funktionierte die Firma überhaupt nicht. Es entstanden immer wieder Probleme und Missverständnisse.

Dazu kamen noch die sprachlichen Schwierigkeiten, mit denen wir zu kämpfen hatten. Von uns konnte keiner Japanisch, und die Japaner sprachen ein miserables Englisch. So gab es ein ständiges Hickhack. Es war außerordentlich schwierig, unsere europäischen Wertvorstellungen mit den japanischen Gepflogenheiten auf einen gemeinsamen Nenner zu bringen. Schließlich bat ich Takahashi um Hilfe. Er war über lange Jahre in leitender Position bei einer Tochterfirma der Lurgi in Japan gewesen und dann mit einigem Ärger ausgeschieden. Ich hatte ihn immer gern gemocht. Eines Tages lud ich ihn zum Mittagessen ein und erzählte ihm von unseren Problemen.

Takahashi war ein richtiger Samurai, ein Mordskerl. Er sprach sehr gut Englisch und Deutsch. „Könnten Sie nicht meine Position im Aufsichtsrat übernehmen? Sie sind Japaner und verstehen daher die Mentalität Ihrer Landsleute. Ich mache anscheinend ständig etwas verkehrt." Takahashi erbat sich Bedenkzeit, versprach aber, mich am nächsten Morgen anzurufen, was er auch tat. Der Arme hatte eine schlaflose Nacht verbracht. „Ich habe über Ihr Angebot nachgedacht", sagte er. „Wir müssen noch einmal darüber reden." „Gerne", erwiderte ich. „Aber an weiteren schlaflosen Nächten will ich nicht schuld sein." „Wären es nicht Sie gewesen, dann hätte ich mich mit dieser Angelegenheit ohnehin nicht befasst."

Wir trafen uns dann in meinem Büro in Tokio und besprachen noch einmal ausführlich alle Einzelheiten. „Ich werde es tun", erklärte er schließlich, „unter einer Bedingung." „Und die wäre?" „Sie müssen bei Nihon Rotofinish immer das tun, was ich Ihnen sage." „Einverstanden", antwortete ich ohne Zögern. „Ich kenne Sie lange genug, um zu wissen, dass Sie mich nicht schlecht beraten werden." Und in der Tat gab es von diesem Augenblick an auch nicht mehr die geringsten Probleme. Nach einiger Zeit wurde unser Büro in Tokio eingeweiht. Wir gaben aus diesem Anlass einen großen Empfang im Hotel Okura in Tokio. Ich bestand darauf, auf die Gästeliste, die etwa fünfhundert Namen enthielt, auch den deutschen Botschafter Dr. Wilhelm Grewe zu setzen. „Der kommt zu keiner öffentlichen Veranstaltung", erklärte man mir. Ich ließ mich aber nicht beirren.

Am Abend des Empfangs stand ich mit Peter Wilhelmi, der zufällig von Südafrika nach Tokio gekommen war, in der Hotelhalle und begrüßte die Gäste, die scharenweise hereinströmten. Nach etwa einer Stunde ebbte der Ansturm allmählich ab. Ich wollte gerade weggehen, da hielt Hasso Grünberg, unser Büroleiter, mich zurück. „Prinz Wittgenstein, bleiben Sie, da kommt unser Botschafter." Grewe kam mit missmutiger Miene auf mich zugehinkt. Ich eilte ihm entgegen. „Herr Botschafter, ich freue mich, dass Sie doch gekommen sind. Es ist eine große Ehre für mich. Ich weiß, dass Sie nicht gerne zu solchen Empfängen gehen. Um so dankbarer bin ich für Ihr Kommen. Aber deswegen brauchen Sie doch nicht so ein grimmiges Gesicht zu machen." Er sah mich an: „Wissen Sie, warum ich so ein grimmiges Gesicht mache? Weil mir mein Bein weh tut." Mit diesen Worten begann eine langjährige Freundschaft.

Ich war später noch oft in Japan und bin mit vielen Persönlichkeiten aus Politik und Wirtschaft zusammengetroffen. Meine Liebe zu diesem Land wurde so stark, dass ich ernstlich daran dachte, zusammen mit Salomon ein kleines altes Haus im Tempelbezirk der alten Stadt Kyoto zu kaufen und mich im Zen zu üben. Dieser Wunsch ist jedoch nie Wirklichkeit geworden.

Auf dem Terrain der Politik

Der ersten grimmigen Begegnung mit Botschafter Wilhelm Grewe bei unserer Büroeinweihung in Tokio sollten viele anregende Gespräche folgen. Grewe war einer der bedeutendsten Diplomaten der Nachkriegszeit. Er hatte als Sonderbevollmächtigter bei den Verhandlungen zum Deutschlandvertrag mitgewirkt und war ein enger außenpolitischer Berater Konrad Adenauers gewesen. Als er 1976 aus dem Auswärtigen Dienst ausschied und wieder nach Deutschland zurückkehrte, lud ich ihn und seine Frau auf die Haubenmühle ein. Schließlich entwickelte sich zwischen uns eine enge politische Zusammenarbeit. Ich war damals

Präsident der Atlantikbrücke, einer Organisation, deren Ziel es war und bis heute ist, die Verbindung zu unseren amerikanischen Freunden zu stärken.

Während meiner Präsidentschaft kam trotz anfänglichem Unwillen meiner Kollegen der Brückenschlag zur deutschen Gewerkschaft zustande. Und wenn ich mich recht erinnere, wurden zwei bedeutende Gewerkschaftler in den Vorstand gewählt. Der Bankier von Falkenhausen vom Bankhaus Burkhard in Düsseldorf, der dieses Amt lange Zeit ausübte, hatte mich gebeten, sein Nachfolger zu werden. Ich war darüber erfreut, denn auf meinen Reisen für die Metallgesellschaft in die USA hatte ich viele amerikanische Freunde gewonnen.

Bei einer dieser Reisen, zu Beginn der sechziger Jahre, hatte ich auch Harry S. Truman kennengelernt. Ich unterschrieb bei einer der großen Ölgesellschaften in Kansas City einen Vertrag für die Metallgesellschaft und wurde zum Ehrenbürger der Stadt ernannt. Als mich beim Abendessen der Präsident dieser Gesellschaft fragte, ob er etwas für mich tun könne, ließ ich ihn wissen: „Ich würde gerne Altpräsident Truman besuchen." Truman ist für mich einer der großen amerikanischen Präsidenten geblieben. Bei seinem Amtsantritt betrachteten ihn viele mit großer Skepsis. Er wurde allen Unkenrufen zum Trotz ein herausragender und mutiger Präsident. Es muss für ihn eine entsetzliche Entscheidung gewesen sein, den Abwurf der Atombombe auf Hiroshima anzuordnen.

Nach seinem Rückzug aus der aktiven Politik hatte Truman sich in Independent Missouri, einer kleinen Stadt in der Nähe von Kansas City, eine große Bibliothek bauen lassen. Ich wurde am nächsten Tag mit einem Wagen vom Hotel abgeholt und zu dieser Bibliothek gebracht. Truman arbeitete an seinem riesigen Schreibtisch. Bei meinem Eintreten erhob er sich und kam mir freundlich entgegen. Wir wechselten zunächst belanglose Worte, plötzlich fragte er mich, worüber ich mit ihm sprechen wollte. Ich schlug die amerikanische Politik vor. Er schaute mich über seine randlose Brille hinweg etwas fragend an: „Interessieren Sie sich als Deutscher wirklich für die amerikanische Politik?"

„Aber gewiss, bei dem großen Einfluss, den sie auf Europa und besonders auf Deutschland hat. Was mich vor allem interessiert, ist, was Sie von John F. Kennedy halten." Daraufhin lehnte er sich zurück und erklärte: „I am very much responsible that this young man became president and is now in the White House." Truman war aber kein Freund von Kennedy. Er fand ihn zu „pushing" und stand besonders dem skandalumwitterten Kennedyclan skeptisch gegenüber. Truman sprach knapp und klar, voller Humor. Beim Abschied begleitete er mich zur Tür und sagte: „Whenever you come back to Independent Missouri do not forget that you have now a friend in this town." Truman war ein beeindruckender Mann.

Ich nahm das Angebot von Falkenhausen an, Präsident der Atlantikbrücke zu werden. Mein alter Freund Erich Blumenfeld war Schatzmeister, und ich ersuchte Grewe, das Amt des Geschäftsführers zu übernehmen, was er zu unserem Glück nach einigen Überlegungen auch tat. Durch die Präsidentschaft bekam ich engen Kontakt zu John McCloy, dem ehemaligen Hohen Kommissar der amerikanischen Zone in Deutschland. Er war Präsident des American Council of Germany, unserer Partnerorganisation in den Vereinigten Staaten. Ich besuchte ihn oft in New York, wo er bei David Rockefeller in der Chase Manhattan Bank ein Büro hatte.

McCloy zeigte sich damals über die Verneigungen der Brandt-Regierung gegenüber dem Osten besorgt und teilte dies Willy Brandt in einem Brief mit. Als ich ihn fragte, ob ich den Brief lesen dürfe, bat er mich, zunächst mit General Clay zu sprechen. McCloy war mit dem General befreundet und hatte den Inhalt des Briefes mit ihm abgestimmt. Ich traf General Clay zum Lunch in seinem Club, dem Links Club in New York. Während des Essens erfuhr ich, dass er just an diesem Tag seinen achtzigsten Geburtstag beging. Ich fand es rührend, dass er sich an seinem Geburtstag die Zeit genommen hatte, mit einem viel jüngeren und unbekannten Mann Mittag zu essen. Wir verstanden uns auf Anhieb und haben uns später noch öfters getroffen.

Er gab mir sofort seine Einwilligung, den Brief von McCloy an Brandt zu lesen. Zwei Tage später gab mir McCloy in New York den Brief, der mehrere Seiten umfasste. McCloy hatte darin vor allem im Hinblick auf die

Sowjetunion seine Bedenken über eine Linksentwicklung der Bundesrepublik zu Papier gebracht.

Ich reiste damals oft nach Amerika, manchmal zweimal im Monat. So konnte ich enge Kontakte zum Kongress, zum Senat und auch zu den Gewerkschaften knüpfen. Ich traf Bob Kelly, einen Rechtsanwalt, der früher im Kongress gearbeitet hatte und jeden kannte, der Rang und Namen hatte, sowie Senator Robert Dole, den Kongressabgeordneten Jack F. Kemp und George Meany, den Präsidenten der AFL/CIO (American Federation of Labor, Congress of Industrial Organizations), der Dachorganisation der amerikanischen Gewerkschaften.

Meany, ein kleiner, vierschrötiger, blitzgescheiter Mann, war gebürtiger Ire. Bei meinem Besuch saß er in seinem Schaukelstuhl, wie ihn die Amerikaner im Mittelwesten auf ihrer Veranda haben, hatte die Arme über dem Bauch verschränkt und schimpfte über die Dummheit der Politiker. Seine Organisation war vehement antikommunistisch, und wir sprachen viel über die Frage der Ostkontakte. Sein Schwiegersohn, Mr. Lee, war der sogenannte Außenminister der AFL/CIO. Mit ihm stehe ich noch heute in losem Kontakt. Alle paar Jahre kamen wir bei der Atlantikbrücke mit unserer Partnerorganisation zusammen. Diese Treffen dauerten jeweils drei bis vier Tage.

Dabei besprachen wir mit den amerikanischen Freunden unsere politische Zusammenarbeit. Eines dieser Treffen ist mir besonders in Erinnerung geblieben. Es fand in Bonn statt, und wir wurden von Bundeskanzler Helmut Schmidt zu einem Abendessen in die Godesburg eingeladen. Es war ein feuchter und kalt-windiger Spätherbstnachmittag. Ich saß im Hotel Königshof in Bonn mit John McCloy und Senator Charles Mathias zusammen, als ich plötzlich einen Anruf der Protokollabteilung des Auswärtigen Amtes erhielt. Man wollte wissen, wann und wo wir den Bundeskanzler treffen würden. „Ich verstehe Ihre Frage nicht", erwiderte ich etwas irritiert. „Wenn der Herr Bundeskanzler uns einlädt, dann kommen die Delegationen in die Godesburg." „Nein", erklärte mir die Stimme am Telefon. „Der Bundeskanzler erwartet, dass alle Delegationen bereits anwesend sind, wenn er eintrifft. Mr. McCloy und Sie sollten ihn unten an der

Godesburg erwarten." „Wie bitte, ich habe wohl nicht richtig gehört?" Der irritierte Ton meiner Antwort machte McCloy neugierig, der sich nun auch in das Gespräch einschaltete. „What is it? What do they want?" wollte er wissen. „George, let me please", winkte ich ab. „I tell you later."

Und wieder an die Stimme am Telefon gewandt, fragte ich: „Ist es nicht ungewöhnlich, dass ein Gastgeber erst erscheint, wenn seine Gäste schon da sind? Selbst bei regierenden Fürstlichkeiten ist der Gastgeber vor den Gästen da, um sie zu begrüßen. Aber wenn Helmut Schmidt das anders sieht, obwohl ich nicht weiß, ob er von diesem Gespräch überhaupt Kenntnis hat", setzte ich vorsichtig hinzu, „dann sagen Sie ihm bitte, wir würden ihn nicht am Fuß der Treppe empfangen. Denn Sie können einem alten Herrn wie McCloy nicht zumuten, hinter Helmut Schmidt die Treppe hinaufzuhasten." Um das Gespräch zu beenden, schlug ich vor, dass wir Schmidt oben im Glaseingang der Burg erwarten würden.

In verkürzter Form informierte ich McCloy und Mathias über den Ablauf des Protokolls. Abends standen wir pünktlich wie vereinbart im Eingang der Burg. Helmut Schmidt erschien mit zehnminütiger Verspätung. Hätten wir dem Wunsch des Protokolls entsprochen, wären wir zehn Minuten in der zügigen Gasse gestanden. Schmidt war an sich ein guter Gastgeber. Aber an diesem Abend zeigte er sich ziemlich ruppig. McCloy begrüßte er zwar herzlich, doch nur im Vorbeigehen. Als ich ihn bat, einige Mitglieder des American Council of Germany, die sich sehr auf diese Einladung gefreut hatten, persönlich zu begrüßen, warf er mir einen gelangweilten Blick zu: „Ist das wirklich nötig?" „Herr Bundeskanzler, ich glaube, es ist mehr als nötig", beharrte ich.

Wir waren etwa hundertzwanzig Gäste und sollten an einem großen U-förmigen Tisch Platz nehmen. Die Sitzordnung sah vor, dass Helmut Schmidt in der Mitte sitzen sollte, McCloy rechts und ich links von ihm, während links neben mir Senator Mathias seinen Platz hatte. Als Erich Blumenfeld dieses Placement sah, flüsterte er mir zu: „Das Placement ist falsch. Mathias sollte neben dem Bundeskanzler sitzen und du neben Mathias." „Vertausche die Tischkarten", schlug ich vor. Doch dafür war es schon zu spät, denn der

Gastgeber war raschen Schrittes in den Esssaal unterwegs. Daraufhin nahm ich die Sache selbst in die Hand. Ohne vorher mit Schmidt darüber zu reden, tauschte ich die Tischkarten um.

Das war natürlich ungehörig. Senator Mathias geriet ganz außer sich. „Casimir, you can't do that", zischte er. „You can't change the seating order." „You make your speech for the guests and I change the seats", sagte ich. „Furthermore the Chancellor will enjoy your company much more than mine." Ich weiß nicht, ob Schmidt meine Eigenmächtigkeit registriert hat. Er fand dann in seiner Rede die richtigen Worte. Mathias hielt die Gastrede, worauf der Rest des Abends harmonisch verlief.

Mir bereitete die Tätigkeit für die Atlantikbrücke viel Freude. Aber mit meinem Einzug ins Europäische Parlament legte ich die Präsidentschaft nieder. Ich blieb jedoch im Vorstand und später im Kuratorium. Mein Nachfolger wurde Karl Klasen, der gerade sein Amt als Präsident der Bundesbank aufgegeben hatte. Ihm folgte Walter Leisler-Kiep. Nachfolger von McCloy bei unserer Schwesterorganisation in Amerika wurde ein Professor aus Yale. Auch mein Amt als Präsident der „Steuben-Schurz-Gesellschaft", das ich jahrelang ausgeübt hatte, gab ich zurück. Die Organisation, deren Aktivitäten sich im wesentlichen nur auf Frankfurt konzentrierten, trug den Namen des berühmten deutschen Generals der amerikanischen Revolutionszeit. Sie pflegte Kontakte zu den in Deutschland stationierten amerikanischen Soldaten.

Zu der wohl nicht sehr weisen Entscheidung, Abgeordneter des Europäischen Parlaments zu werden, überredete mich der Vorsitzende der hessischen CDU, Alfred Dregger. Sein Rat zieht sich wie ein roter Faden durch meinen politischen Werdegang. Dregger war anfangs mein Mentor. Begonnen habe ich meine politische Tätigkeit im Vorstand des Wirtschaftsrates der CDU, sowohl bundesweit als auch in Hessen. Diese Organisation ist nicht Teil der CDU, wie fälschlicherweise immer behauptet wird, sondern eine völlig unabhängige Organisation, die der CDU zuarbeitet. Zugleich wurde ich zum Landesvorsitzenden des Wirtschaftsrates der CDU Hessen gewählt und zum Vorsitzenden des Wirtschaftsrates von Frankfurt.

Man sagte dem Wirtschaftsrat häufig nach, er sei eine Organisation der Großindustrie. Ich legte jedoch immer Wert darauf, eine Brücke zur Mittelstandsvereinigung zu schlagen und mit ihr zusammenzuarbeiten. Auch setzte ich mich dafür ein, dass in den Wirtschaftsrat Mitglieder der Sozialausschüsse aufgenommen wurden. Zunächst stieß diese Idee im Vorstand auf einigen Widerstand. Ich war jedoch überzeugt, dass wir nicht so tun könnten, als wäre unsere Wirtschaft in der Lage, ohne Sozialausschüsse zu funktionieren und zu florieren. Da die Ausschüsse auch in die Politik der CDU eingebunden waren, sollte man zumindest mit ihnen kooperieren.

Es gab damals einen klugen, tüchtigen und sympathischen Abgeordneten namens Zink. In seinem Haus in Rüsselsheim ließ ich ihn wissen: „Wir brauchen ein Miteinander und nicht ein Gegeneinander zwischen der Wirtschaft und den Sozialausschüssen." Zink konnte aber ohne Rücksprache keine eigene Entscheidung treffen. Es dauerte mehr als ein Jahr, bis Zink mir seine Bereitschaft signalisierte, die eine oder andere Sitzung gemeinsam abzuhalten. Ich bin heute noch froh über diese Entscheidung, führte sie doch zu einer fruchtbaren Zusammenarbeit. Damals hatte ich auch die Idee, Politiker, Wirtschaftsvertreter und Finanzleute zusammenzubringen, um voneinander zu lernen. Häufiger Gast bei diesen von mir organisierten Zusammenkünften auf der Haubenmühle war der damals noch junge Finanzminister Franz Josef Strauß, den ich gut kannte.

An eines dieser Treffen erinnere ich mich besonders lebhaft. Es war im Sommer. Unter den Gästen befanden sich neben Strauß auch der Generalsekretär der CSU und Max Streibl, der Bundestagsabgeordnete Udo Giulini sowie Wirtschaftsgrößen wie Egon Overbeck von Mannesmann, Hans-Günther Sohl von Thyssen, Hermann Josef Abs von der Deutschen Bank und Helmut Haeusgen von der Dresdner Bank. Wir nahmen einen Drink auf der Terrasse und begaben uns dann zum Abendessen. Dabei wurde bereits ein wenig über Politik und Wirtschaft gesprochen. Als wir uns anschließend ins Wohnzimmer setzten, wurde zur Sache geredet.

Egon Overbeck wandte sich an Strauß: „Herr Minister,

sagen Sie mir, warum haben Sie eigentlich Schwierigkeiten mit Herrn Koepler?" Koepler war Vorsitzender der CDU von Nordrhein-Westfalen. Strauß, dem diese Frage offensichtlich missfiel, zog seinen Kopf zwischen die Schultern und brummte unwillig: „Jetzt lassen Sie mich mit dem Koepler doch in Frieden." Overbeck aber ließ nicht locker, bis Strauß wütend auf den Tisch schlug und rief: „Herrgott, Sakrament noch einmal, jetzt lassen'S mich doch mit Ihrer blöden Fragerei in Ruhe. Man könnte ja direkt an Ihrer geistigen Kapazität zweifeln." Er sprang auf und wollte auf der Stelle abreisen.

In der Halle lief er jedoch meiner Frau Baba in die Arme, die ihn aufhielt, während Streibl und ich hinter ihm herliefen. Es gelang uns, Strauß soweit zu besänftigen, dass er knurrend ins Wohnzimmer zurückkehrte und wieder auf seinem Stuhl Platz nahm. Da sagte Sohl, der neben ihm saß und gelassen wie ein Buddha die Diskussion verfolgt hatte: „Herr Minister, ich bedaure sehr, dass es Schwierigkeiten zwischen Ihnen und Herrn Koepler gibt. Vielleicht kann ich meinen Freund Egon Overbeck etwas unterstützen, indem ich Ihnen mein Privathaus zur Verfügung stelle, damit Sie sich, ohne dass es die Presse erfährt, unter vier Augen unterhalten können." Strauß zog bei diesen Worten erneut den Kopf zwischen die Schultern und verkündete: „Wissen Sie was, Herr Sohl, der Koepler kann mich mal…"

Darauf folgte eisiges Schweigen. Sohl aber nahm das ganz gelassen hin: „Ach, Herr Strauß, wenn ich mir überlege, dass ich mir die Mühe mache, Ihnen mein Haus zur Verfügung zu stellen und mich um Geheimhaltung bemühe, nur damit der Herr Koepler Sie am… – das ist mir zu mühsam." Das angespannte Schweigen löste sich nun in ein befreiendes Gelächter auf, in das auch Strauß einstimmen musste. Wir redeten dann noch lange weiter. Spät in der Nacht fuhren Strauß, Streibl und Giulini zusammen nach Bonn. Kaum aber hatte ich die Tür hinter ihnen geschlossen, da schellte es schon wieder, Strauß war zurückgekehrt. „Wissen Sie was, Wittgenstein, wir brauchen für die Fahrt noch ein paar Flascherln Bier." Ich wusste, dass Strauß am nächsten Tag im Bundestag eine schwierige Rede zu halten hatte. Das schien nach dieser Nacht ja eine feine Rede zu werden. Wie ich jedoch hinterher von Guilini erfuhr, sprach Strauß glänzend.

Für mich war Strauß nach Adenauer der wohl bedeutendste Politiker der Nachkriegszeit. Vor allem traute er sich, eine eigene Meinung zu haben. Leider ist er viel zu früh gestorben. Sein Verstand war klar und messerscharf, er verfügte über die Gabe, frei reden zu können, er hatte ein ausgezeichnetes Erinnerungsvermögen und war hochgebildet. Wenn ich mich recht erinnere, so sprach er auch fließend Lateinisch. Strauß war stolz darauf, Bayer, aber auch Deutscher zu sein. Seine Überlegungen einer Annäherung an den Osten gipfelten in der Forderung, dass der Westen politisch und militärisch als starker Gesprächspartner auftreten müsse. Die spätere politische Entwicklung sollte ihm recht geben.

Durch meine Aktivitäten im hessischen Wirtschaftsrat und durch die Zusammenarbeit mit dem Wirtschaftsrat in Bonn rückte ich näher an die CDU heran. Da erschien 1976 Alfred Dregger bei mir, damals Landesvorsitzender in Hessen, und fragte mich, warum ich mich eigentlich nicht mehr für die CDU engagierte. „Aber Herr Dregger, ich habe doch schon einen ganzen Sack voller Arbeit", erwiderte ich. „Woran denken sie denn?" Er schlug mir vor, Schatzmeister der CDU von Hessen zu werden. „Ach, du lieber Gott", seufzte ich, „das heißt Klinkenputzen und Spenden akquirieren."

Es war naheliegend, dass er an mich gedacht hatte, kannte ich doch aus der Finanz- und Wirtschaftswelt viele Persönlichkeiten, vor allem in Frankfurt. Gerade da gab es aber zunächst das Problem, dass ich anfangs zwar für Hessen, nicht aber für Frankfurt zuständig sein sollte. Schatzmeister der CDU in Frankfurt war damals ein Vorstandsmitglied der Gold- und Silberscheideanstalt, Herr Baumann. Als er starb, wurde die Frau des Bankiers Ferdinand Graf von Galen, Anita, seine Nachfolgerin. Sie war es aber zum Glück nur kurz, denn die Abstimmung zwischen uns war schwierig.

Die Gräfin Galen, eine attraktive Frau, wurde von den Herren der Banken und Industrieunternehmen verständlicherweise lieber gesehen als ich. Als ich zum Beispiel zur Deutschen Bank kam, sagte man mir: „Sie kommen zu spät. Gräfin Galen war schon da." „Das ist egal", erwiderte ich. „Die Gräfin Galen ist für Frankfurt zuständig, aber ich für Hessen." „Das müssen Sie mit ihr selbst ausmachen", lautete dann regelmäßig die Antwort. Es war also eine etwas mühselige Angelegenheit, die rasch einfacher wurde, als der Gräfin Galen die Arbeit zu viel wurde. So bekam ich beide Schatzmeisterhüte, und die gesamte Akquisitionsarbeit lag nun in einer Hand.

1977 kam Walter Wallmann nach Frankfurt. Er war ein junger Abgeordneter aus Marburg und sollte Oberbürgermeister werden. Wallmann hatte mich bei zwei Veranstaltungen in Marburg beeindruckt. Es erschien mir notwendig, dass man ihn unterstützte und mit den richtigen Leuten zusammenbrachte. Ich wandte mich an Helmut Maucher, damals Chef von Nestlé-Deutschland und später (bis vor kurzem) Verwaltungsratspräsident von Nestlé in Vevey/ Schweiz, und an Otto Veit von der Deutschen Bank. In gemeinsamer Absprache organisierten wir für Wallmann eine Reihe von Essen, zu denen wir einige wichtige Leute einluden. So fand Wallmann in Frankfurt seine Basis und wurde am 20. März 1977 zum Oberbürgermeister gewählt.

1979 erschien Dregger abermals bei mir auf der Haubenmühle und teilte mir mit: „Lieber Wittgenstein, Sie müssen ein politisches Amt haben." „Reicht es noch nicht, dass ich Schatzmeister bin?" fragte ich. „Nein, der Schatzmeister muss in der CDU ein offizielles Amt haben. Sie müssen entweder in den Bundestag oder ins Europäische Parlament." „Und meine Tätigkeit für die Metallgesellschaft soll ich wohl an den Nagel hängen?" Weil er nicht locker ließ, erbat ich mir Bedenkzeit. Da ich der Meinung war, dass das Europaparlament weniger Arbeit machen würde, entschied ich mich in meinem Unwissen für dieses Amt. In der Folge merkte ich sehr schnell, dass ich, um in der Hundesprache zu reden, den falschen Baum angekläfft hatte.

Da das Europaparlament damals zum ersten Mal gewählt wurde, war ich gezwungen, an einem Wahlkampf teilzunehmen. Das war für mich geradezu entsetzlich, denn ich hasse es, Reden zu halten. Anfangs schrieb ich alle meine Reden selbst. Dann aber holte ich mir dazu einen Mann aus Gelnhausen. Der war flexibel und immer gut gelaunt. Mit ihm zusammen absolvierte ich meine Wahlreisen durch Hessen. Die von ihm geschriebenen Reden trug ich mehr schlecht als recht vor. Die Diskussionen hinterher hatte ich allerdings immer recht gern. Als wir nach einem Abend in

Rüdesheim gemeinsam nach Frankfurt zurückfuhren, fragte ich ihn, wie er meinen Auftritt gefunden habe. „Wissen Sie, Prinz Wittgenstein, ein großer Redner sind Sie nicht. Aber in der Diskussion sind Sie nicht zu schlagen."

Meine erste Wahlrede hielt ich in einem kleinen Dorf bei Gießen. Vor vierzig Zuhörern zog ich in einer gewaltigen Tirade über die Europaidee, den großen gemeinsamen Markt und den Wegfall der Grenzen vom Stapel. Anschließend beantwortete ich einige Fragen zur Landwirtschaft, bis plötzlich ein altes Bäuerlein aufstand und fragte: „Wissen Sie eigentlich, wie das Europäische Parlament funktioniert?" Vor dieser Frage musste ich kapitulieren: „Das kann ich Ihnen nicht sagen. Ich weiß es nicht. Aber falls ich gewählt werde, will ich Ihnen gerne darüber berichten." Da stand das Bäuerlein abermals auf und verkündete: „Ich wähle Sie. Sie sind der erste ehrliche Politiker, der zugibt, dass er etwas nicht weiß." Seine Bemerkung rief großes Gelächter hervor.

Meine Wahl zum Kandidaten für das Europäische Parlament fand auf dem Wahlparteitag der CDU in Benzheim an der Bergstraße statt. Als ich den Saal betrat, begrüßte mich Volker Bouvier, der Vorsitzende der Jungen Union und spätere Staatssekretär im Justizministerium unter Wallmann und heute hessischer Innenminister. Er hatte einen Riesenblumenstrauß in der Hand. „Der ist aber nicht für Sie, Prinz Wittgenstein", sagte er schmunzelnd. „Der ist für unseren Kandidaten." Die Junge Union hatte einen eigenen Kandidaten aufgestellt, einen jungen Lehrer, der mein Gegenkandidat war. „Das ist ja prima", rief ich ihm zu. „Da wünsche ich Ihnen viel Glück. Wenn Sie den durchbringen, brauche ich nicht nach Straßburg."

Eröffnet wurde der Parteitag von Alfred Dregger, dem Vorsitzenden der hessischen CDU. Nach ihm hielt der Vertreter der Jungen Union seine Rede, die sich zwar gegen mich richtete, aber doch fair war. Dann sprach der Bundestagsabgeordnete Heinz Riesenhuber. Er hatte seine berufliche Laufbahn bei der Metallgesellschaft begonnen und war Technischer Geschäftsführer der Synthomer-Chemie in Frankfurt, einer Tochter der Metallgesellschaft, gewesen, ehe er sich vollständig der Politik widmete. Schließlich ergriff noch Oberbürgermeister Walter Wallmann das Wort.

Alles schien bereits zur Abstimmung bereit, da erhob sich im Publikum plötzlich ein Mann: Karl Heinrich Trageser, der soeben Stadtrat für Soziales, Jugend und Wohnungswesen unter Wallmann geworden war. In den Gesichtern der Pressevertreter las ich die Erwartung eines Angriffs gegen mich. Man war darauf vorbereitet, dass nach all den schönen Reden von Dregger, Riesenhuber und Wallmann meine Kandidatur von Trageser den Todesstoß bekäme. Doch es kam anders. Trageser ging zum Podium und hielt eine Lobrede auf mich, die mich in Erstaunen versetzte. Als Mitglied der Sozialausschüsse war es für Trageser alles andere als selbstverständlich, dass er sich für einen Unternehmer aussprach. Durch diesen Auftritt gerieten die Presseleute völlig aus dem Konzept.

In der anschließenden Wahl wurde ich mit großer Mehrheit gewählt, und Bouvier überreichte mir seinen Blumenstrauß, der doch für seinen Kandidaten bestimmt gewesen war. Vierzehn Tage später traf ich Herrn Trageser bei einer Sitzung des Kreisvorstandes der CDU in Frankfurt. Wir gingen zusammen die Treppe hinunter, und ich dankte ihm nochmals herzlich für seine freundlichen und persönlichen Worte beim Wahlparteitag in Benzheim. „Ich habe eine Menge Ärger wegen dieser Rede bekommen", teilte er mir daraufhin mit. „Aber ich würde sie wieder halten." Das sind schöne Momente in der Politik. Plötzlich entdeckt man Leute, die ehrlich und mutig zu ihrer Meinung stehen. 1987 wurde Trageser dann Sozialminister unter Wallmann.

Dass meine Entscheidung, dem Europaparlament beizutreten, ein Fehler war, sollte sich schon in der ersten Sitzung herausstellen. Nach dem Rotationsprinzip wechselte zu diesem Zeitpunkt der Vorsitz an Irland über. Als nun der irische Minister nach vorne ging, um anzukündigen, dass er von jetzt an Parlamentspräsident sei, brüllte hinter mir jemand los: „You swine, you bluddy murderer!" Es war Ian Paisly aus Irland. Die damalige Präsidentin, eine Französin, wies ihn zur Ordnung: „Mr. Paisly, I ask you to be quiet. Otherwise you have to leave the room." „Never mind, Mrs. President, he is a swine and a bluddy murderer." Unter Anwendung physischer Gewalt wurde Paisly von den Ordnungskräften aus der Bank gezerrt. Wo war ich da hingeraten?

Die Arbeit selbst erwies sich als äußerst mühselig. Mit Stößen von Akten kurvten wir zwischen Straßburg, Brüssel und Luxemburg hin und her, denn jeder Abgeordnete hatte sowohl in Brüssel als auch in Straßburg ein Büro. Hinzu kamen die Sitzungen der einzelnen Ausschüsse, die wiederum in ganz anderen europäischen Städten abgehalten wurden. Zunächst war ich Mitglied des Wirtschaftsausschusses. Er wurde von Jacques Delors geführt, einem kleinen, sehr ambitiösen Franzosen. Delors war früher Mitarbeiter des gaullistischen Premierministers Chaban-Delmas gewesen, erkannte aber später, dass diese politische Richtung für sein persönliches Vorwärtskommen nicht tunlich war und schwenkte zu den Sozialisten über.

Er sprach ein schönes, aber kompliziertes Französisch. Immer wieder tauchten in seinen Reden Worte auf, die ich nicht verstand. Als ich einmal einen französischen Kollegen darauf ansprach, erklärte er mir: „Wir verstehen ihn manchmal auch nicht. Er verwendet häufig eigene Wortschöpfungen." Am besten kam ich merkwürdigerweise mit den kommunistischen Abgeordneten aus Italien und englischen Abgeordneten der konservativen Partei zurecht, die sich als äußerst zuverlässig erwiesen. Wenn man mit ihnen etwas vereinbart hatte, hielten sie es. Vom Wirtschaftsausschuss wechselte ich in den Finanzausschuss, der von einem Engländer geleitet wurde.

Ich fühlte mich dort sehr viel wohler, nicht nur, weil ich alles verstand, was geredet wurde, sondern auch, weil die Sitzungen unter englischer Führung wesentlich kürzer und prägnanter verliefen.

England hatte unter den Konservativen eine Reihe von exzellenten Leuten im Europäischen Parlament. Auch unter der CSU gab es ein paar kompetente Abgeordnete wie Alfons Goppel, den früheren bayerischen Ministerpräsidenten. Willy Brandt gehörte wie Heidi Wieczorek-Zeul in meiner Zeit ebenfalls dem Parlament an. Diese hübsche rothaarige Dame konnte ich in gelegentlichen Gesprächen nicht überzeugen, manchmal von ihren sehr linken Ideen abzurücken. Italien war durch Susanna Agnelli vertreten, einer großen, gut aussehenden, strengen, aber sehr sympathischen Frau, die später unter Lamberto Dini das Außenministerium übernahm.

Im Grunde genommen aber waren wir alle nur Stimmvieh. Bewegen konnten wir kaum etwas. Galt es, irgendeinen Beschluss zu fassen, so unternahmen wir in den Ausschüssen große Anstrengungen, einen Vorschlag auszuarbeiten. Dieser wurde hernach im Plenum des Parlaments diskutiert und, wenn es gut ging, positiv verabschiedet. Damit aber war noch nichts erreicht. Denn dieser Vorschlag musste dann noch der EG-Kommission in Brüssel vorgelegt werden. Die allerletzte Instanz bildete der Ministerrat, der sich aus den Fachministern der nationalen Regierungen zusammensetzte. Lehnten diese beiden Instanzen den Vorschlag ab, ging die ganze Prozedur wieder von vorne los.

Ich war knapp fünf Jahre europäischer Abgeordneter. Dann hatte ich genug. Ich wollte auch nicht in den Geruch kommen, mir durch die Dauer der Jahre eine Pension verschaffen zu wollen. Meine Freiheit, Kritik üben zu können, wenn ich es für richtig hielt, war mir wichtiger.

Meine politischen Aktivitäten konzentrierten sich fortan auf das Amt des Schatzmeisters. In den letzten Jahren wurde es allerdings schwieriger, finanzielle Unterstützung zu erhalten. Die Einstellung zu Bonn hatte sich gewandelt. Mein Eindruck nahm zu, dass sich in der Ära Kohl die Regierung und Opposition zunehmend von der Basis entfernten und die Wähler nur noch bei anstehenden Wahlen von ihnen beachtet wurden.

Wenn ich daran denke, welch herausragende und hochqualifizierte Politiker die Bundesrepublik in ihren Anfängen gehabt hatte! Ich nenne nur Konrad Adenauer, Fritz Schäffer, Heinrich von Brentano und Ludwig Erhard, den Vater der sozialen Markwirtschaft. Auch in der Opposition gab es bedeutende Persönlichkeiten: Kurt Schumacher, Carlo Schmid und Erich Ollenhauer. Das waren Persönlichkeiten, auf die noch Verlass war. Die Bescheidenheit und Gradlinigkeit, die diese Politiker auszeichnete, fehlen heute leider weitgehend.

Das schier unglaubliche Verhalten der Bundesregierung gegenüber den unrechtmäßigen Enteignungen durch die SED-Diktatur zwischen 1945 und 1949 ist für mich symptomatisch für die Veränderungen, die in der BRD seit der Zeit Konrad Adenauers stattgefunden haben.

Was mich besonders an dem ehemaligen Bundeskanzler Helmut Kohl stört, ist, dass er sich niemals zur Wiedergutmachung der kommunistischen Verbrechen in der sowjetischen Zone bekannt hat. Dies gilt besonders für die staatliche Säuberung, die – als Boden- und Industriereform getarnt – die „Klasse der landwirtschaftlichen und industriellen Unternehmer" vertrieb und ihre Höfe und Fabriken entschädigungslos enteignete. Diese Verfolgungen wurden totgeschwiegen oder wegen einer angeblichen Sowjet-Forderung als unabänderlich hingestellt. Finanzminister Theo Waigel beeilte sich, die konfiszierten Grundstücke zu verkaufen. Den Erlös vereinnahmte er zugunsten der Staatskasse. Proteste dagegen verhallten angesichts eines Urteils des Bundesverfassungsgerichts ungehört. Dieses Urteil erklärte die Entscheidung durch die Treuhand als rechtskräftig und lastete die ungleiche Behandlung zwischen jenen, die ihr Vermögen zurückbekamen und jenen, denen man es verweigerte, der Sowjetunion an. In der Presse fand dieser Vorgang unbegreiflicherweise wenig Aufmerksamkeit, bis auf die FAZ.

Ich empfand das Verhalten der Bundesregierung als empörend. Ein Rechtsstaat muss Verfolgungen als Verbrechen und Enteignungen als Diebstahl brandmarken. Nur gutgläubig erworbenes Vermögen ist zu schützen, um neues Unrecht zu vermeiden. Aber der Staat darf sich niemals am Vermögen seiner Bürger bereichern. Dies gilt jedenfalls, seit Albrecht Graf von Schlieffen nachgewiesen hat, dass es für die Boden- und Industriereform keine Sowjetbedingung gab. Der ehemalige sowjetische Präsident Gorbatschow hat wiederholt öffentlich erklärt – einmal auch vor zweitausend geladenen Gästen in Berlin, unter denen auch ich mich befand –, dass es solche Absprachen nie gegeben hat. Anders lautende Behauptungen der deutschen Regierung entsprechen nicht den Tatsachen. Auch der ehemalige sowjetische Außenminister Schewardnadse hat dies immer wieder bestätigt. Wegen dieses Urteils des Bundesverfassungsgerichts wurden bisher alle Klagen auf Rückgabe von den zuständigen Gerichten in den neuen Bundesländern abgewiesen.

Meine Empörung richtete sich also vor allem gegen Kanzler Helmut Kohl und Finanzminister Theodor Waigel, und gegen Roman Herzog als Präsident des Bundesverfassungsgerichts, sowie gegen Richard von Weizsäcker als Bundespräsident. Sie alle schwiegen dazu, dass der Rechtsstaat Opfer der Boden- und Industriereform weiterhin wie die Kommunisten behandelte: als Nazi- und Kriegsverbrecher. Das aber widerspricht in jeder Weise dem Vorgehen eines Rechtsstaates.

Heute jedoch sehe ich, dass dieser Schein möglicherweise trog. Jedenfalls wenn wiederum Schlieffen damit Recht hat, dass die Wiedergutmachung auch dieser Verbrechen rechtsstaatsgemäß geregelt ist. Er erklärt das so: Der Gesetzgeber werte die Boden- und Industriereform nicht als Enteignung, sondern als rechtsstaatswidrige Verfolgung, die nach den Rehabilitierungsgesetzen wiedergutgemacht werde. Danach seien die damaligen Maßnahmen aufzuheben. Die Rehabilitierten erhalten anschließend ihr noch in Staatshand befindliches Vermögen zurück. Die vielbeschworene Sowjetforderung betreffe diese Verfolgungen nicht, sondern gelte nur für einfache Enteignung, z. B. Demontagen, für die die Sowjetunion 45 Jahre nach Kriegsende nicht mehr verantwortlich gemacht werden wollte.

Wenn die Verwaltungsgerichte diese Unterscheidung bisher verkannt hätten, so sei das vor allem vom Bundesverfassungsgericht zu verantworten, dessen Urteil missverstanden werde; vor allem weil es eine Vorschrift geprüft habe, die für die Verfolgten der Boden- und Industriereform nicht einschlägig sei, aber auch weil es dem Vortrag der Beschwerdeführer gefolgt sei, die aber die Rechtslage verkannt hätten. Damit habe das Verfassungsgericht größte Verwirrung verursacht, deren Durchdringung die Verwaltungsgerichte überfordert habe. Schlieffen sieht allerdings Anzeichen dafür, dass das Bundesverwaltungsgericht die vom Gesetzgeber vorgegebene Rechtslage langsam erkenne.

Wenn also die Betroffenen rehabilitiert werden und ihr Vermögen zurückbekommen, soweit es – trotz Waigels und Eichels Verkäufen – dann noch in Staatshand ist, dann wäre dem Gesetz Rechnung getragen. Gleichwohl wäre das Recht beschädigt, da die mangelnde Fähigkeit und Voreingenommenheit der Beamten im Justiz- und Finanzministerium sowie der Richter zu kritisieren ist. Allen voran Herzog, denn die Verworrenheit der Verwaltungsrechtsprechung ist ganz maßgeblich ihm anzulasten. (Hier wäre hinzuzufügen, dass er vor seiner Wahl zum Bundespräsidenten die nachmalige DDR-Regierung bei der Nichtrückgabe des privaten Eigentums beraten hat.) Einmal wegen der Missverständlichkeit des Urteils des Verfassungsgerichts. Zum andern wegen seines Schweigens zu der darauf beruhenden fehlerhaften Rechtssprechung der Verwaltungsgerichte. Aber auch die Justizminister – von Kinkel bis Däubler-Gmelin – tragen durch ihr Schweigen Verantwortung: zum einen, weil unter ihrer Leitung versucht wurde – wenngleich vergeblich –, die Boden- und Industriereform von der Rehabilitierung auszunehmen; zum anderen, weil sie die ihnen unterstellten Behörden nicht deutlich genug anweisen, bei der Boden- und Industriereform die Gesetze zu beachten. Und als Untreue werte ich das Verhalten von Waigel und Eichel, wenn Eigentum gegen den Willen der Alteigentümer verkauft wird. Denn im Justiz- und Finanzmisterium sollten Beamte sitzen, die das Recht kennen und wissen, dass diese Grundstücke unrechtmäßig enteignet worden und zurückzugeben sind.

Ich kann das Vorgehen der Regierung Kohl nur als Staatshehlerei bezeichnen und bin erschüttert, dass sich die unter christlich-demokratischen Vorzeichen stehende Regierung in dieser Hinsicht ähnlich wie das nationalsozialistische Deutschland verhalten hat, wie es die Nazis mit dem Eigentum jüdischer Bürger taten. Durch falsche Angaben wurde das Bundesverfassungsgericht zu dem Urteil bewogen, das in den unmittelbaren Nachkriegsjahren konfiszierte Privatvermögen nicht zurückzugeben, sondern der Staatsschatulle einzuverleiben. „Der Fortbestand der Maßnahmen zwischen 1945 und 1949 wurde von der Sowjetunion zu einer Bedingung für die Wiedervereinigung gemacht. Ich sage klar: Die Einheit Deutschlands durfte an dieser Frage nicht scheitern", behauptete Helmut Kohl in seiner Regierungserklärung vom 30. Januar 1991.

Tatsächlich aber war die Wiedervereinigung Deutschlands zu keinem Zeitpunkt von einer sowjetischen Bedingung in Eigentumsfragen abhängig gemacht worden. Niemand hatte von der Bundesregierung verlangt, dass die zwischen 1945 und 1949 enteigneten Gegenstände des sogenannten Volkseigentums nicht zurückgegeben werden dürfen. Sie war somit nicht Opfer einer sowjetischen Nötigung, sondern Täter einer unrechtmäßigen Bereicherung. Ich sprach einmal mit einem alten SPD-Mitglied über diese Frage. Der Mann sagte mir: „Wenn wir zu dieser Zeit in der Regierungsverantwortung gewesen wären, hätten wir es wahrscheinlich nicht riskiert, uns so zu verhalten. Stellen Sie sich vor, was Ihre Parteifreunde in der CDU und CSU in den Medien mit uns gemacht hätten!"

Abs schrieb auf meine Bitte hin einen sehr detaillierten Brief an Finanzminister Theo Waigel, mit einer Kopie an Bundeskanzler Kohl, der er einen persönlichen Brief beifügte. Auf dieses Schreiben erhielt Abs drei Monate lang keine Antwort. Ich wandte mich an die Bundestagsabgeordnete Erika Steinbach, die mit dem Kanzleramtsminister Friedrich Bohl über diese Frage sprach. So konnte ich in dieser Sache den Stein ins Rollen bringen.

Bohl, den ich durch meine Schatzmeistertätigkeit seit Jahren kannte, rief mich an und sagte: „Prinz Wittgenstein, wir haben den Brief nicht." „Das gibt es nicht", erwiderte ich erstaunt und versprach, ihm eine Kopie zu senden. Am nächsten Morgen rief er mich erneut an. Der Brief habe sich unter einem Stoß von unerledigten Briefen auf dem Schreibtisch eines Mitarbeiters gefunden. „Herr Bohl, das kann ja wohl nicht wahr sein. Ein persönlicher Brief von Herrn Abs, der an den Bundeskanzler gerichtet ist, landet auf dem Schreibtisch eines Mitarbeiters und schmort dort zweieinhalb Monate lang! Wo sind wir eigentlich hingekommen in dieser Republik?" Es schien wohl in Vergessenheit geraten zu sein, dass Abs in enger Abstimmung mit Bundeskanzler Adenauer und dem Finanzminister für die Bundesrepublik in London die sogenannten Schuldenverhandlungen geführt und sie zu einem glücklichen Abschluss gebracht hatte, so dass die Bundesrepublik Deutschland wieder kreditfähig wurde. Es dauerte dann immerhin noch zehn Tage, bis Abs ein äußerst lapidares Antwortschreiben erhielt, und zwar nicht vom Bundeskanzler, sondern vom Finanzminister.

Obwohl ich selbst nicht zu den Betroffenen gehöre, ist dieser Umgang mit Privatvermögen für mich ein ganz böses Kapitel in der Geschichte der Bundesrepublik, das auch im Ausland kein gutes Licht auf die Regierung Kohl geworfen hat. Man muss sich vor Augen führen, welche Verärgerung es in Deutschland und welches Erstaunen es im Ausland hervorgerufen hat, dass Spitzen der damaligen Regierung die Öffentlichkeit wiederholt angelogen haben – mit der wiederholten Behauptung, die Nicht-Rückgabe des privaten Eigentums sei eine ausdrückliche Bedingung der sowjetischen Regierung gewesen.

An dieser unglaublichen Täuschung der Öffentlichkeit waren – neben dem Regierungschef Kohl – der Finanzminister Waigel, der Außenminister Kinkel, der CDU-Fraktionsvorsitzende Schäuble und der Staatsminister des Auswärtigen Amtes, Dieter Kastrop, beteiligt. Die Enteignung traf keineswegs nur die sogenannten „Junker", sondern Landwirte bis zu einer Größe von 120 Hektar, mittlere und kleine Unternehmen, Hausbesitzer. Auf diese Weise wurde fast der gesamte Mittelstand Ostdeutschlands ausgelöscht. Der Prozentsatz des „Junkereigentums" belief sich höchstens auf 6 Prozent des unrechtmäßig vereinnahmten Eigentums.

Ich persönlich bin nicht mit einem Quadratmeter davon betroffen, aber die Unrechtmäßigkeiten des Staatsrechts stecken mir seit dem Dritten Reich in den Knochen und ich versuche mit vielen anderen, diesen für mich unerhörten Missstand aufzuheben.

Die geheimen Konten der CDU

Im Jahr 1983 wurde ich in meiner Funktion als Schatzmeister der Hessischen und Frankfurter CDU mit einer Entwicklung konfrontiert, die die zukünftige Finanzierung vor viele Probleme stellen würde. Bis zu diesem Zeitpunkt musste das Parteivermögen im jährlichen Rechenschaftsbericht aller Parteien nicht aufgeführt werden.

Dieses wollte der Gesetzgeber 1984 ändern. Bei verschiedenen Gesprächen mit dem damaligen Landesgeschäftsführer der CDU, Manfred Kanther, und Horst Weyrauch, dem Wirtschaftsprüfer des Landesverbands der CDU Hessen, wurde die Idee geboren, das Geld ins Ausland, in die Schweiz zu transferieren, um es nicht bei den künftigen Jahresberichten angeben zu müssen. Für mich war der wesentliche Grund, dass, wenn meine Spender wüssten, wie hoch unser damaliges Vermögen war, ich befürchten musste, dass entweder gar keine oder sehr viel geringere Geldspenden gemacht worden wären mit den Hinweis, „verbraucht erst einmal was ihr habt, dann kann man weiterreden".

Auch war für mich ein weiterer, aber nicht unbedeutender Punkt, dass, wenn alle unsere Parteimitglieder erfahren hätten, wie wohlhabend wir waren, dadurch ihre Ausgabegelüste geweckt worden wären. So wurden die Gelder, die bei der Metallgesellschaft auf Konten lagen, über das Bankhaus Hauck in die Schweiz transferiert. Dort wurden sie wertbeständig und besonders vorsichtig, da es sich ja nicht um unser eigenes Geld handelte, bei der Schweizer Bankgesellschaft angelegt. Zu einem späteren Zeitpunkt wurde dieses Konto dann in eine Stiftung mit dem Namen „Zaunkönig" umgewandelt und mit der gleichen Vorsicht behandelt und vermehrt. Dies wurde als sogenannte „Schwarze Kasse" bekannt, und das Geld wurde später an die CDU Hessen zurückgeführt.

Die Personen, die hiervon wussten, waren Kanther, Weyrauch und ich, sonst niemand. Vielleicht hat ganz zum Ende dieser Affäre der eine oder andere von der Geschäftsführung der Partei geahnt, dass ich irgendwo ein „Sonderkonto" hatte. Mit diesem Konto konnte ich dringend notwendige Finanzierungen abdecken, die im jeweiligen Jahresbudget vorher vom zuständigen Gremium festgelegt worden waren, von mir aber als Schatzmeister zunächst keine sichere Deckung durch Spenden hatten.

Während des Zeitraums 1984 bis Ende 1999 sind von den Schweizer Konten immer dann Beträge in die BRD zurückgeholt worden, wenn trotz großer Anstrengungen finanzielle Löcher im Budget der CDU Hessen und Frankfurt auftauchten, die durch Spenden nicht abgedeckt werden konnten. Kleinere Beträge wurden in bar bei der CDU eingezahlt, größere Beträge durch sogenannte Vermächtnisse zurückgeholt. Nach dem bestehenden Parteiengesetz war es nämlich möglich, Vermächtnisse auch aus dem Ausland anzunehmen und zu verwenden. Daher wählten wir unter anderem auch diesen Zahlungsmodus. Ohne die genauen letzten Zahlen zu kennen, habe ich bereits 1998 meinen Schatzmeisterposten aufgegeben.

Diese Gelder – und ich wiederhole mich hier –, die immer der CDU gehörten, hatten sich so günstig entwickelt, dass wir zu meiner Zeit ca. 20 Millionen zurückholen und am Ende noch über 17 Millionen an die CDU Hessen zurücktransferieren konnten.

Bei einem Interview, das ich Ende 1999 der FAZ gab, antwortete ich auf die Frage, woher denn die teilweisen hohen Vermächtnisse stammten, wie folgt: „Ich weiß es nicht, kann nur spekulieren, dass die Anwälte, die mich von diesen Vermächtnissen in Kenntnis gesetzt haben, vom Vermächtnisgeber die strikte Anweisung erhielten, den Namen nicht zu nennen, sonst dürften die Zahlungen nicht erfolgen." In meiner Spekulation nannte ich nicht nur wohlhabende Deutsche, die im Ausland gestorben waren, sondern sprach auch von der Eventualität, dass darunter auch frühere jüdische Mitbürger sein könnten, die immer noch und in Dankbarkeit an ihre Heimatstadt Frankfurt oder an Hessen dächten.

Das war natürlich ein Märchen, hatte aber nichts mit Antisemitismus zu tun, der mir von einem Teil der in der BRD ansässigen jüdischen Gemeinden unterstellt worden ist und auch von Herrn Spiegel, dem Vorsitzenden des Zentralrates der Juden in Deutschland und Nachfolger von Herrn Bubis, sowie von Herrn Friedman.

Diese Unterstellung entbehrt jeder Grundlage. In einem ausführlichen Brief an Paul Spiegel habe ich am 24. Februar 2000 den Sachverhalt noch einmal detailliert dargestellt und unter anderem geschrieben:

„In diesem Zusammenhang habe ich dann dem Sinne nach erklärt: Die zurücküberwiesenen Beträge stammten aus Vermächtnissen, die durch Verfügung von Testamentsvollstreckern an die CDU überwiesen worden seien. Weder der Erblasser noch der mit dem Vermächtnis beschwerte Erbe seien der CDU bekannt. Es könnte sich sowohl um im Ausland ansässige Deutsche wie auch Ausländer bei den Erblassern wie auch deren Erben handeln. Dies alles wisse man nicht und könne man auch durch Befragen der Testamentsvollstrecker nicht erfahren, weil diese dem anwalt-

224

lichen Schweigegebot unterlägen. In dieser Hinsicht müsse jeder Hinweis ins Reich der Spekulation gebannt werden. Dies treffe im Übrigen auf jeden Hinweis über die Herkunft der Vermächtnisse zu, wie etwa die Behauptung, sie rührten von jüdischen Emigranten aus Deutschland her.

Diesen letzten Teil meiner damaligen Aussage, die hier natürlich nicht wörtlich sondern nur sinngemäß wiedergegeben wird, hat die Presse gierig aufgegriffen und zu der Behauptung stilisiert, ich hätte als Herkunft der Vermächtnisse tatsächlich die Behauptung aufgestellt, dass die an die CDU zurückgeflossenen Gelder aus jüdischen Vermögen stammten.

Diese angebliche Behauptung ist bedauerlicherweise zum alleinigen Gegenstand der Berichterstattung über meine Ausführungen gemacht worden. Mit großer Gelassenheit hätte ich diesen Umstand hingenommen, wenn er sich in einer Einmaligkeit erschöpft hätte. Nachdem jedoch fast täglich und mit zunehmender Akzentuierung auf die von mir angeblich erwähnten jüdischen Vermächtnisse in den Medien hingewiesen wird, vermag ich diesen Umstand aus Gründen der Selbstachtung nicht mehr hinzunehmen."

Abschließend schrieb ich: „Allerdings will ich diesen Brief nicht schließen, ohne mein aufrichtiges Bedauern über die Entwicklung zum Ausdruck zu bringen. Ich selbst kann mich nicht gänzlich von der Verantwortung frei zeichnen, dass sich meine damalige Aussage zu der Abbreviatur von den angeblichen jüdischen Vermächtnissen verdichtet hat.

Ich darf Ihnen jedoch aufrichtig versichern, dass ich davon schmerzlichst berührt bin und mir diese Entwicklung sehr leid tut. Im Übrigen verweise ich auf eine Reihe von Briefen aus Israel und Japan, Kopien liegen mir vor."

Dabei handelte es sich um Schreiben, die verschiedene meiner Freunde nach Bekanntwerden der Vorwürfe spontan an den Vorsitzenden des Zentralrats der Juden in Deutschland wie auch an mich gerichtet hatten.

Am 24. Januar 2000 hatte Prof. Moshe Many, Alt-Präsident der Universität Tel Aviv, an Paul Spiegel geschrieben:

„Needless to say that I have kept abreast of events and investigations pertaining to CDU politics and finances. For obvious reasons I elect not to make any value judgements or

1987 wurde mir die Honorary Fellowship der Universität Tel Aviv ver-
liehen, damit wurde ich zugleich Mitglied des Board of Governors.
Gäste des Abends waren auch der Präsident der Universität Tel Aviv,
Prof. Many (r.), und der Leiter des Prinz-Wittgenstein-Lehrstuhls für
Musik der Universität, Prof. Benzwi.

comments thereupon. I am however, greatly distressed by
insinuations, viciously interwoven into press reports, accusing
Prince Casimir Wittgenstein of antisemitism, to which I
hasten to retort.

My close and very friendly association with Prince
Wittgenstein has by now spanned two decades. As a Jew and
an Israeli I am proud to have earned his friendship. Insofar as
Jewish und Israeli causes are concerned, I have always found
him sympathetic, supportive and as a loyal friend as anyone
can hope and wish for. I strongly resent and promptly reject
the above mentioned innuendo and slur with upmost disdain.

I address this demonstrative missive to you in your capaci-
ty as leaders of the Jewish Community in the Federal
Republic of Germany, and feel confident that you will air it as
you see fit."

Am 16. Februar 2000 hatte sich der Unternehmer Dr. Uri
Cegla, den ich über seine Frau, Mitglied des Board of
Governors der Universität Tel Aviv, seinerzeit kennengelernt

hatte, aus Tel Aviv ebenfalls an Paul Spiegel gewandt und geschrieben:

„Over the years of our growing friendship with Casimir Prince Wittgenstein we got to admire his personality and personal history.

A prominent member of the German nobility, with a Jewish connection, he was dispossessed by the Nazi regime. After the war he greatly contributed to the economical and political resurrection of the FRG. During this time he also built political bridges between his party and the political establishment of Israel and was active in the Israeli industry as well.

He did indeed build himself an admirable body of friends here. As a native Israeli, born to German Jews arriving here in 1933, I am proud to be considered as one of these many friends.

His friends here consider the insinuation of antisemitic or anti-Jewish or anti-Israeli sentiments on the part of the Prince as totally absurd.

In the interest of truth and justice all of us here kindly ask for your help and cooperation in refuting such allegations towards the Prince as being outright preposterous and ludicrous."

Aus Tokio hatte mir der Vorsitzende der Jewish Community of Japan, Ernest Salomon, am 8. Februar 2000 geschrieben:

„It has come to my attention by reading all the articles about your relationship to your activities as CDU Treasurer for the State of Hessen, that you have also been accused of being anti-Jewish.

This letter ist for you to show as you see fit to anybody in order to express my utter surprise und disgust at such unreliable reports. Not only are you the adopted son of a Jewish step-father Richard Merton, under whom you grew up and were educated and after the war you took over the commercial leadership of his company Metallgesellschaft AG, but also I certify herewith that I have known you for 40 years and we have become fast friends. The last thing one can accuse you of is anti-Semitism. You have many Jewish friends all over the world who can confirm this and I as Chairman of the Jewish

Community of Japan will be the first in making the statement that you are the best friend Jews can possible have."

Dem Zentralrat der Juden in Deutschland aber genügte all dies nicht. Am 17. April 2000 schrieb Paul Spiegel, unter Bezugnahme auf meinen oben zitierten Brief vom 24. Februar d. J., an meinen Anwalt:

„Auch nach ausführlicher Diskussion mit meinen Kollegen im Präsidium des Zentralrates kann ich Ihnen mitteilen, daß unserer Meinung nach, der zitierte Text von Prinz Wittgenstein ,ich darf Ihnen jedoch aufrichtig versichern, daß ich davon schmerzlich berührt bin und mir diese Entwicklung sehr leid tut' keine eindeutige Entschuldigung ist und wir den Tatbestand anders bewerten."

Rückblickend ist es Kanther, Weyrauch und mir klar, dass wir seinerzeit einen Fehler gemacht haben, den wir bedauern. Aber das berechtigt nicht die Häme, mit der die Medien mit völlig aus der Luft gegriffenen Informationen ihre Leser oder Zuschauer gefüttert haben. Ich nehme hier nur zu einer Anschuldigung Stellung: So sollen Weyrauch und ich Sterbedokumente in Südamerika gekauft haben, um damit die Vermächtnisse zu dokumentieren.

Diese Unterstellung entbehrt jeglicher Grundlage.

Eine der Schattenseiten der wichtigen Pressefreiheit besteht leider darin, dass es für Betroffene, wie zum Beispiel für mich, beinahe unmöglich ist, sich gegen falsche Informationen zu wehren. Nach meiner schmerzlichen Erfahrung wird oft nicht genügend gründlich recherchiert, in der so hoch gepriesenen Informationsgesellschaft ist es für den Normalbürger faktisch unmöglich geworden, zwischen Fakten und Kommentaren, Tatsachen und Meinungen zu unterscheiden.

Oft wandeln sich Informationen, wenn man sie aus dem Zusammenhang nimmt, in Falschinformationen. Mein Beispiel ist symptomatisch dafür, wie von einem Tag zum anderen ein bisher hochgeschätztes Mitglied der Gesellschaft nicht nur von den Medien, sondern auch von einigen Mitgliedern der CDU fast schon zum Verbrecher gestempelt wurde.

Nur eine kurze Zwischenbemerkung: Hätten wir das Geld in Ganovenmanier stehlen wollen, so wäre unser Fall heute längst verjährt. Doch es konnten alle Rückzahlungen minutiös nachgewiesen werden, bis auf einen Betrag von 30.000 Mark, von dem bisher die Buchungsunterlagen fehlen. Das ist aber bei einem Volumen von 40 Millionen wirklich zu vernachlässigen.

Vieles, was ich in dem Zusammenhang erfahren habe, hat mich leider immer wieder an das Dritte Reich erinnert. Auch damals sind angesehene Bürger von Leuten, die sie zuvor nicht genug loben und preisen konnten, von einem Tag zum andern fallen gelassen worden.

Welch Unrecht die Medien einzelnen antun können und wie verheerend es ist, zu ihrem Opfer zu werden, hat sich nicht zuletzt bei Professorin Annemarie Schimmel anläßlich der Verleihung des Friedenspreises des Deutschen Buchhandels gezeigt, 1995 in Frankfurt. Die Schweizer „Weltwoche" sprach von einer „neuen deutschen Eindeutigkeitssucht", die hysterische Züge trage und zur zwanghaften Hexenjagd auszuarten drohe.

Bei einem Fernsehinterview hatte sich die anerkannte Orientalistin kritisch über Salman Rushdie geäußert. Das sollte in einer Gesellschaft, die sich der Meinungsfreiheit rühmt, wohl möglich sein. Da Annemarie Schimmel mit ihren Ansichten aber der damals gängigen öffentlichen Meinung und damit dem Zeitgeist widersprach, musste sie über Monate Kaskaden von Unterstellungen über sich ergehen lassen. Sie gipfelten in der Anschuldigung, die zierliche alte Dame spiele mit dem Gedanken, Rushdie eigenhändig umbringen zu wollen. Heute sagt Annemarie Schimmel, deren internationales Renommee seither noch zugenommen hat, die Medienhatz hätte sie damals fast an den Rand des Selbstmordes getrieben. Diesem Phänomen lag wohl auch der Mechanismus der von Elisabeth Noelle-Neumann entdeckten „Schweigespirale" zugrunde, über die sie schreibt: „Wer sieht, dass seine Meinung zunimmt, ist gestärkt, redet öffentlich, lässt die Vorsicht fallen. Wer sieht, dass seine Meinung an Boden verliert, verfällt in Schweigen."

229

Neues Glück

Meine vielen Reisen für die Metallgesellschaft, den WWF, die Deutsch-Südafrikanische Gesellschaft, die Atlantikbrücke und dann auch noch das Europaparlament – soviel alleingelassen zu werden wurde meiner Frau Baba eines Tages zu viel. Sie wollte wieder nach England zu ihren Schwestern ziehen und nur noch ab und zu auf die Haubenmühle kommen. Mir gefiel dieser Vorschlag nicht. „Die Haubenmühle ist zu groß, um dort nur ab und an zu sein. Warum bleibst du nicht auf der Haubenmühle und fährst ab und zu nach England?" Es gab ein langes hin und her zwischen uns mit vielen „Neins" und „Vielleicht dochs". Aber schließlich wollte Baba partout nach England. Wir hatten keinen Streit, aber wenn Baba sich etwas in den Kopf gesetzt hatte, war sie genauso stur wie ich. „Dann sollten wir uns trennen", schlug ich vor. „Mal sehen, wie es läuft." Bei einer solchen Trennung ist es ja meist so, dass man entweder schnell wieder zusammenkommt oder sich noch weiter auseinanderlebt.

Da sich Baba wohl in England fühlte, ich aber auf Dauer nicht allein bleiben wollte, überlegten wir nach einer Weile, wie es weitergehen sollte. „Ach, weißt du, ich bin für dich zu alt", meinte Baba. „Du musst jemand Jüngeren heiraten." Baba war genauso alt wie ich. „Willst du dich jetzt scheiden lassen?" fragte ich. „Scheiden lassen will ich mich eigentlich nicht", erwiderte sie. „Aber aus irgendeinem Loch muss die Maus ja heraus." Die Diskussion zwischen uns verlief ganz unproblematisch. Am Ende beschlossen wir doch, dass es das Beste war, wenn wir uns ganz trennten. So konnte jeder seines Weges gehen. Wir wollten einander regelmäßig sehen, entweder in England, auf der Haubenmühle oder bei Freunden. Plötzlich saß ich also wieder allein da. Die Kinder waren aus dem Haus. Richard hatte geheiratet und arbeitete in Amerika für Daimler-Benz, und Johnny war in München bei der Bayerischen Vereinsbank.

Meine erste Frau Ingrid war inzwischen tödlich mit dem Auto verunglückt. Sie hatte nach unserer Scheidung den Freiherren von Cramm geheiratet und mit ihm zwei Kinder, Egbert und Benita. Benita kam mongoloid zur Welt und Ingrid litt seit Benitas Geburt zeitweise unter schweren

Asthmaanfällen. Sie musste häufig zur Kur in die Schweiz. Bei einer dieser Fahrten von Zürich nach Davos ist sie 1966 tödlich auf der Autobahn verunglückt. Ihr Tod war besonders tragisch, weil ihre Kinder aus zweiter Ehe damals noch klein waren.

Eines Tages fuhr ich zusammen mit meiner Tochter Leonille, die mit dem Fürsten Ysenburg verheiratet ist, nach Hamburg. Leonille besuchte ihre Freundin Beatrix Schön, genannt Bibi, ich nahm an einem Eisbeinessen teil, das wir im Wechsel mit zwei befreundeten Familien jedes Jahr veranstalteten. Also brachte ich Leonille zu Bibi. Ich hatte sie bereits als Kind gekannt und das letzte Mal als Teenager gesehen. Mit ihrem Vater Otto von Eichel war ich seit Jahren befreundet, ihre Mutter Nora war die beste Freundin meiner ersten Frau gewesen. Als ich Bibi nun wiedersah, ging es ihr gar nicht gut.

Sie war gesundheitlich arm dran, hatte mehrere Operationen hinter sich. Mit ihrem Mann hatte sie sich auseinandergelebt. Ihre beiden erwachsenen Kinder, Nora und Johannes, waren aus dem Haus. Sie lebte zusammen mit ihrer kleinen Tochter Martina, genannt Nina. Nach einem köstlichen Eisbein traf ich mich am nächsten Tag mit Leonille und Bibi zum Mittagessen. Bibi fand mich wohl gar nicht so übel. Ich gewann den Eindruck, dass sie hübsch und traurig sei. Wir begannen beide, Interesse aneinander zu finden. Ich besuchte sie häufig in Hamburg, und wir gingen zusammen zum Essen.

Und eines Tages, in der Bar des Hotels Vier Jahreszeiten, fragte ich sie, ob sie mich eventuell heiraten würde. Sie war noch nicht geschieden und wollte erst über meinen Antrag nachdenken. Schließlich gab sie mir ihr Jawort. Ich lud sie auf die Haubenmühle ein und gab ihr Gelegenheit, sich ihr zukünftiges Zuhause anzusehen. Ihre häufigen Fahrten zwischen der Haubenmühle und Hamburg machte Bibi, als verwegene Fahrerin, in einem offenen, gewaltig klappernden Alfa Romeo. Da ich um ihre Sicherheit besorgt war, schenkte ich ihr einen roten Golf. Wie recht ich hatte, sollte sich bald zeigen. Der unglückliche Mensch, der den Alfa Romeo gekauft hatte, konnte sich nur eine Woche lang an dem Auto erfreuen, dann brach das Vehikel vollkommen zusammen.

Weihnachten 1987 zog Bibi mit ihrer Tochter Nina zu mir auf die Haubenmühle, und im Februar 1988 haben wir gehei-

Unsere beiden Porträts schuf Birgitte Knaus im Jahre 1988.

Meine dritte Frau Beatrix, geb. von Eichel.

Mit meiner Frau Beatrix („Bibi") in Fuschl.

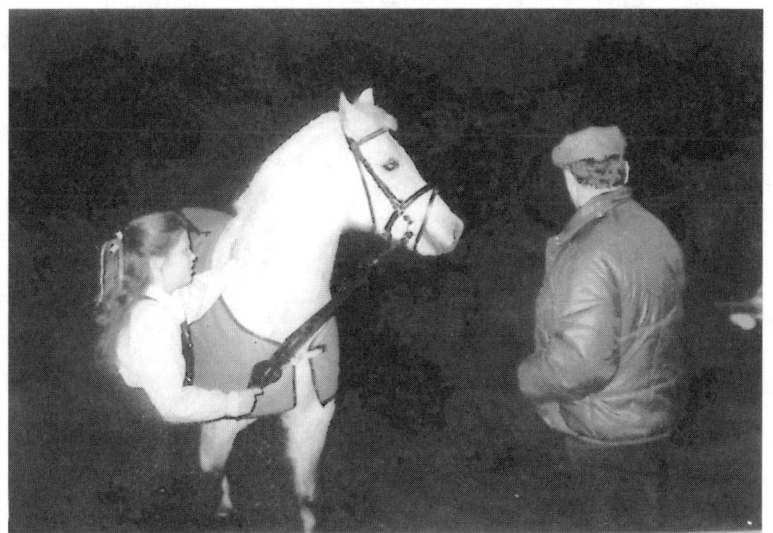

Meine Stieftochter Nina kam 1987 erstmals zum Weihnachtsfest auf die Haubenmühle. Zu diesem Anlass schenkten wir ihr das Pferd „Blueberry".

ratet. Nina war ein kleines Mädchen von etwa zehn Jahren, das sich zunächst nur widerwillig auf die Haubenmühle verpflanzen ließ. Sie ist mir im Laufe der Jahre ans Herz gewachsen, und ich kann jetzt noch besser verstehen, was mein Stiefvater über die Mitgift von vier Stiefsöhnen gefühlt haben muss. Nina besuchte das Gymnasium. Als sie sich vor ihrem Abitur ängstigte, sprach ich ihr Mut zu: „Ich bin davon überzeugt, dass du ein gutes Abitur machen wirst. Wenn es dir gelingt, lade ich dich auf eine Reise nach Südostasien ein." Sie bestand ihr Abitur gut und so unternahmen Bibi und ich eine längere gemütliche Reise nach Thailand, Singapur, Hongkong und Bali. So konnte Nina eine für sie völlig neue Welt kennenlernen.

Außer ihrer Tochter brachte Bibi auch ihr Pferd Metternich sowie ihre Hündchen Easy Miss und Funny Girl in die Ehe mit. Die beiden lebten sich schnell ein. Bibi hat eine sehr gute Hand für Tiere. Als sie auf die Haubenmühle kam, gab es Sherry, die gelbe langhaarige Labradorhündin von meinem Sohn Johnny. Als Sherry 1993 leider im Alter von neun Jahren an Leukämie starb, drängte Bibi mich, wieder einen jungen Labrador anzuschaffen. Bibi begleitet mich nun auf fast allen Reisen. Wir waren zusammen unter anderem in China, Uruguay, Südafrika, Togo, Südamerika und Israel. So hat die Haubenmühle wieder eine Herrin, und ich habe statt vier jetzt sieben Kinder.

Niedergang der Metallgesellschaft

Als ich 1982 im Alter von 65 Jahren die Metallgesellschaft verließ, hätte ich es nicht für möglich gehalten, dass eine über hundert Jahre alte Firma, die zwei Weltkriege, Inflation und Währungsreform überstanden hatte, in so kurzer Zeit an den Rand des Ruins getrieben werden könnte. Aber 1993 stand die Metallgesellschaft beinahe vor der Zahlungsunfähigkeit. Die Hauptschuld an dieser katastrophalen Entwicklung trägt der Österreicher Heinz Schimmelbusch. Er trat 1973 in die Metallgesellschaft ein und machte dort eine beispiellose Karriere. 1981 rückte er bereits als stellvertretendes Mitglied in den Vorstand auf, und zwei Jahre später war er ordentliches Vorstandsmitglied. Im Grunde war er ein blitzgescheiter Mann, und ich lernte ihn als ruhigen, zuverlässigen, munteren und bisweilen frechen Zeitgenossen kennen. Er steckte voller Ideen und besaß großen Charme, den er freilich wie eine Lampe an-, jedoch auch wieder ausknipsten konnte.

Als er 1989 vom Aufsichtsrat als Nachfolger von Dieter Natus zum Vorstandsvorsitzenden ernannt wurde, war ich völlig sprachlos. Auch viele meiner ehemaligen Kollegen im In- und Ausland wunderten sich über diese Entscheidung. Unmittelbar nach der Ernennung hatte ich ein Mittagessen mit Wolfgang Röller, dem Vorstandssprecher der Dresdner Bank, der den Aufsichtsratsvorsitz der Metallgesellschaft innehatte. An dem Essen nahm auch Jürgen Sarrazin, Röllers späterer Nachfolger und schon im Vorstand der Dresdner

Bank, teil. Es war ein nettes, unkompliziertes Treffen. Aber als wir auseinandergingen, fragte mich Röller an der Tür plötzlich nach meiner Meinung über die Metallgesellschaft und Heinz Schimmelbusch.

„Das ist eine Angelegenheit, die ich nicht so zwischen Tür und Angel bereden möchte", erwiderte ich. „Und eigentlich sollten Sie diese Frage Herrn Schimmelbusch selbst stellen. Sie haben ihn ja, ohne mit früheren Vorstandskollegen zu reden, zum Vorsitzenden gemacht." Röller führte mich an den Tisch zurück. Wir nahmen wieder Platz, und ich sagte ihm, was ich von Schimmelbusch hielt: „Er ist ein hochintelligenter, geschickter Finanzjongleur und ein Händler mit Firmen. Er gehört aber nicht zu jenen ruhigen, vorsichtigen und bedächtigen Persönlichkeiten, wie sie bisher an der Spitze dieses Unternehmens gestanden sind. Sie waren vorsichtig, sind Schritt für Schritt vorgegangen und haben Entscheidungen nicht, wie man in der Reitsprache sagt, ‚im Aufgalopp' getroffen. Dennoch mag alles gut gehen unter der Bedingung, dass Sie Schimmelbusch im Vorstand einen starken und unabhängigen Finanzkollegen sowie einen ebenso unabhängigen Controller zur Seite stellen, zu dem Sie selbst einen direkten Draht haben."

Röller hörte mir zu, stellte keinerlei Fragen, und wir gingen in Freundschaft auseinander. Ich wiederholte meine Worte später auch gegenüber Ronaldo Schmitz, der 1991 in den Vorstand der Deutschen Bank berufen wurde, 1992 dem Aufsichtsrat der Metallgesellschaft beitrat und 1993 den Vorsitz übernahm. Auch zu Horst Burgard, der ebenfalls der Deutschen Bank angehörte, äußerte ich offen meine Meinung. Nur gegenüber der Presse schwieg ich. Auch als sich der Zusammenbruch abzeichnete und die Journalisten hinter mir her waren, enthielt ich mich einer öffentlichen Stellungnahme. Meine Meinung aber habe ich bis heute nicht geändert. Es hätte mit Schimmelbusch gut gehen können, hätte man ihn nur einen starken, unabhängigen Finanzchef an die Seite gestellt.

Stattdessen aber entschied man sich für den freundlichen, doch überaus schwachen Meinhard Forster, der gegenüber Schimmelbusch keinerlei Durchsetzungskraft besaß. „Hätte ich mich gewehrt, wäre ich entlassen worden", erklärte er mir

Meinen 75. Geburtstag feierten wir 1992 in Wien. Das Familienfoto, entstanden im Hotel Imperial, zeigt mich im Kreis meiner vier Kinder, ganz links mein Bruder Franzl.

später in einem Gespräch. Darauf sagte ich ihm: „Hätte man Sie damals entlassen, wären Sie heute ein großer Mann." Nach einer solchen Entlassung hätte man nicht einfach zur Tagesordnung übergehen könne. So aber nahm die Misere ihren Lauf. Schimmelbusch betrachtete Wilhelm Merton, den Gründer der Metallgesellschaft, als sein großes Vorbild, ihm wollte er nacheifern. Aber er war eben kein Merton. Die zahllosen Firmen, die er zusammenkaufte, legten sich der Metallgesellschaft wie ein Mühlstein um den Hals.

Bis heute ist mir unverständlich, wie der Aufsichtsrat all diese Transaktionen dulden konnte. Er hätte doch merken müssen, dass das Unternehmen nur noch aus der Substanz lebte. Bereits im Geschäftsjahr 1991/92 konnte die Dividende nur durch Auflösung stiller Reserven bezahlt werden. Ich habe meine Tätigkeit in Aufsichtsräten immer sehr ernst genommen und mich genau über alle Vorgänge informiert, egal ob ich nur einfaches Mitglied oder Vorsitzender war. Die amerikanischen Ölgeschäfte waren dann nur mehr der berühmte Tropfen, der das Fass zum Überlaufen brachte. Abgewickelt wurden die Geschäfte von einem Mann in Amerika, den ich lieber von hinten als von vorne sah, Mr. Hodap.

Er kam von der First National City Bank in New York. Hodap wurde von Schimmelbusch eingestellt, um bald sein Intimus zu werden. Ich warnte Schimmelbusch damals: „Das ist ein Mann, auf den müssen Sie besonders aufpassen. Ich traue ihm nicht." Hodap kam in den Aufsichtsrat von Ore & Chemical Corporation, einer Tochter der Metallgesellschaft in New York, deren Aufsichtsratsvorsitzender ich war. Gleichzeitig war er Präsident der Metallgesellschaft-Corporation in New York, einer Firma, die Schimmelbusch mit Ratjen gemeinsam gegründet hatte.

Warum an diesem Ölrad gedreht wurde, kann ich mir nur damit erklären, dass die Finanzlage bereits so schlecht war, dass man durch eine große Ölspekulation alle roten Zahlen mit einem Schlag in schwarze zu verwandeln hoffte. Kajo Neukirchen, der nach der Entlassung von Schimmelbusch und Forster mit der Sanierung beauftragt wurde, machte seine Arbeit sicher nicht schlecht, aber er ist ein harter, fast brutaler Mann. Härte ist für eine solche Sanierungsaufgabe gewiss vonnöten, aber in menschlicher Hinsicht hätte man wohl behutsamer vorgehen können.

Ich erinnere mich noch an ein Mittagessen in der Deutschen Bank, zu dem Ronaldo Schmitz geladen hatte und an dem auch Ratjen sowie Neukirchen teilnahmen. „Sie haben doch eine ganze Menge guter und erfahrener Mitarbeiter der Metallgesellschaft", sagte ich zu Neukirchen. Doch er winkte verächtlich ab: „Gute? Ach, die können Sie vergessen. Die taugen doch alle nichts." Darauf die Antwort von Ratjen: „Es stimmt also doch, dass Sie ein Plattmacher sind." C'est le ton qui fait la musique, sagt man in Frankreich. Da wurde eben mit schrillen Trompetenstößen geblasen und nicht so, wie ein Wilhelm oder Richard Merton gehandelt hätten: zwar mit notwendiger Härte, aber mit Stil. Im übrigen war dieses ganze Gespräch unkonstruktiv und der Gastgeber enthielt sich weitgehend jeder Meinung.

Mein Bruder Franz-Wilhelm (Franzl) – geboren am
24. August 1910, gestorben am 19. Mai 2001.

Meine Schwester Alexandra Juliane, geboren am
2. Dezember 1932.

Für das Deutsche Rote Kreuz in Togo, 1993. Fünf Jahre zuvor hatte ich mich an einer Frankfurter Hilfs-Initiative des DRK beteiligt, in deren Resultat dem Krankenhaus Kpalime zwei Krankenwagen und ein Stromaggregat zur Verfügung gestellt werden konnten. Nun reiste ich zusammen mit dem Begründer der Initiative, Patrice Manty, vor Ort und wir konnten uns vom nach wie vor guten Zustand der gelieferten Technik überzeugen.

Ich habe allerdings das Gefühl, dass man jetzt in der Metallgesellschaft generell mit der Vergangenheit nichts mehr zu tun haben will. Man hat ja auch das alte Gebäude, das zur gleichen Zeit und aus dem gleichen Stein wie die Frankfurter Oper errichtet worden war, verkauft und ist in ein neues Gebäude in der Bockenheimer Landstraße umgezogen.

Die Metallgesellschaft ist nicht mehr, was sie war. Nicht nur in ihrer Größe und Bedeutung hat sie sich verändert, sondern auch in ihrer Mentalität und ihrem Stil. Alles, was diese Firma seinerzeit ausgezeichnet hat, ist zerstört. Leider ist aus ihr eine 08/15-Gesellschaft geworden. Hinzufügen möchte ich noch, dass auch der Aufsichtsrat durch seine vernachlässigte Aufsicht für den Niedergang dieser einst so guten Firma verantwortlich ist.

Später hatte ich noch einmal eine kurze Unterredung mit Horst Burgard, Vorstandsmitglied der Deutschen Bank und Mitglied des Aufsichtsrates der Metallgesellschaft. Anläßlich der Beisetzung von Hermann Josef Abs 1994 traf man sich im Hotel Dresen in Bad Godesberg bei Bonn. Nach der Trauerfeier stand Horst Burgard vor dem Mittagessen unter seinen Kollegen, eine dicke Zigarre rauchend, und fragte mich unvermittelt: „Was sagen Sie denn zur Metallgesellschaft, Wittgenstein?" „Herr Dr. Burgard", erwiderte ich. „Da sind Sie mit dran schuld." „Was?" rief er empört. „Das ist doch unerhört. So etwas brauche ich mir nicht sagen zu lassen." „Wieso?" fragte ich. „Sie sind viele Jahre im Aufsichtsrat der Metallgesellschaft gewesen, und in keinem der Protokolle steht, dass Sie gegen die eine oder andere Investition etwas einzuwenden hatten." „Sie hätten mich doch mal über Herrn Schimmelbusch informieren können", ereiferte er sich weiter. „Aber Herr Burgard, Sie sind berühmt für Ihr gutes Gedächtnis. Ich habe mit Ihnen zweimal über Herrn Schimmelbusch gesprochen: das erste Mal drei oder vier Monate nach seiner Berufung zum Vorsitzenden des Vorstandes. Da meinten Sie, nachdem Sie mir geduldig zugehört hatten, er mache seine Arbeit gar nicht so schlecht und werde lernen, mit seinem Amt auch die neue Aufgabe zu beherrschen. Und ein Jahr später versuchte ich noch einmal, mit Ihnen darüber zu reden, da fielen Sie mir ins Wort, nannten Schimmelbusch einen exzellenten jungen Mann und meinten, er bringe endlich mal Schwung in die verstaubte Gesellschaft."

Dass Burgard meine Worte im Kreis seiner Kollegen nicht gefielen, kann man sich denken. „Wir können das so nicht stehen lassen", erklärte er schließlich. „Wir müssen darüber noch einmal ausführlich reden. Ich werde Sie in der nächsten Woche anrufen."

Auf diesen Anruf warte ich bis heute.

Gedanken zum Schluss

In meinen Aufzeichnungen habe ich versucht, für meine Kinder, Enkel und die nachfolgenden Generationen festzuhalten, welche schmerzlichen Erfahrungen meine Familie und ich mit dem Dritten Reich gemacht haben, wie unvorhersehbar in den Wirrnissen der Nachkriegszeit der rasche wirtschaftliche Aufschwung der Bundesrepublik kam, vielleicht ähnlich überraschend wie das zwar lang erwartete, dann aber doch unvorhersehbare Ende des Kalten Krieges. Im Rückblick scheint mir der wesentliche Unterschied zwischen diesen beiden Umbruchzeiten in der Mentalität der Menschen zu liegen.

Auch wenn man heute etwas abfällig von der Zeit des sogenannten Wirtschaftswunders spricht, so drehte sich damals nicht alles wie heute in erster Linie um mehr Wohlstand. Sondern es ging uns vor allem darum, Deutschland wieder aufzubauen und ihm trotz aller negativer Entwicklungen und schrecklicher Erfahrungen wieder eine Zukunft zu geben. Nun scheinen Ideologien häufig ausgedient zu haben und Ideale suspekt geworden zu sein. Vielleicht kann man sagen, dass vielen die emotionale Heimat in Gesellschaft sowie Familie verloren ging und dass Geld zum Maß aller Dinge wurde.

Es war wohl auch das Unbehagen über diese Entwicklung, die mich während vieler Sommer ungezählte „Jedermann"-Aufführungen auf dem Salzburger Domplatz besuchen ließ. Hugo von Hofmannsthal hat, kommende Entwicklungen früh voraussahnend, über sein Spiel vom Sterben des reichen Mannes geschrieben: „Wir sind in der Enge und im Dunklen in anderer Weise als der mittelalterliche Mensch, aber nicht in minderem Grade; vieles ist uns zu Gebote, aber wir sind keine Gebieter, was wir besitzen sollten, das besitzt uns, und was das Mittel aller Mittel ist, das Geld, wird uns in dämonischer Verkehrtheit zum Zweck aller Zwecke. ... das Verhältnis zu diesem Dämon durchzieht und durchzehrt alle übrigen des Daseins, und es ist erschreckend, bis zu welchem Grad es sie alle bestimmt."

Aber auch das Miteinander, die Solidarität – wie es heute heißt –, ist uns vielfach abhanden gekommen. Meiner

Erinnerung hat sich eingeprägt, welche Hilfsbereitschaft Ende der vierziger Jahre während der Zeit des Wiederaufbaus in der Bundesrepublik herrschte. Man war froh, mit dem Leben davongekommen zu sein, und bereit, das wenige, das es gab, miteinander zu teilen. Heute im Wohlleben scheint sich jeder selbst der Nächste zu sein. Ich habe es persönlich erlebt, wie mühsam es ist, selbst bei Firmen mit höchsten Gewinnen für die vom Schicksal wenig Begünstigen zu betteln. Noch heute schwillt mir die Zornesader, wenn ich mich der fadenscheinigen Ausreden in Absagebriefen erinnere.

Ein kurzer Hinweis an die Politiker: Auch wenn die Menschenrechte zweifellos universell gültig sind, so gibt es doch besonders in demokratischen Staaten souveräne Rechte, wie das Recht, in freien Wahlen die eigene Regierung zu wählen. Es steht anderen demokratischen Staaten nicht an, sich in schulmeisterlicher Art in diese grundlegenden inneren Angelegenheiten zu mischen. Die Art und Weise, wie besonders deutsche Politiker in unüberlegter und kurzsichtiger Weise im Fall Österreich reagiert haben, gibt Anlass zu schweren Bedenken am gesamten außenpolitischen Konzept der Bundesrepublik. Für den Premier von Luxemburg, Jean-Claude Juncker, war das Vorgehen im Falle Österreich keine „Form gehobener Staatskunst". Es hat nur eine Polarisierung der Mitgliedsstaaten bewirkt und die Arbeit der EU gelähmt.

Noch eine ganz persönliche Bemerkung: Ich bin mir bewusst, dass ich mich in der Spendenaffäre in manchen Dingen nicht richtig verhalten habe, und ich möchte hier nochmals mein Bedauern darüber ausdrücken. Aber es hat mich doch erstaunt, dass sich ein Großteil meiner sogenannten Freunde und Bekannten fast über Nacht in Nebel aufgelöst hat. Es gab allerdings auch manche, zu denen ich vorher kaum Kontakt hatte, die mir spontan ihre Hilfe anboten und das Gespräch mit mir suchten. Das ließ mir meine Erfahrungen im Dritten Reich wieder gegenwärtig werden, die meine Brüder und ich als „jüdisch versippte" Familie gemacht haben. Zivilcourage war noch nie eine hervorstechende Tugend in diesem von mir noch immer sehr geliebten Deutschland.

Auch wenn es das Alter gestattet, die Dinge mit mehr Gelassenheit zu betrachten, im Sinne des britischen Politikers

Weihnachten 1998 auf der Haubenmühle, im Kreis der Familie.

Diese Fotomontage zeigt mich als stolzen Großvater mit meinen insgesamt elf Enkelkindern.

Lord Acton: „Few things matter, most things don't matter at all", so gibt es doch verschiedene politische und gesellschaftliche Phänomene, die mich mit Sorge erfüllen. Ich habe nie etwas mit einem Nationalismus anfangen können, der spätestens seit dem 19. Jahrhundert nicht nur in Europa großes Unheil angerichtet hat. Aber ich wehre mich gegen eine verquere Ideologie, der jeder Patriotismus suspekt ist und die Heimatgefühle oder Vaterlandsliebe für Relikte des Dritten Reiches hält. Elisabeth Noelle-Neumann hat in ihrem Buch „Die verletzte Nation" gezeigt, wie negativ es sich auf den einzelnen auswirkt, wenn er sich seiner nationalen Herkunft oder seines familiären Hintergrunds schämt und sich nur ungern mit beiden identifizieren will. Sie schreibt: „An der Möglichkeit, Nationalstolz zu missbrauchen, ist nicht zu zweifeln, aber ebensowenig an der Notwendigkeit des Nationalstolzes für das Überleben."

Dem unerfreulichen Phänomen eines zunehmenden Rechtsradikalismus liegt sicher auch eine gesellschaftliche Entwurzelung dieser Art zu Grunde. Warum sollte die junge Generation ihrem Heimatland keine freudige Akzeptanz entgegenbringen, Gefühle, die für Franzosen, Engländer, Italiener oder Amerikaner völlig selbstverständlich sind? Der Schweizer Roger de Weck, ehemaliger Chefredakteur von „Die Zeit", hat 1984 geschrieben: „Kein Volk scheint mir so gnadenlos mit sich selber wie das der Deutschen. … Nur im Mitleid mit Deutschland äußert sich die Zuneigung zum eigenen Land." Häufig wird im Geschichtsunterricht das Augenmerk hauptsächlich auf die schrecklichen zwölf Jahre und ihre vernichtenden Auswirkungen gerichtet, die Lichtseiten der deutschen Kultur aber werden fast ausgeblendet. Bekanntlich erstreckt sich auch die deutsche Geschichte über viele Epochen, und die nötigen Lehren aus der Geschichte für die Gegenwart und die Zukunft kann man nur aus einer Gesamtschau ziehen.

Für mich reicht dieser Blick zurück in die Geschichte bis ins vorchristliche Rom und ich habe immer wieder versucht, mir Ciceros Gedanken zu vergegenwärtigen, die er im Jahre 55 vor Chr. niedergeschrieben hat:

Der Staatshaushalt
muss ausgeglichen sein.

Die öffentlichen Schulden müssen verringert,
die Arroganz der
Behörden muss gemäßigt werden.

Die Zahlungen an ausländische
Regierungen müssen
reduziert werden, wenn der Staat
nicht bankrott gehen soll.

Die Leute sollten wieder lernen
zu arbeiten, statt auf
öffentlicher Rechnung zu leben.

Personenregister